Berliner Arbeiten zur Erziehungs- und Kulturwissenschaft
Band 31

Herausgegeben von Christoph Wulf
Freie Universität Berlin
Fachbereich Erziehungswissenschaft und
Psychologie
Redaktion: Ruprecht Mattig

Uwe Fleischer

Pädagogik am Berg

Anthropologische Betrachtung und
metaphorisches Lernen am Beispiel
erlebnispädagogischer Bergfahrten

Logos Verlag, Berlin 2007

Bibliografische Information der Deutschen Nationalbibliothek

Die Deutsche Nationalbibliothek verzeichnet diese Publikation in der
Deutschen Nationalbibliografie; detaillierte bibliografische Daten sind
im Internet über http://dnb.d-nb.de abrufbar.

Umschlaggestaltung: Lothar Detges, Krefeld

ISBN: 978-3-8325-1396-2

Logos Verlag Berlin
Comeniushof, Gubener Str. 47,
10243 Berlin
Tel.: +49 030 42 85 10 90
Fax: +49 030 42 85 10 92
INTERNET: http://www.logos-verlag.de

Gudrun, meiner großen Liebe

und unseren Kindern
Pit, Janosch, Flori, Tim,
dem Windei und dem Maikätzchen
zugeeignet

Meiner Seilschaft, Lola, Sascha und Andrej

Was kümmert es den Berg? Des Menschen Streben sollte mehr sein,
als er greifen kann. Zu was wär' sonst der Himmel da?
Robert Browning

1. Einleitung

In der Erkenntnis, dass die Berge sprechen, fängt der Mensch an zu lauschen. Lauschen heißt jedoch noch nicht verstehen. Um verstehen zu können, müssen Satzbau und Semantik der Sprache der Berge gelernt werden. Doch die Berge sprechen nicht trocken wie ein Fachbuch. Manche Momente in den Bergen sind Poesie, andere abgrundtief schrecklich. Der sich weitende Blick nach der Scharte vermittelt eine Ahnung davon, wie sich Grenzenlosigkeit anfühlen könnte. Die Sprache der Berge hat Tiefe – und sie berührt unser Inneres.

„The Mountains speak for themselves" – dieses Credo steht für den Ausgangspunkt des handlungsorientierten Lernens in der Natur. Die wilde Natur in ihrer Präsenz, Dynamik und ihren Konsequenzen als Lehrmeisterin. Wenn es gelingt, den metaphorischen Bezug zwischen Handlungsgestalten in der Natur und der Lebenswelt herzustellen, geschieht Lernen. Das Sinnbild, die Metapher ist in den Bergen und den dort durchgeführten Handlungsgestalten inhärent.[1]

Jede Praxis hat ihre implizite Theorie. Bereits die Art, wie man zum Beispiel einen Anseilknoten knüpft, zeigt, von welchen theoretischen Vorannahmen man ausgeht – ob man das Knüpfen dieses Knoten als einen Wert an sich oder als funktionale Handlung ansieht. In der Aufmerksamkeitsbeteiligung, der Bewegungssorgfalt, der Zeit, die ich dem Knüpfen des Knoten widme, dem Augenkontakt etc. offenbaren sich unterschiedliche Einstellungen. In diesen verbirgt sich pädagogische Theorie, z.B. in der Frage: Wo beginnt Erlebnispädagogik – etwa bereits beim Knotenknüpfen? Selbst wenn dieser Aspekt selten reflektiert wird, zeigt sich die persönliche Antwort im Handeln. Handeln wird wahrgenommen; und damit sind wir mitten in pädagogischen Überlegungen, z.B. in der Frage: Was ist mir wichtig zu vermitteln?

Warum empfinden und erleben Menschen Situationen so wie sie es tun? Warum assoziieren und erinnern sie bestimmte Dinge und nicht andere? Und, wenn das so ist: Was wird in all diesen Feldern und Handlungsgestalten eigentlich getan?

Es ist mittlerweile 15 Jahre her, dass mich Sascha und Andrej mit an den sächsischen Fels mitnahmen. Es war eine Zeit für mich mit erheblichen persönlichen Problemen. Ich kann mich noch sehr gut erinnern, wie ich völlig ungeübt (wie ein nasser Sack) am Einstieg stand und einen verhältnismäßig leichten Weg nicht hochkam. Mein Ehrgeiz war geweckt. Aber da war noch etwas. Ich fühlte mich seit langer Zeit wieder ganz, ich transzendierte. Eine Erfahrung, die ich nun sehr oft beim Klettern wieder finde.

---

1 Vgl. Kraus, Lydia, Die Sprache der Berge

Nach 2 Jahren hatte ich ein gutes Leistungsniveau erreicht. In einer schönen Kletterwoche um Ostern herum feierten mein Kletterpartner und Freund Sascha und ich jeden Klettermeter. Die Kletterei wurde nur durch Essen und Trinken unterbrochen. Auf dem kleinen Gaskocher sprudelte das Wasser für grünen Tee oder chinesische Nudeln. Auf den Gipfeln gab es Schokolade. Unsere Kraft schien endlos. Wir kletterten von früh bis spät. Abends waren wir zu müde um noch ein Lagerfeuer zu bereiten. Wir legten uns in unsere Schlafsäcke, besprachen noch ein paar kleine Dinge und freuten uns auf die Morgendämmerung und den beginnenden Klettertag.

Wir lagen in einer großen Boofe. Als Boofe werden Höhlen oder Felsvorsprünge in der sächsischen Schweiz bezeichnet, die genügend Schutz vor Regen und Schnee bieten. In unserer Boofe am nämlichen Tag hatten bequem 2 Dutzend Leute Platz. Es gab eine schöne Feuerstelle. Noch gehörte die Boofe uns ganz allein und niemand störte unseren Rhythmus. Jetzt würde ich gleich eingeschlafen sein.

Plötzlich, Taschenlampenkegel zerschnitten den Wald, Geklapper von Kochgeschirr, immer lauter werdende Sprachfetzen klangen zu uns herüber. Eine Lawine rollte auf uns zu. Unser Rhythmus war bedroht. Wenig später war unsere Boofe voller junger Menschen in Begleitung dreier Erwachsener. Die Jungs waren im Alter von 12 bis 14; das jüngste Mädchen war 6, die Älteste 16.

An Schlafen war nicht mehr zu denken. Ich wälzte mich hin und her, leise fluchend. Die begleitenden Männer forderten Ruhe für uns ein. Dennoch ist der Lärm enorm, wenn 20 Jugendliche versuchen keinen Lärm zu machen. Verstohlen blickte ich durch den kleinen Spalt, den mein fast zugezogener Mumienschlafsack freigab.

An Schlafen war nun nicht mehr zu denken. Des Hin- und Herwälzens überdrüssig stand ich nun auf und setzte mich an das Lagerfeuer. Mir wurde Tee angeboten. Die Kleineren der Gruppe hatten sich schon in ihre Schlafsäcke gekuschelt. Sie lagen in kleinen Gruppen. Das Tuscheln und das Gekicher wurden leiser. Die 3 Männer und die 4 Ältesten der Gruppe saßen noch um das nun entzündete Lagerfeuer. Wir kamen ins Gespräch.

Dieser Abend, die Begegnung mit Horst und dem erlebnispädagogischen Verein „Grüner Grashalm e.V.", ist mittlerweile 13 Jahre her. Seit diesem Treffen begleite ich selbst Gruppen von Menschen bei ihren Bergwegen. Ich habe entdeckt, dass die Berge Menschen verändern, Menschen erziehen. Eine Aufgabe für uns Pädagogen ist es, diesen Prozess zu begleiten. Der für mich entscheidende Unterschied zwischen einer Kletterei und einer erlebnispädagogischen Bergfahrt, ist die Reflektion und das Arbeiten mit Metaphern. Das Schöne an diesem Medium Klettern ist, dass der Berg selbst eine so starke Metapher ist und die Reflektion nicht künstlich er-

scheint, sondern das mannigfaltige Themen: Angst, Vertrauen, Kamerad-
schaft, Achtsamkeit, Respekt vor der Natur und vor anderen Wesen, scheinbar mühelos entstehen. Die Angst, beispielsweise, wird beim Klettern, bei
dieser Tätigkeit mit dem stark gefühltem Risiko, zu einem möglichen
Thema. Zu einem Thema selbst für Jungen, die vorher noch nie über Angst
gesprochen haben.

Es gibt bisher keine befriedigende Literatur zum erlebnispädagogischen
Klettern. Das Führen von Gruppen in den Bergen und das Klettern sind aus
Büchern nicht erlernbar. Die Bücher, die bis jetzt auf dem Markt sind und
genau das suggerieren, spielen mit einem sehr großen Einsatz. Ich verzichte
in meiner Arbeit auf die Beschreibung technischer Fertigkeiten. Ich will
nachfolgend für Gruppenleiter Bereiche erschließen, die metaphorisch in
der erlebnispädagogischen Arbeit mit dem Medium Klettern angewendet
werden können.

Beginnen wir mit den Reisevorbereitungen: Bergbesteigung – die Anthropologie als Metapher. Dieses Kapitel ist stark von Helga Peskollers
Habilitationsschrift, „Bergdenken", beeinflusst. Wer über Erziehung nach-
denkt, stößt unvermeidlich auf ihre anthropologischen Voraussetzungen.
Ohne anthropologische Annahmen ist Erziehung und Bildung nicht möglich. Mit der Bergbesteigung beginnt der Mensch, sich selbst zu denken. Die
Frage Kants: "Was ist der Mensch?" wird hier dem Berg Meter für Meter
abgerungen. Die alpine Literatur ist voll davon. Klettern ist auch eine
Auseinandersetzung mit der Natur als Konfrontation mit dem Tod, die
dem Kletternden erst sein Leben eröffnet. Der Erlebnispädagoge soll (neben
einem eigenen bergsteigerischen Erfahrungsschatz) stets auch sein Tun in
den Bergen reflektieren. Hinter dem Klettern steckt weit mehr. Die Anthropologie wird damit selbst zur Metapher, die pädagogisch genutzt werden
kann.

Zudem habe ich in den Rucksack gepackt: Die Geschichte der Erlebnispädagogik – „der Sitzgurt". Ich habe aus Platzgründen auf eine kritische
Betrachtung der Geschichte der Erlebnispädagogik und ihrer Vertreter
verzichtet und diese kurz soweit dargestellt, wie sie in der einschlägigen
Literatur stereotyp dargestellt wird. Des Weiteren: Grundlagen der modernen Erlebnispädagogik – „der Reiseproviant". In diesem Kapitel stelle
ich Methoden und Lernmodelle der Erlebnispädagogik vor.

Am Biwakplatz endlich angekommen: Die Erlebnisgruppe. Hier will ich
Rituale und ihre Rollen und Effekte im Prozess der Gemeinschaftsbildung
darstellen. Die Gruppe ist neben dem Medium Klettern das wichtigste
pädagogische Mittel. Unter Erlebnisgruppe verstehe ich einen Interaktions-
und Erfahrungszusammenhang, in dem sowohl Differenzen geschaffen und
bearbeitet werden als auch Integration ermöglicht wird. Dieser ambivalente

Charakter zeigt sich im Spannungsfeld von Kreativität und Stereotypie, von Affirmation und Kritik, von Unterwerfung und Freiheit. Die Gruppenprozesse verstehen und nutzen zu können ist, neben den Fähigkeiten als Bergführer, die wesentlichste Eigenschaft eines Erlebnispädagogen, der mit Klienten in die Berge geht. Es ist etwas ganz anderes, mit einer Gruppe von Menschen in den Bergen Urlaub zu machen oder eine erlebnispädagogische Bergfahrt zu unternehmen. Weil ich hier am meisten lernen musste, habe ich diesem Abschnitt einen breiten Rahmen gewidmet.

Nicht zu vergessen ist das Seil, welches uns mit den Altvorderen verbindet. Die Geschichte des Kletterns. Es ist interessant zu sehen, wie mit Hanfseil, barfuss, vor über 100 Jahren, „coole Typen" den Klettersport erfanden.

Und die Kletterschuhe nicht vergessen. Erziehungswissenschaft meets Sportwissenschaft. Die „Trainingswissenschaft" ist voll von guten didaktischen Tipps. Isomorph an den Problemen der Teilnehmer angeschmiegt, ergeben sich wertvolle Metaphern; z.B. können Techniken der Angstbewältigung auch im Alltag angewendet werden.

Ich wünsche viel Spaß beim Lesen und viele Rückmeldungen und Gedankenaustausch mit Ihnen (Uwe-Fleischer@gmx.de).

2. Bergbesteigung – Die Anthropologie als Metapher – „Reisevorbereitungen"

2.1. *Die Berggeburt und der Aufstieg des Menschen*

Berge und Wände verstellen Menschen den Horizont; einigen intensivieren sie das Leben.

Betrachtet man bergsteigerische Unternehmen auf ihren allgemeinen geschichtlichen Zusammenhang hin, fallen sie in einen Rahmen neuer Geistigkeit; den Humanismus als Menschheits- und Daseinsforschung.

Unter „Berg" vermerkt der Duden eine größere Erhebung im Gelände, „steigen" bedeutet sich aufwärts, in die Höhe bewegen. Eine Bergbesteigung ist jedoch erst geglückt, wenn auch der Abstieg gelingt.

Bergsteigen ist demnach eine Bewegung zwischen unterschiedlichen Höhen, um zum Grund zurückzukehren. Ausgang und Ende ist der Grund. Somit ist das Bergsteigen eine Methode, einen Weg, zum Grund zurückzukehren.

Im Höhersteigen schiebt sich der Mensch zu seinem Innenraum vor und beginnt, sich im Überschreiten zu ergründen.

„Die Höhe denken heißt den Menschen denken, der vor sich selbst zurücktritt. Im Zurücktreten wird nicht nur die Annahme eines universalen Menschen aufgelöst, die Abstraktion überführt sich selbst als herrschende Denkform, die ins Leere strebt.

Das Denken des Menschen leert sich in den Höhen der Berge. In der Leere entfaltet sich ein Raum, in dem wieder zu denken ist. Es ist ein Denken, das erinnert und wahrnimmt, wovon seit der Schwelle zur Neuzeit systematisch abgesehen wurde: von der konkret stofflichen Materie. Sie ist in der Abstraktion aufgegangen. (Bergtexte liegen besonders nahe an der Materie, ihr Gegenstand – der Berg – ist extrem stofflich. Berge denken ist daher eine Form des Gegendenkens. Es versucht, Abstraktes zu entleiben, wodurch das ihm zugrunde liegende Stoffliche wieder hervortritt.)"[2]

Praktiken, sich gezielt im Gelände fortzubewegen, setzen früh ein. Das Bergsteigen ist eine, seine Diskursivierung die andere Seite. Wie die Haut den menschlichen Körper schützt, zieht sich die Sprache wie eine Verhüllung über den Berg. Im doppelten Verlauf der Zeichen ver- und entbergen sie das Verhüllte.

„Die Interaktion, die sich wie eine dritte Haut daraus ergibt, wird zum Selbstgespräch des Menschen. Der Mensch sucht nach Wahrheit, obgleich

---

2   BergDenken, Helga Peskoller – Wien: Werner Eichbauer Verlag, 1997 2. Auflage 1998, S. 10

sie ihm unerträglich ist. Unmittelbare Schau macht blind. Die Selbst-entgrenzung lässt die eigene Begrenztheit erfahren. Bergsteiger verkörpern paradoxe Eindrücke im Extrem. Sie besteigen Berge wirklich, begreifen und betreten sie unmittelbar."[3]

Seit alters her wird Gott in der Höhe verortet. Bergsteiger wollen dorthin gelangen, wo die Erde den Himmel berührt. Aber die Berührung ist ambivalent: Bereits Augustinus hat Berge in gute und schlechte eingeteilt. Er spricht von Erdgeschwüren und von himmlischen Bergen. Bergsteiger können sich ihres Gegenstandes bzw. des moralischen Wertes ihres Tuns nicht sicher sein. Ein tiefer Zweifel durchzieht alpine Unternehmen.

Mit dem Gipfel kommt Wahrheit als Klarheit und Unterschiedenheit. Das Bild der Morgenröte bietet sich an. Augustinus schreibt, wenn er von „monte excelsis" spricht, von Bergen, „die Gott erleuchtet: sie empfangen als erste die Klarheit, damit sie von ihnen dann in die Täler dringe". Das ist, wie wir aus den Psalmen wissen nicht neu, wirkt aber nachhaltig: Die Aufklärung des 18. Jahrhunderts wird als „siècle des lumières" bekannt.[4]

Die frühen Bergsteiger schreiten wie Pilger voran. Die Pilger haben sich ihre Wanderschaft als Aufstieg zum Berg des Herrn vorgestellt; Bergsteiger machen mit dieser Vorstellung Ernst; Sie setzen sie um und buchstabieren mit dem Leib die Höhe.

Bergsteigen verlässt den Ort. Die Höhe ist für den Menschlichen Körper schwerer zu bewältigen als die Weite. In die Höhe bewegt man sich langsamer, die Erfahrungen prägen sich stärker ein. Fernsicht stellt sich erst mit der Höhe ein. Das Bergsteigen lässt den Prozess der Abstraktion als Erreichen von Höhe skizzieren. Die Abstraktion macht höhensüchtig.

Das Ziel ist der Gipfel, aber der Gipfel gibt nach allen Seiten hin die Möglichkeit, abzustürzen. Oben kann der Mensch verschnaufen, bekommt Überblick, aber sicher ist er deswegen nicht. Zwar ist mittlerweile jeder Gipfel genau vermessen und benannt, aber wirklich oben ist man nie. Daran ändert auch nicht, dass der Körper bis zum Äußersten diszipliniert wird. Der Prozess der Zivilisierung endet nicht auf dem Gipfel, sondern geht über ihn hinaus. Beim Hinaustreten ins Immaterielle hört die Formung des Menschen nicht auf.

---

3 Ebd.
4 Zit. In Woźniakowski 1987

2.2.   „Nach Oben“

In der Höhe wird das Leben verdichtet.
„Berge waren immer schon Vermittlungsstelle zwischen unten und oben. Sie galten daher als Orte besonderer Erkenntnis, ja sogar Erleuchtung. Vom Berg trug Moses die Schrift. Der Berg ist Geburtsort des Logos und Gegenstand der Bildung. Der Berg ist ein starkes Bild. Als eindrückliche Imagination bildet er sich in den Menschen ein und bildet ihn aus. Der Leib des Menschen ist, wie der Berg-Körper, seit der Mensch aufrecht geht, der vertikalen Raumachse angepasst. Es ist die Höhe, die im Körper des Menschen wirksam wird. Die Höhe richtet ihn auf, wie sich der menschliche Körper nach der Höhe ausrichtet.

Die Höhe als conditio humana ist Gegenstand des Aufstiegs. Doch ganz so glatt ist es mit dem aufrechten Menschen nicht. Beim Aufsteigen ist der Mensch nicht ganz aufrecht. Er muss sich dem Gelände anpassen, kommt beim Klettern in Schräglagen bzw. steigt mehr oder weniger gebückt nach oben. Diese gebückte Haltung wird zusätzlich durch das Gepäck bedingt, das er zum Selbsterhalt auf dem Rücken trägt. Je schwerer das Gepäck, desto gebückter die Haltung beim Aufwärtssteigen.

Hayo Eickhoff sagt, dass sich der Mensch im Laufe der Kulturgeschichte zu einem homo sedens bzw. zu einem homo sedativus verformt hat. Der Aufstieg auf einen Berg kann nicht ersessen werden. Beim Aufstieg sitzt der Mensch nur, wenn er nicht mehr weiter kann oder will. Er setzt sich um zu rasten, um sich zu nähren oder zu orientieren. Der Ort am Berg, wo die meisten Menschen sitzen, ist der Gipfel.

Ansonsten hat der Mensch, um aufwärts zu gelangen, zu stehen bzw. voranzusteigen. Der extreme Kletterer hängt vor allem. In einem Überhang, bevorzugter Ort der Extremen, ist er von allem Stand verlassen. Sein Körper hängt über dem Grund und ist dermaßen überdreht und überspannt, dass er jede Sekunde aus der Wand zu fallen droht. Nur im Fallen würde sich der Leib entspannen und käme in seine normale Lage zurück.“[5]

„Der Mensch ist tot. Des Menschen Tod gingen das Sterben der Natur und der Tod Gottes voran. Spätestens seit Foucault weiß man, dass man vom Menschen wie von einem spricht, den es so nicht gibt. Dennoch schreibt sich die Anthropologie auch nach dem Tode des Menschen weiter.“[6]

Man besinnt sich der Vorgeschichte. Die Geschichte des Aufstiegs ist Anfang eines Endes des Menschen. Als Goethe auf den Brocken stieg,

---

5   BergDenken, Helga Peskoller – Wien: Werner Eichbauer Verlag, 1997 2. Auflage 1998, S. 214f.
6   Vgl. Kamper/Wulf 1994, zit. In BergDenken, Helga Peskoller – Wien: Werner Eichbauer Verlag, 1997 2. Auflage 1998, S. 220

suchte er bekanntlich nicht die Höhe, sondern die Tiefe. Als 1786 erstmals ein Mensch auf dem Mont Blanc stand, traten mit der Selbsterhöhung seine Untiefen hervor.

„Übt sich der Abstieg im Schweigen, ist der Aufstieg umso geschwätziger. Man stilisiert den Aufstieg als etwas, an das man sich am besten erinnert. Reinhard Karl hat gemeint, weil der Aufstieg voll der Qualen sei, bliebe er so einprägsam. Das ist nicht alles. Unser Denken ist nach dem Muster des Aufstieges strukturiert. Unser Denken vergisst mehr, als es erinnert. Und es erinnert an das, wonach es selbst strebt. Das Andere ist ihm fremd. Für das Fremde sind die Seele und auch das Denken nicht gemacht. Es sei denn, das Denken denkt sich selbst und käme damit an ein Ende seines Eingeschlossenseins. Werner Ernst spricht von Denkgewalt: Denken, in seinen Projektionen gefesselt. Diese Vorstellung löst wahrlich Entsetzen aus, eine gute Reaktion. Das Denken müsste sich seiner eigenen Setzung entledigen."[7]

In zeitgenössischen Darstellungen verkehrt sich der Wille nicht selten zu argwöhnischem Müssen und wird zum Zwang; der Wunsch steigert sich zur Besessenheit, die Suche wird in der Sehnsucht zur unbändigen Leidenschaft. Plötzlich bedeutet ein einfacher Berg eine ungeheure Herausforderung, und Bergsteigen wächst sich zu einem größenwahnsinnigen Unternehmen aus. Es ist, als trüge gerade das Harmlose die Gefahr. Die Sphäre des Wollens ist in der Neuzeit zu hohem Rang aufgestiegen und hat sich vor allem mit dem Können verbunden, das permanent zu steigern ist. Das Steigern des Könnens gelingt über die Disziplin. Diese Intention gibt dem Wollen eine schillernde Färbung. Der Aspekt der Freiheit steht dem Zwang gegenüber und nährt sich aus ihm. So gesehen scheint es mit der Freiheit des Willens nicht gut bestellt zu sein. Außerdem weiß man, dass man sowohl das Gute als auch sein Gegenteil wollen kann. Unbestritten ist, dass man etwas will, das nicht ist. Damit erhält die aktive Seite eine passive, leidende. Der Wille ist am Mangel ausgerichtet, an etwas, das fehlt.

2.3.   Erziehungswissenschaften am Berg gedacht

Der Mensch, der auf Berge steigt, äußert seinen Umgang mit dem Grund. Das Forschen über den Grund führt zu Grundlagen. Sie verweisen über die räumliche Trennung auf den unerreichbaren Grund. Die räumliche Trennung schließt eine zeitliche Dimension ein.

„Die erziehungswissenschaftliche Disziplin hat somit einen strukturellen und einen historischen Ansatz aufeinander zu beziehen. In den Bezug-

---

7   BergDenken, Helga Peskoller – Wien: Werner Eichbauer Verlag, 1997 2. Auflage 1998, S. 220

nahmen kommt eine Reflexivität zum Ausdruck, die die Disziplin selbst thematisiert. BergDenken ist mein Kürzel, um zur Erziehung als wissenschaftliche Disziplin Abstand und Zugänge zu gewinnen."[8] Der Abstand lässt einsehen, worin sie gründet: im Herstellen von Normalität. Bergsteigen, vor allem extremes, verstößt mehrfach gegen Normalität.

Im BergDenken war über die erziehungswissenschaftliche Disziplin hinauszugehen. In der Überschreitung erweitert sich das Verständnis über sie zu einer Kulturwissenschaft.

„Kultur nennt sich der Vollendungsprozess des Menschen, der zugleich ein Vorgang permanenter Umstrukturierung, Differenzierung und Verfeinerung dessen ist, was ihn von der Natur trennt. Die Trennung vollendet sich in der Unverbesserlichkeit des Menschen, die erzogen werden soll."[9]

Der Mensch steht als Subjekt und Objekt im Mittelpunkt seiner Selbstschöpfung. In der Schöpfung des Menschen erschöpft sich die Erziehungswissenschaft. An die Stelle des Menschen tritt die historische Anthropologie. Sie rekonstruiert die menschliche Selbst(er)Schöpfung und dokumentiert so die Auflösung einer Disziplin.[10]

Berge sind nicht Gegenstand einer Disziplin; Berge verbinden Disziplinen. Die Sorgfalt des Kletterers erinnert an die erzieherischen Topoi der Sorge.

Im Bergsteigen bringt sich der Mensch mit dem Berg zur Sprache. Das Bergsteigen vergegenwärtigt die Verfasstheit des auf- und absteigenden Menschen.

In der Stille des Steigens hört sich der Mensch atmen. Aus dem Bergsteigen ist Menschliches zu hören, zu ordnen und theoretisch zu fundieren.

Am Berg erfährt der Mensch seine Grenzen, jedoch den Menschen vom Berg aus begrenzend zu definieren, erscheint problematisch. Der Berg setzt Grenzen, aber die Grenzen fordern den Menschen zur Entgrenzung heraus.

Das Denken des Menschen ist bewegt und nicht zu beruhigen. Es orientiert sich an der Frage, wie sich menschliche Identität zu anthropologischer Differenz verhält.

In diesem Verhältnis drückt sich eine methodische Ungewissheit aus, da der, der den Weg der Erkenntnis beschreitet, selbst Teil des Erkenntnisvorgangs ist.

Der eigene Körper wird zum Methodenhorizont, folglich kann das Reflektieren auf Methoden, die Methodologie, nicht abstrakt sein. Sie ist selbst, ohne Absicht vom Körper, weniger sinnlich und leidenschaftlich.

---

8   BergDenken, Helga Peskoller – Wien: Werner Eichbauer Verlag, 1997 2. Auflage 1998, S. 11
9   Ebd.
10 Vgl. BergDenken, Helga Peskoller – Wien: Werner Eichbauer Verlag, 1997 2. Auflage 1998

In diesem Sinne handelt es sich um eine epistemologische Gratwanderung. Sie schlägt sich in der folgenden Ordnung nieder und erinnert den Zusammenhang von Bergen und Gebären, d.h. sie bleibt zwischen Material und Bewegung, Raum und Zeit eingespannt.

2.3.1. Exkurs: Das Bergsteigen als Breitenbewegung - Warum zieht es so viele Menschen in die Berge?

„Den höchsten Berg unserer Gegend, der nicht umsonst der Windige heißt, habe ich gestern bestiegen, lediglich aus dem Wunsch heraus, einmal auf dieser überragenden Höhe zu stehen (...). Auf seinem Scheitel stand ich wie ein Staunender, die Wolken lagerten zu meinen Füßen, starr, schneeüberdeckt und ganz nahe schienen mir die Alpen (...).Wie oft habe ich an diesem Tag talabwärts steigend und rückwärts blickend den Gipfel meines Berges betrachtet. Aber seine Höhe schien mir kaum mehr die Höhe meiner Stube zu sein, verglichen mit der Höhe innerer Erhebung, die über den Dunst der Menschlichkeit hinausstrebt. Die Seligkeit steht auf erhabener Höhe. Der Gipfel aber ist Ende und Ziel unseres Lebens."[11]

Dies schrieb der Dichter Petrarca 1336, vor 650 Jahren, und noch heute ist diese Gelegenheitswanderung in Fachkreisen in aller Munde.

Kein Wunder, da vor und nach Petrarca jahrhundertelang kein Mensch einen unwiderstehlichen und natürlichen Drang zum Berg spürte. Noch heute verspüren Naturvölker den Bergen gegenüber tiefe Ehrfurcht - ja sogar Furcht und ihr Verhalten in den Bergen, wenn sie diese z.B. als Träger betreten, ist durch tiefe Religiosität geprägt.

Die Übersetzung der Bergnamen zeigt, dass diese angebetet und verehrt werden – nicht auf ihren Gipfeln stehend, sondern zu ihren Füßen. Der 8848m hohe Mount Everest heißt Chomo-Lungma, was übersetzt „Göttin-Mutter des Landes" bedeutet und das Himalaja Gebirge ist die „Heimat des Schnees" (nicht der Menschen!).

Der indische Name für den Sisha Pangma 8091m lautet Gosaintha (Sanskrit) – „Platz der Heiligen" (nicht der Menschen!).

1954 wurde einer japanischen Expedition der Zugang zum Manaslu von Dorfbewohnern des Dorfes Sama verwehrt. „Sie glaubten nämlich daran, dass die vorjährige Expedition die ‚Seele', was Manaslu im Sanskrit bedeutet, entheiligt habe, vor allem deshalb, weil in diesem Jahr der Lama-Tempel durch eine Lawine zerstört wurde. Der Manaslu wird von den Bewohnern Samas als Gottheit verehrt. Er beherrscht ihr ganzes Leben;

---

11 Trenker, L./Dummler: Die höchsten Berge der Welt: Erlebnisse der Erstbesteiger; München: Bruckmann 1991. S.6

morgens und abends beten sie zu ihrem Gott, dass die Ernte reich werden möge."[12]

Inzwischen drängen Millionen von Menschen, gerade aus den hoch entwickelten Industrieländern an Wochenenden und in ihrem knapp bemessenen Urlaub in die Berge.

Nach Aufmuth sind es gerade die Lebensumstände dieser Zivilisationsmenschen, die sie in die Berge ziehen.

Jahrhundertelang haben die Menschen um den technischen Fortschritt gerungen. Stück um Stück wurde auf vielen Gebieten das Leben erleichtert, rationalisiert, technisiert. Der moderne Mensch ist kaum noch auf die Kraft seines Körpers angewiesen, um zu überleben. Lebensmittel kauft er ein, die Haushaltsarbeit wird er mit Hilfe von Maschinen verrichten, selbst den kleinsten Weg legt er mit Verkehrsmitteln zurück. Zur Verrichtung seiner Arbeit benötigt er heute oft nur seinen Kopf und seine Hände.

Also ist der Körper unnötig!?

Erst Schmerzen rücken ihn - den Körper wieder in den Mittelpunkt unseres Denkens.

In unserer „hochzivilisierten" Welt sind die Worte „Hunger" oder „Durst" für die meisten Menschen Fremdwörter. Wir benutzen sie, doch kennen wir ihren Sinn? Normalerweise stehen uns mindestens drei Mahlzeiten am Tag zur Verfügung und meist essen wir mehr als der Körper an Nährstoffen benötigt.

Wir sind so satt an allen Dingen des Lebens und doch - es gibt Indizien, die darauf hinweisen, dass wir: hochzivilisiert; technisiert; rationalisiert; so sehr satt, Mangel erleiden. Ulrich Aufmuth spricht von seelischen und körperlichen Mangelerscheinungen und Defiziten des Selbsterlebens in unserer Gesellschaft.

Warum wird der Sexualität heute ein Stellenwert wie noch nie zugemessen? Sexualität ist das Gebiet, auf dem wir die Lust am Körper noch intensiv spüren können, unbedingt spüren wollen. Ein weiteres Indiz für den Mangel an Körpergefühl wäre der „Run" auf die Bodybuilding-Studios und die Bedeutung, die man heute allgemein dem Sport zumisst.

Besonders das Bergsteigen oder Bergwandern bietet dem trainierten Menschen eine Fülle an Körpergefühlen, die positiv bewertet werden, wie z.B. Anstrengung, richtiger Hunger, Durst,... Diese auszuleben kann eine Wohltat sein.

Aufmuth beschreibt einen Tag in den Bergen: „Rund um die Uhr verrichten wir körperliche Schwerstarbeit simpelster Art. Sechs, acht, zehn Stunden lang steigen wir mühselige Steinhänge hinauf und hinab mit vielen

---

12 ebenda, S.59.

Kilo Gepäck auf dem Rücken. Fortbewegen, Essen, Trinken, ein Lager für die Nacht bekommen, diese banalen Dinge bilden die Hauptinhalte unseres Tagesablaufs und unseres Denkens. Den ganzen Tag über setzen wir uns ohne Murren den Unberechenbarkeiten und Härten extremer Witterungsverhältnisse aus. Wir essen mit den Fingern und trinken aus ungespülten Bechern..."[13] Die körperlichen Anstrengungen, das primitive Leben in den Bergen sind so verschieden vom Alltagsleben, dass man das Gefühl hat, viel intensiver zu leben. Man genießt das Gefühl des gleichmäßig arbeitenden Körpers, genießt das einfache Essen nach einem anstrengenden Tag. Wichtig scheint der Sieg, den man errungen hat im Kampf mit dem Berg, dem Wetter und dem „inneren Schweinehund". Der Gegner „Berg" zeigt sich dem Bergsteiger sehr deutlich und dieser will sich ihm ebenbürtig erweisen. Kampf scheint eines der Dinge zu sein, die wir aus unserem Leben ausblenden wollen und doch nicht können. Am Berg lassen sich die „ausgeblendeten" Dinge noch ausleben.

Idealisiert wird beim Bergsteigen vor allem die Bergkameradschaft. So einfach, wie sich das Zusammenleben von Menschen in den Bergen gestalten kann, spielt es sich im Alltagsleben kaum ab. Alle haben das gleiche Ziel, müssen genauso viel tun, um dieses Ziel zu erreichen und sind, durch das sichernde Seil, auf Leben und Tod miteinander verbunden. Der Seilabstand zwischen den Partnern kann auch garantieren, dass der andere einem nicht zu nahe tritt. Der Umgang mit dem Mitmenschen in den Bergen entspricht nicht dem Rollenverständnis und den Konventionen des Alltags. Dort interessiert nicht ob einer Dr. Ing. oder „nur" Mechaniker ist. Weitere Defizitbereiche wären: Leistung, Können, das Im-Augenblick-leben-können, Nomadentum, Herrschergefühle, Abenteuer, ...

„Wir sind weder ‚Aussteiger' noch Rebellen. Was wir in Wahrheit tun, ist dies: Wir eignen uns jene ursprünglichen und machtvollen Potentiale unserer kreatürlichen Existenz sporadisch und in geballter Form wieder an, die im heutigen Normalleben zum Schweigen verurteilt sind. Wir runden unser gewöhnliches Dasein ab, aber wir flüchten nicht. Das gelegentliche Hinausgehen aus der gesellschaftlichen Normalität stärkt uns für eben diese Alltagsexistenz. Insofern ist Bergsteigen, sind Abenteuerreisen sogar ‚funktionale' Verhaltensweisen, d.h. Verhaltensformen, die die bestehende Gesellschaftsstruktur stützen und festigen. Außerhalb unserer Gesellschaft holen wir uns gelegentlich das zurück, was wir in ihr entbehren."[14]

---

13 Zur Psychologie des Bergsteigens/ Ulrich Aufmuth.- 4. überarb. u. erg. Aufl.- Frankfurt a.M.- Fischer Taschenbuch Verl., 1989,S. 15.
14 ebenda, S. 54-55.

2.4.   Material und Raum und Mimesis

Der Raum ist gegenwärtig schwerer als die Zeit zu fassen. Vom Raum her erschließt sich das Denken. Der Berg eröffnet den Raum und spannt die Höhe auf. Damit der Gegenstand nicht unbegriffen entkommt, muss die Annäherung langsam und vorsichtig erfolgen. Ähnlich dem Klettern ist das Denken des Berges eine mimetische Bewegung: Anschmiegen an den Gegenstand, ohne ihn zu zerstören. In der Bewegung drückt sich das Denken aus. Der Ausdruck gewinnt durch den Verlust an Theoretisierbarkeit.

2.4.1.   Heterologe Grenzen des Homogenen

Je differenter der Fels, desto leichter fällt das Höhersteigen. Homogenität ist abstrakt, eine glatte Wand weist die mimetische Bewegung des Körpers zurück. Erst die heterologe Grenze des Homogenen sichert Orientierung und Halt. Wo der Fels brüchig und uneben wird, Sprünge, Risse und Spalten aufweist, wird er begehbar. Die leibhaftige Erfahrung ist wortwörtlich zu nehmen. Das Denken des Berges verlangt nach einem Denken in Differenzen und Relationen. BergDenken ist nicht auf der Suche nach einer einheitlichen Theorie. Es akzeptiert entgrenzende Grenzziehungen des Wissens: Weder Dialektik noch Usurpation, sondern ein von sich selbst Zurücktreten ist angebracht.[15]

In einer Wand zurückzusteigen bereitet mitunter größere Schwierigkeiten, als einfach weiterzusteigen. Das Scheitern bedeutet eine stärkere Einprägung des Heterogenen. Der scheinbar selbe Weg stellt sich im Aufstieg und Abstieg anders dar. Abwärtssteigen ist ein selbstreflexiver Vorgang mit einer besonderen Perspektive: Die Einsicht in den Abgrund ist allgegenwärtig. Mit dem Unscharfwerden einer universalen Logik nimmt im Gegenzug die Genauigkeit in der Wahrnehmung der Empirie zu. Der Abstraktion steht die Fülle des Besonderen gegenüber. Im Vorzug des Materials geht es um wissenschaftliche Erkenntnis des Individuellen.

2.4.2.   Beschreibungsdichte

Je abstrakter das Denken, desto mehr muss Anschaulichkeit konstruiert werden. Der Berg verlangt nach Anschaulichkeit, aber sie ist unmittelbar. Um sich dieser Unmittelbarkeit anzunähern, sind Dekonstruktionen nötig.

Bergsteigen aber ist nicht nur Sprache, sondern in erster Linie Erfahrung. Wie ehemals die Pilger, erfahren auch die Bergsteiger den Raum

---

15 Vgl. BergDenken, Helga Peskoller – Wien: Werner Eichbauer Verlag, 1997 2. Auflage 1998

auf spezifische Art und weise. Der rote Faden, der durch die Arbeit führt, ist die Frage, wie sich Erfahrung thematisieren lässt und thematisiert wird.

Die Erfahrung des Bergsteigens ist eindrücklich. Durch die Höhe gibt sie die Tiefe und mit ihr die Sicht auf den Grund frei. Bergsteigen ist ein Grunderlebnis, in dem Wirklichkeit wiedergewonnen wird. Extremes Bergsteigen verschärft dieses Erleben und wird leidenschaftlich betrieben. Extremerfahrungen am Berg überwältigen die sprachliche Vernunft und sind im Kern sprachlos.

2.4.3. Verdichten

Mit dem Fortschreiten in die Ferne (vorwiegend Pilgerreisen durch Geistliche) geht das Steigen in die Höhe und ein Vorrücken in das Innere der Berge einher. Das Höhersteigen scheint das Erleben zu vertiefen. Die Zeit verkürzt den Raum: In wenigen Stunden erreicht man im alpinem Hochgebirge den ewigen Schnee, wofür man in der Horizontalen Wochen und Monate unterwegs wäre.

Der Raum rafft die Zeit: Schnell durchschreitet man in der Höhe alle Klimazonen der Erde, im Sommer hat man zugleich den Winter. Dieser Verdichtung der Erfahrung entspricht eine Ökonomisierung des Lebens, die in der Minimierung der Mittel eine Maximierung der Wirkung erzielen will.

2.5. Paradoxe Grundfiguren

Sprachlosigkeit forciert das Wissenwollen. Es reflektiert ein Tun, das selbst leidend-leidenschaftlich ist. Zwei Passionsgeschichten greifen ineinander: In der Passion des Bergsteigens begegnet uns ein Denken, das im Höhersteigen von der Materie abstrahiert und am eigenen Abstraktwerden leidet, was bedeutet, dass in der Selbstermächtigung des Menschen auch seine Ohnmacht liegt.

Mit dem Wissen über den Menschen nimmt das Nichtwissen des Menschen zu. In dieser Paradoxie hat die anthropologische Reflexion etwas schier Unüberwindliches vor sich: einen Gegenstand, der methodisch denkt, und ein Objekt, das auch Subjekt ist. Den Knoten der Leidenschaft zieht die Logik der Vernunft zusammen; Vernunftkritik allein löst ihn nicht. Was bleibt, ist, diese Passionsgeschichte so weit wie möglich auszudenken.

Das Bergsteigen, zumindest in seiner extremen Ausprägung, hat etwas Anstößiges. Trotz Vorkehrungen kann das Risiko, die Gefahr bis hin zum Tod nicht ausgeschaltet werden. Bergunfälle verweisen darauf ständig.

Somit widerspricht dieses Tun der allgemeinen Verpflichtung zum Leben. Aus der einfachen Bewegung Bergsteigen wird ein komplizierter Gegenstand der Verrechtlichung.

Aufgrund seiner Gefährlichkeit ist das Bergsteigen ein Abweichen von der Norm.

Ich vermute im extremen Bergsteigen eine Essenz, die metaphorisch für meine Arbeit zu nutzen ist; wenigstens dient es als Warnung oder als Vorbild.

2.5.1. Paradoxon extremes Bergsteigen

Die unverständliche Leidenschaft

Ist die Besessenheit eines Reinhold Messner erklärbar? „Die Unfähigkeit, meine Handlungen zu erklären, macht mich in gewisser Weise hilflos."[16] meint er selbst dazu. Wie ihm, geht es auch anderen Extremen. „Die Frage, warum ich überhaupt auf Berge steige, kann ich nicht so einfach beantworten... Klingt es sentimental, wenn ich sage, dass mir die Berge im Blut liegen?" Peter Habeler[17].

Was wäre ich ohne sie? Sie sind mein Leben. Dieses Leben, zu dem es keine Alternative zu geben scheint, wirkt auf den Außenstehenden erschreckend und unverständlich. Es stellt sich uns dar als: risikoreich (unvergleichbar hohes Risiko, sich zu verletzen oder den Tod zu finden), qualvoll (Beschreibungen extremer Touren klingen wie Folterberichte) und ausschließlich in seiner Leidenschaft und Besessenheit (die alles andere zurückdrängt).

Der Extreme neigt dazu, uns wissen zu lassen, dass Autofahren wesentlich gefahrvoller wäre als Bergsteigen.

„Wenn man bedenkt, dass die Todesquote bei den Achttausender- Bergsteigern 3,4% beträgt, hätte Reinhold Messner bei seinen bisher 29 Expeditionen zu den 14 höchsten Bergen der Welt mit 99%iger Wahrscheinlichkeit umkommen müssen."[18]

Aber es sind gerade die Gefahren, die der Extreme sucht. Werner Gross nennt es den Reiz des Risikos.

„Der Bohrhaken macht es rein theoretisch möglich, das Ungewisse, das, was dem Bergsteigen die Spannung gibt, auszuschalten. Gerade dieses, vielleicht Unmögliche ist wichtig. Ich hätte mich selbst betrogen, wenn ich

---

16 Zur Psychologie des Bergsteigens, a.a.O., S.93.
17 ebenda, S.93.
18 Überlebt: Alle 14 Achttausender /Reinhold Messner.- 5. Aufl. München; Wien; Zürich: BLV Verlagsgesellschaft, 1991, S.186

es durch ein technisches Hilfsmittel von vornherein annulliert hätte." R. Messner[19]

Mit den Gefahren kommt die Qual, kommen die Strapazen. Wenn Bergsteiger von ihren Extremtouren berichten, fragt man sich, was ein Mensch bereit ist, auszuhalten.

„Nun sahen wir nach, wie viel von unseren Fingerspitzen übrig geblieben sei, und fanden, dass die Haut fast ganz verschwunden war. Wir sahen rohes Fleisch. (Edward Whymper)...

Seit drei Tagen schnürt uns nun das Seil ein. Es ist kaum mehr zum aushalten. Wir haben das Gefühl, als ob wir in zwei Teile zerschnitten würden. Aber nichts ist schlimmer als der Durst, der uns quält. Ein paar Schlucke noch, und die dritte Wasserflasche ist leer. Und weit oben, durch Überhänge verbarrikadiert, ist das schneebedeckte Band unserer Träume. Es ist schon 10 Uhr morgens, und wir haben kaum 40 Meter hinter uns gebracht. Nach weiteren Stunden stellen wir fest, dass wir wieder nur etwa 15 Meter geschafft haben. Durst und Müdigkeit zeichnen unsere Gesichtszüge. Die Lippen sind ausgetrocknet. Wir sprechen nur noch das Allernötigste. Unsere Lage ist wirklich kritisch geworden, und wir wissen nicht mehr, wie wir uns heraushauen sollen. Unsere Zungen sind stark geschwollen. Die Mundhöhlen scheinen zu klein geworden, alles brennt. Beim Versuch, etwas Speichel zu sammeln, muss ich schmerzhaft husten. Das soll eine Kletterei sechsten Grades sein? Unsinn, es ist reine Schinderei! Wenn wir noch verzweifelt weiterkämpfen, dann in erster Linie wegen des Durstes. (Walter Bonatti)

Immer wieder muss ich ein gefährliches Spiel mit dem Gleichgewicht wagen. Diese Kletterei ist ein wahres Martyrium: Ich habe derart kalte Hände, dass ich sie ständig bis aufs Blut schlagen muss, um sie etwas warm zu bekommen. Um meine Füße kümmere ich mich schon lange nicht mehr - sie sind empfindungslos. Schreckliche Krämpfe in den Waden, in den Schenkeln, im Genick und im linken Arm machen mein Fortkommen noch gefährlicher. Und über allem liegt eine beängstigende Ungewissheit. (Lionel Terray)"[20]

Man sollte annehmen, dass es etwas gibt, das diese Qualen aufwiegt. Das Gipfelglück. Doch dieses Glück wird dem Bergsteiger im Extrembereich selten gewährt. Meistens mag es an der Entkräftung liegen: „Kein frohes Gipfelgefühl, keine aufatmende Freude regte sich in uns. Wir waren zerfallen und abgestumpft". (Paul Hübel)[21], manchmal aber scheint der Sieg zu leicht errungen: „Ich empfinde keine besondere Freude. Es sei denn, die

---

19 ebenda, S.14.
20 Zur Psychologie des Bergsteigens, a.a.O., S.96-97
21 ebenda, S.98

des Handwerkers, der ein rechtschaffenes Stück Arbeit zu Ende gebracht hat. Der Sieg muss mit dem Preis der Anstrengung und des Leidens bezahlt werden. Der technische Fortschritt und die Güte des Himmels haben ihn uns unter Preis beschert. Ich bin weit von meiner stolzen Trunkenheit entfernt, die ich einige Male empfand, als ich nach einem Kampf, in den ich alle meine Kräfte und meine ganze Person gelegt hatte, mit letzter Anstrengung auf einige bescheidenere Gipfel gelangte. Ich hatte ihn mir ganz anders erträumt, diesen großen Sieg. Ich hatte mich gesehen, weiß vom angesetzten Reif, die letzten Kräfte, die mir ein wütender Kampf gelassen hatte, mobilisierend, wie ich mich in verzweifelter Anstrengung auf den Gipfel schleppte. Hier hinauf dagegen bin ich ohne Kampf, ja beinahe ohne Anstrengung gelangt. Für mich liegt in diesem Sieg etwas Enttäuschendes. Dennoch, ich bin da, aufrecht auf der idealen Pyramide des erhabensten aller großen Gipfel. Nach Jahren der Ausdauer, hartnäckiger Arbeit, nach Todesgefahren ist der verrückteste Traum meiner Jugend Wirklichkeit geworden. Ich muss ein Idiot sein, dass ich enttäuscht bin!" (Lionel Terray)[22] Für den Extremen gehört „Qual" dazu, ohne sie hat er den Erfolg nicht „verdient".

Es kommt häufig vor, dass nach einer strapaziösen, qualvollen Tour für den Bergsteiger feststeht: NIE WIEDER, aber schon kurze Zeit danach fasst er einen neuen Berg, einen neuen Weg ins Auge.

Alpine Beschreibungen und Berichte unterschiedlichster Art nehmen zu. Sie bringen ein Ich hervor, das sich angesichts der Fremdheit des Ortes, auf den es trifft, und der ungewohnten Taten seiner selbst nicht sicher ist. Das Schreiben und Reflektieren mag eine Form sein, dieses Selbst zu stärken, indem es immer wieder hergestellt wird. So wachsen Mensch, Berg und Schrift zu einem neuen Ganzen zusammen, so als wäre ihr Zusammenhang ein „natürlicher".

Fast alle bekannten Bergsteiger leben heute nur noch für das Bergsteigen und vom Bergsteigen. Zwischen den großen Touren sind sie mit der Beschaffung von Geldmitteln (veröffentlichen Bücher, halten Vorträge, werben, treten im Fernsehen auf) und mit dem Training für den nächsten Berg beschäftigt. D.h. Bergsteigen ist zum ausschließlichen Lebensinhalt geworden. Als Bergsteiger kann man nicht sehr reich werden. Die Ausrüstung verschlingt riesige Geldsummen (auch wenn sie, wie beim Alpenstil, klein - an Umfang - gehalten wird) und die Staaten, die im „Besitz" der großen Berge sind, vergeben Genehmigungen zu deren Besteigung, die sehr teuer sind.

---

22 Die höchsten Berge der Welt, a.a.O., S.53

Die meisten der „ganz Großen" haben weder Frau/Mann, noch Kinder, noch einen bestimmbaren Platz, den sie Heimat nennen können.

„Erst 1978, nachdem ich gelernt hatte, das Leben auch allein zu ertragen, nachdem mir bewusst geworden war, dass der Mensch ein Einzelwesen ist, nachdem ich aufgehört hatte, in Paaren zu denken, habe ich den größten Sprung meines Bergsteigerlebens gewagt." R. Messner[23]

„Es ist faszinierend, überall daheim zu sein, überall und nirgends zugleich. Wie ich dazu komme? Früher hatte ich immer einen Ort, einen Platz, an den ich dachte, wenn ich von daheim sprach. Jetzt ist es mir unmöglich, dabei an eine Gegend zu denken. Ich bin nirgends mehr zu Hause. Wie schnell das doch gegangen ist! So traurig ich anfangs darüber war, das Heimatgefühl verloren zu haben, jetzt bin ich froh darüber." R. Messner[24]

Es ist anzunehmen, dass der Partner/die Partnerin eines/r Extremen entweder dem gleichen „Hobby" verfallen ist oder enorm „verständnisvoll" ist. Aber irgendwo endet jedes Verständnis - übrig bleibt die Einsamkeit.

Welche Erlebnisse suchen Extreme in den Bergen?

„Dorthin wo noch niemand war; dorthin, wo einem kaum noch jemand folgt und versteht. Dort aber, wo noch niemand war, beginnen Empfindungen und Erfahrungen, die intensiver sind als im ,abgegrasten' Gelände."[25]

Die Berge sind das Gebiet, in das Reinhold Messner u.a. kaum noch jemand folgen kann. Das „abgegraste" Gelände ist das „normale" Leben, das die „Anderen" führen und zu dem sich viele Extreme nicht hingezogen fühlen, dass sie auch gar nicht leben können.

„Nicht der Gedanke an den Alleingang, sondern die Vorstellung, ein Leben lang das tun zu sollen, was ich in den sechs Wochen zwischen Mount Everest und Nanga Parbat tun musste, lässt mich schaudern." R. Messner[26]

Empfindungen und Erfahrungen, die die „normalen" Menschen im Leben haben, sind anscheinend für Extreme nicht zugänglich. Sie schaffen sich mit ihren extremen Touren ein Gelände, das ihnen „körperlich-seelische Überstimulierungen"[27] in Hülle und Fülle bietet. Es sind nicht immer angenehme Gefühle, die den Bergsteiger ereilen, eher schon quälende-beängstigende.

Das allerdings ist nicht wichtig. Denn: Ich habe Gefühle, also lebe ich.

23 Überlebt, a.a.O., S.30
24 Alleingang: Nanga Parbat /Reinhold Messner.- 1. Aufl.- München.- BLV Verlagsgesellschaft, 1979, S.160
25 Überlebt, a.a.O., S.11
26 Alleingang, a.a.O., S.29
27 Zur Psychologie des Bergsteigens, a.a.O., S.107

Befinden sich Bergsteiger für einige Wochen im „normalen" Dasein, so fühlen sie sich unausgefüllt und leer.

„Leere meint hierbei: In meiner Seele ist kein Widerhall. Das Innenleben gibt nichts mehr her. Es herrscht peinvolle Lebens-Entleertheit."[28]

„Da blühen wilde Freuden hervor, nie geahnte, markerschütternde, da schwirren die Leiden heran und reißen mit entsetzlicher Macht an den Nervensträngen - aber auch der Schmerz ist eine besonders fein schmeckende Art von Wollust. Und so wogt ihr auf und nieder zwischen mächtigen Erschütterungen." Eugen Guido Lammer[29]. „Mächtige Erschütterungen", die nur in den gefährlichen Situationen am Berg erlebt werden können, müssen immer wieder neu organisiert werden, da sonst das Vakuum des normalen Lebens droht. Wie ein solches Vakuum entstehen kann, möchte ich hier Ulrich Aufmuth erklären lassen: „Möglichkeiten des Gefühlehabens können aus mehrerlei Gründen verschüttet und eingeengt sein. Die Trübungen unserer Gefühlsskala gehen zumeist auf die frühen Lebensjahre zurück. In nahezu jeder Kindheit gibt es Gefühle, die für das kleine Wesen unaushaltbar oder unakzeptierbar sind, weil sie in übermäßiger Weise mit Strafangst, Versagungserlebnissen oder Schuldempfindungen gekoppelt sind. Gefühle, die allzu viel seelische Not verursachen, kann sich ein Kind frühzeitig ‚abgewöhnen', dass heißt, sie aus seinem Gefühlsrepertoire verdrängen. Der Preis für einen derartigen seelischen Notwehrakt besteht in einem Weniger an emotionaler Klangfähigkeit und damit letztlich in einer Verminderung des grundlegenden Lebendigkeitsgefühls. Jeder Mensch hat seine speziellen Gefühlslücken und Gefühlsverschattungen. Wir sind alle in unserem Empfindungspotential irgendwo amputiert oder gedämpft."[30] Aus dem Gefühlsrepertoire der Extrembergsteiger wurden vor allem weiche Gefühle, wie: Trauer, Hilflosigkeit, Angst und Liebessehnsucht ausgeblendet, auch Lust und Zorn sind problematische Gefühlsregungen für sie.

Um einen Ausgleich für die entstandene innere Leere zu schaffen, müssen erhalten gebliebene Gefühle besonders heftig stimuliert werden.

Ein - auf diese Art - nur halber Mensch hat mit Sicherheit große Probleme, ein Selbstverständnis für sein Leben zu finden. Er sucht intensiver nach einem Sinn in seinem Leben, will Klarheit über seine - so zerrissene Persönlichkeit. Die Antwort oder die Aufhebung der Sinnfrage ist für ihn das Leben in den Bergen.

---

28 ebenda, S.108
29 ebenda, S.110
30 ebenda, S.111-112

„Es geht mir bei diesen Expeditionen darum, mir selbst näherzu-kommen. In mich selbst hineinzusehen. Wenn ich sehr hoch hinaufsteige, kann ich eben sehr tief in mich hineinsehen." R. Messner[31]

„Und so fand ich in den Bergen zum ersten Mal und suche nunmehr dort zielbewusst: die unendliche Einheit und Harmonie aller Kräfte und Triebe und Seiten meines Inneren wie auch aller Kräfte und Elemente der Außenwelt in sich sowie beider Gruppen untereinander." Lammer[32]

„Dieses Hineingetauchtsein in das Nichts an den großen Bergen hat mir mehr als alle anderen Erfahrungen und immer wieder die existentielle Problematik des Menschen vor Augen geführt. Warum sind wir da, woher und wohin? Ich fand keine Antwort; es gibt keine, wenn ich Religionen ausklammere. Nur das Aktivsein im Dasein hebt die wesentlichen Fragen des Lebens auf. Da oben habe ich mich nicht gefragt, warum ich das tue, warum ich da bin. Das Steigen, die Konzentration, das Sich-Aufwärts-mühen waren die Antwort. Ich selbst war die Antwort, die Frage war aufgehoben." R. Messner[33]

Extrembergsteiger sind fast immer große Individualisten - Einzelgänger, die den anderen (oft auch sich selbst) fremd bleiben.

„Mein Wunsch, alles ganz alleine zu machen, etwas alleine zu Ende zu führen, selbst zu schöpfen, dieser Wunsch ist nach diesem Alleingang auf den Nanga Parbat noch stärker als vorher. Es ist weniger das Bedürfnis, allmächtig zu sein und alles zu können, als vielmehr ein starkes Bedürfnis nach Autonomie und Autarkie. Ich möchte in mir selbst ruhen. In mir selbst sein." R. Messner[34]

Autonomiebestrebungen, Überwindung von Schwächen und Selbsthilfe in hilflosen Momenten heißt: Überwindung von Abhängigkeit.

Der Mensch ist am abhängigsten von anderen in seiner Kindheit, von den Eltern, insbesondere der Mutter. Wenn er also dermaßen bestrebt ist, Abhängigkeiten aus dem Wege zu gehen, kann man nach Aufmuth davon ausgehen, dass er schwerwiegende Enttäuschungen auf diesem Gebiet er-leben musste. „Ich weiß, dass in mir eine große Angst vor Hilflosigkeit steckt. Ich bin in meinem frühen Dasein manchmal zu sehr hilflos gewesen, so sehr, dass ein Entsetzen vor diesem Zustand in mir zurückgeblieben ist. Es gab Zeiten, da war ich zu sehr allein und Zeiten, da wurde ich von Fürsorge überrollt - Wechselbäder von einer Hilflosigkeit in die andere. Klein und schmerzvoll abhängig zu sein, das war gewiss bei vielen von uns eine formende Erfahrung der frühen Zeit. Die Bitternis des Ohnmächtig-

---

31 ebenda, S.115
32 ebenda, S.119
33 Überlebt, a.a.O., S.30
34 Alleingang, a.a.O., S.157

seins und des Ausgeliefertseins nährte den Drang, stark zu sein, völlige und alleinige Macht zu haben über die Bedingungen der eigenen Existenz. Beim Klettern in schwerer Wand, da finden wir in geballter Weise das Erlebnis souverän gestaltender Macht."[35]

Das Kind, in seiner Hilflosigkeit, ist bemüht, Schutz zu suchen, es klammert sich an. Aufmuth gebraucht das Bild, von dem Kind, das sich an den „Schürzenzipfel" seiner Mutter klammert - doch es wird zurückgestoßen. Der Bergsteiger, der sich an einen Berg oder Felsen festklammert/festkrallt, wünscht auch gehalten zu werden, nicht ins Bodenlose zu fallen. Die Situation hat sich gewandelt. Er hat es in seinen Händen (beim Klettern sogar buchstäblich), ob er Halt findet.

Der Extrembergseiger sucht das Risiko, sucht die Gefahr. Ist er auch auf der Suche nach dem Tod?

Aufmuth erklärt: „Es gibt in den ersten Lebensjahren manche Situationen, die für das Kind wie ein Vernichtetwerden, ein Zu-Nichts-Werden sind. Alleingelassensein, wenn die Mutter ganz stark herbeigesehnt wird, ist solch ein Stück Vernichtetwerden. Auch die irrsinnige Angst, wie sie bei allzu grausamer Bestrafung die Seele erschüttert, gleicht dem Entsetzen des Todes. Heftige Beschämung kann schlimm sein wie der Tod. Das Nicht-Geltenlassen von Wünschen und Gefühlen, die ganz mächtig waren in uns, kann für ein Dreijähriges tödlich schmerzhaft sein. In mancher Kindheit häufen sich derartige seelische Todeserlebnisse. Das Grauen des Zunichtegemachtwerdens, das damit verbunden ist, wird mit aller Macht vergessen, verdrängt. Es lebt indes in der Tiefe weiter. Es verlangt dann, unerledigt, wie es ist, beständig nach Beschwichtigung. Es kann zur Quelle eines ganz starken Bestrebens werden, sich in vernichtungsträchtige Situationen zu begeben, um dann immer wieder die Meisterung der tödlichen Bedrohung auszukosten. Eben das ist bei vielen von uns der Fall. Waren wir früher vielfältigen ‚inneren' Toden macht- und hilflos ausgeliefert, können wir uns angesichts der äußeren Vernichtungsbedrohungen der schweren Berge als Todesüberlegen empfinden. Die Akrobatik der äußeren Todesbeherrschung schenkt uns einen Ausgleich gegen die tiefe Todes-Hilflosigkeit, die von früh an in uns steckt und die noch nicht verwunden ist."[36]

Nachdem es ihm gelang, auch den 14. Achttausender zu bezwingen, sagte Reinhold Messner: „Ich bin nicht stolz auf diesen ‚Rekord', den ich nicht als solchen empfinde. Ich bin nicht stolz auf diesen Erfolg, den ich mir lange gewünscht habe. Ich bin nur stolz, dass ich überlebt habe."[37]

35 Zur Psychologie des Bergsteigens, a.a.O., S. 138
36 ebenda, S.140-142
37 Überlebt, a.a.O., S.15

„Ingo K. war der erste Interviewpartner. Er machte mich auf die Intensität des extremen Kletterns aufmerksam. Daran dachte ich nicht, es war wohl zu selbstverständlich. Mitten im Gespräch wusste ich für einen Moment nicht mehr, ob er sich in der Wand befindet, von der er erzählt, oder doch noch vor mir im Stuhl saß. Das Sprechen hat erschreckend ähnlich das Tun nachgeahmt, so als gäbe es keinen Unterschied mehr. Das lag daran, dass der Körper zur Sprache wurde, oder umgekehrt, die Sprache wurde selbst zu einem Körper. Dieses Erlebnis hat mich nachhaltig beeindruckt. Mehr: Ich habe erst viel später herausgefunden, dass das ein Schlüssel zum Verstehen des Extrembergsteigens ist. Das Verhältnis von Körper und Sprache, von Tun und Denken fällt im Extremen immer wieder in eins (eine durchaus aufregende wie perverse Erfahrung angesichts der alltäglichen Erfahrungen, welche die ständige Spaltung in sich haben und voraussetzen)."[38]

Die Bergsteiger selbst nutzen manchmal das Wort „Sucht", wenn sie von ihrer Leidenschaft sprechen. Doch ist dies ein vielbenutztes Wort und lässt noch keine Schlüsse zu.

Thesen :

Viele Extreme brauchen das Bergsteigen wie „Brot für ihre Zähne"[39].

Sie sind abhängig davon geworden, üben ihre Leidenschaft im Übermaß aus.

Es ist der seelische Zustand - endlich die Möglichkeit, stark zu sein und Gefühle äußern zu können - der in den Bergen gesucht und nur dort gefunden wird.

Bergsteigen bedeutet, im höchsten Grade aktiv sein.

Bergsteigen ist Suche nach einem Lebenssinn, Aufarbeitung tiefliegender seelischer Konflikte.

Kann man Bergsteigen als „misslungenen Konfliktlösungsversuch"[40] bezeichnen?

Werner Gross meint[41]: Sucht sei nie ein angemessener Lösungsversuch. Hier wird von Problemen abgelenkt, die Handlung auf einen Nebenschauplatz verlegt. Der Süchtige klebt am Unwichtigen - dem Suchtmittel.

Wer fühlt sich bemächtigt zu entscheiden, was in einem Leben unwichtig ist?

Die Haltung, die bei der Lektüre dieses Extrem erklärender Bücher (Aufmuth u.a.) durchscheint, ist die Erklärung des Phänomens, als Bewältigungsversuch defizitärer Charaktere.

---

38 BergDenken, Helga Peskoller – Wien: Werner Eichbauer Verlag, 1997 2. Auflage 1998
39 ursprünglich: "Brot für unsere Zähne", Psychologie des Bergsteigens, a.a.O., S.103
40 Sucht ohne Drogen, a.a.O., S. 20
41 ebenda, S.18-20

Ist nicht das Leben eines Extremalpinisten erfülltes, aktives Leben? Sind nicht viele Extreme sehr kreativ (siehe die von R. Messner veröffentlichten und mit Literaturpreisen! dekorierten Bücher)? Kann sich wichtiges Leben nur auf den, uns bekannten Normalschauplätzen abspielen?

Mir scheint, nach allen Überlegungen zu diesem Thema, dass die Sucht nach Extremsituationen unter den beschriebenen Entwicklungen, ein vielleicht großartiger und individueller Weg ist, dieses - auf der Gefühlsebene - stark beschnittene Leben, lebenswert zu finden.

Ich kann den Vergleich zu den emigrierenden, erstarrten Süchten - wie passives Fernsehen, passives Spritzensetzen u.s.w., nicht ziehen.

Sicherlich ist da die Traurigkeit, die dieses einsame und oft vom Tod bedrohte Leben der „ganz Großen" umfasst. Sie hat auch mich während der Arbeit erfasst. Doch ich habe kein Mitleid.

Nach alledem liegt es nahe, das extreme Bergsteigen als etwas höchst Ambivalentes einzuschätzen. Einerseits übt es in das Leben ein wie sonst kaum etwas; andererseits findet es an Orten statt, wo alles auf einen Schlag zunichte sein kann. (Vielleicht erscheint das Leben gerade dadurch so wertvoll.) Dieses Tun hält sich in der Nähe einer seltsamen Grenze auf, wohin die rationale Vernunft nicht reicht. Alle Versuche das extreme Bergsteigen zu erklären häufen zugleich ein Unwissen darüber an.

Beim Bergsteigen wird von jedem in einem ganz bestimmten historischen Moment die Frage nach dem Grund gestellt. Dies liegt nahe, denn das Bergsteigen fängt zumeist unten am (Tal-) Grund oder Boden an, um sich nach oben fortzusetzen und dann wieder zum Grund zurückzukehren. Ein Sturz in den „AbGrund" kann fatale Folgen haben. Bergsteiger sind daher stets bemüht, „einen festen Grund" unter den Füßen zu spüren. Dieser dingfeste Grund scheint sich sehr von dem zu unterscheiden, was in der deutschen Sprache seit der spätmittelalterlichen Mystik als „Grund" bezeichnet wird. Mit Recht bemerkt das Herkunftswörterbuch:

„Die Bedeutungen von ‚Grund' schillern, wie bereits in den älteren Sprachzuständen, im heutigen Sprachgebrauch außerordentlich stark: ‚Erde, Erdboden'; ‚Boden, unterste Fläche', ‚Unterlage, Grundlage, Fundament'; ‚Ursprung; Berechtigung; Ursache'; ‚Grundstück, Land(-besitz)'; ‚Boden eines Gewässers, Meeresboden, Tiefe'; ‚Tal'; ‚Innerstes, Wesen'." (Duden Band 7: Etymologie, Herkunftswörterbuch der deutschen Sprache. Mannheim 1963, 239)

In dieser schillernden Bedeutungsvielfalt spiegeln sich die Grund- und Begründungsversuche der abendländischen Wissenschaft, die als „Philosophie" Dinge (Feuer, Wasser, Luft, Erde), das Sein, Gott, das Subjekt, die Sprache usw. als Grund setzte. Eine kurze Replik lässt den historischen Ort der „Grundbegriffe" als unterschiedliche Begriffe von Grund erkennen. Der „Grund" ist das „Tragende", die Erde, der Boden, das Fundament. Diese Sprechweise erinnert an die antike Naturphilosophie, die in der Schule des Aristoteles unter dem Aspekt der „arché" systematisiert wurde. Nach Theophrast suchten die ersten (Natur-) Philosophen die arché, das Gleichbleibende und Tragende in der wandelbaren Welt der Erscheinungen. Die religiöse Tradition der spätmittelalterlichen Mystik sah in Gott einen „festen Grund", während der neuzeitliche Rationalismus mit Descartes den nicht mehr bezweifelbaren (Wahrheits-) Grund der Erkenntnis im denkenden Subjekt zu finden glaubte. Die äußere Begründung der Erkenntnis in Gott wendet sich mit der anthropologischen Neubegründung der Wissenssuche in der Renaissance nach innen. Die Sprechweise der Deutschen Mystik (innerer Grund: ,grunt der sele'; äußerer Grund: Gott, der jedoch auch in innerer Erfahrung gesucht wurde) hat über Böhme das Denken des Deutschen Idealismus über den Einheitsgrund des Wissens beeinflusst.

Wenn ich hier von der Natur als Grund spreche, so gehe ich von der These aus, dass der Grund erst über das Bergsteigen zu suchen ist. Mit der Methode des Bergsteigens werden die Frage nach der Natur und die Frage nach dem Grund gestellt. Es geht um ein sinnliches Denken, das die Natur und den Grund vermittels der Erkenntnis des Bergsteigens sucht.

In der räumlichen Ordnung drückt sich ein struktureller Ansatz aus. Die harmlose Bemerkung – jedes Ding hat seinen Ort – beinhaltet weit reichende Konsequenzen. In ihr liegt eines der Ziele dieser Arbeit. Eine Haltung zu den Dingen zu üben, die ihnen nicht Gewalt antut, sich ihrer nicht bemächtigt, da die Dinge bereits Gegebenheiten sind. Materie ist nie geistlos, und die Dinge sind keine Objekte.

Zunächst gehe ich von einer Vorbegrifflichkeit aus, d.h. von dem, was ich tatsächlich in der Natur vorfinde, was nahe liegt. Ich möchte in ihr und zu ihr arbeiten, weil Natur nicht beliebig ist. Sie ist fest gebunden an Ort und Zeit. Sie ist konkret, es findet in ihr statt, was ist. Was ist? Eine Gleichzeitigkeit von sonst getrenntem, Vielfalt, ein ständiger Wandel, ein Pulsieren. Natur ist Leben. Als Leben ist sie mit allem und durch alles verbunden, was Natur zu einem Unthema macht. Sie ist Grund für und der Themen, nicht ein Thema unter anderen: Natur und Geburt, Natur und Tod, Natur und Wahrheit, Natur und Bewegung, als Kraft, Masse, Einheit und Vielheit, Natur und Erotik, Natur als Kunst, Natur als Nichts, die Leere, der Kosmos; Natur und Angst, der Schrecken der Natur, Natur ist gewaltig, nicht Gewalt; Natur als Freiheit durch Disziplin (i.S. einer stillen Ordnung). Natur ist auch das, wo ich mich hingezogen fühle, was ich liebe (ich kann nur erkennen, was ich liebe), was mir widerfährt. Natur ist aber auch das, wovon ich mich immer wieder am weitesten entfernt und am stärksten abgetrennt fühle. Natur ist das eine und das andere. Natur ist für mich kein Begriff, höchstens ein Verhältnis. Warum ist die Natur als Grund in den Geisteswissenschaften – auch und gerade in den Erziehungswissenschaften – kaum oder kein Thema?

Bergsteigerthemen sind: Natur, Grenze, Angst; Körper, Sinne, Leidenschaft; Motive; Gründe, Legitimation; Gefahr, Herausforderung, Leben, Tod; Ausrüstung und Unfälle; Identität, Sprache, Erlebnis.

2.6. Vervollkommnung des Unverbesserlichen?

Ulrich Herrmann markiert das 18. Jahrhundert als eine Zeit, in der die religiösen und geistigen Umwälzungen zum Abschluss kamen, die die Aufklärung der europäischen Moderne als eine „sich selbst wollende Welt" konstituiert haben. Man ist nicht mehr an einen Schöpfer-Gott gebunden, sondern befindet sich in einem Status radikaler Subjektivität und Rationalität. Von da aus werden die Verhältnisse Mensch und Welt, Geschichte und Natur neu vermessen. Die Natur ist keine Interpretation des Schöpferplans mehr, sondern funktioniert nach der Ordnung der Naturgesetze in der Weise einer Maschine. Der Mensch deutet seine Welt nicht mehr zyklisch oder teleologisch, sondern „innerweltlich". Er ist zu einem „selbstbezüglichen Wesen" geworden. Herrmann zitiert an dieser Stelle aus dem „Discours" von Rousseau: „Es ist ein großes und schönes Schauspiel, den Menschen sozusagen aus dem Nichts durch seine eigene Anstrengung hervorgehen zu sehen." Die Anstrengung wird zur Formel der Selbst-Erschöpfung: Verstand, Leidenschaft (Reizung) und Freiheit prägen die Fragestellungen und den Problemhorizont des 20. Jahrhunderts; sie resultieren „allesamt aus einer gemeinsamen Quelle: der Wahrnehmung unablässiger Veränderungen und Krisen". Die Aufklärung stellt den ersten Höhepunkt der Krisenerfahrung als Kultur- und Gesellschaftskritik dar. In ihr arbeiten zwei Vorstellungen gegeneinander: Zum einen glaubt sie daran, dass sich „die Gesamtheit der menschlichen Gattung [...] zwar langsam, aber stetig auf eine größere Vollkommenheit" zubewege; zum anderen weis sie bereits von der Verneinung dieses Credos. Die Aufklärung durch die Wissenschaften und Künste sei der Grund für die Verderbnis des Menschen, er wende sich damit von der Natur und von sich selbst ab. Pestalozzi fasst am Ende des 18. Jahrhunderts Rousseau noch einmal zusammen. Der Prozess der Selbsthervorbringung des Menschen erzwingt parallel dazu seine Selbstveränderung, wodurch der Mensch „Schöpfer und Geschöpf seiner selbst ist, er selber ist Kultur, so wie die Kultur er selber ist". Damit stellt sich der Mensch außerhalb der Natur und verliert seine eigene. Herrmann spitzt diesen Tatbestand zu: „Die Vollendung des

Individuums als eine Radikalisierung der Subjektivität könne gar nichts anderes bewirken als den Verfall der Gattung." Der Vollendungsprozess ist einer der permanenten Umstrukturierung, Differenzierung und Verfeinerung dessen, was den Menschen von der Natur trennt. Bleibt der Mensch über den Verfall mit der Natur verbunden? Pestalozzi formuliert in seinen „Nachforschungen" von 1797, dass „der Mensch als Werk der Geschichte und als Werk seiner selbst" zu gelten habe. Demzufolge ist es angemessen, die Frage was der Mensch sei, damit zu beantworten, dass dies von der jeweiligen Betrachtungsweise, was man von ihr erwartet und was man ihm zuschreibt, abhänge. Aus diesem Grund, so Herrmann, „stellt sich die Frage nach der Verbesserlichkeit des Menschen neu – und zwar empirisch-anthropologisch, jenseits von Optimismus und Skepsis: denn wenn der Mensch nicht von Natur aus so ist, wie er ist, sondern dies durch sein zutun wird, dann ist er durch sich selbst und aus sich selbst veränderbar, mithin potentiell verbesserungsfähig". Mit dieser Überlegung hielt die Anthropologie des 18. Jahrhunderts an einem Unterscheidungsmerkmal fest, das mit Sicherheit den Menschen vom Tier unterscheidet – die „Fähigkeit zur Selbstvervollkommnung". Sie beinhaltet zweierlei: die Fähigkeit, mit der sich der Mensch einen Entwurf seiner selbst und von der Welt mache, um ihn sich „einzubilden", und die Fähigkeit, sich als Mensch selbst Zwecken setzen zu können. Das zeichnet den Menschen durch ein Doppeltes aus. Er kann sich selbst denken und über das Vorstellungsvermögen zu anderen Selbst- und Lebensentwürfen gelangen, bei deren Umsetzung er die Verantwortung trägt. Er wird dadurch zu einem moralischen Wesen. Das Selbstdenken und die Eigenmoral sind der Kern der Selbstermächtigung des Menschen, zu der es keine Alternative zu geben scheint. Die „Natur" des Menschen ist mithin als eine paradoxe vorzustellen. Der Mensch ist von Natur aus unvollkommen, aber es entspricht zugleich seiner Natur, sich zu vervollkommnen.[42]

Auch wenn diese Vervollkommnung nur teilweise gelingt, wie Kant meint, nur eine „Annäherung" an die Idee des Geraden, des Vollkommenen darstellt, ist unübersehbar, dass wir es hier mit einem anderen Verständnis von „Natur" zu tun haben. Was ist es, das der Natur des Menschen entspricht? Die Antwort ist klar: die Vernunft. Sie führt den Menschen über sich hinaus, sie lässt ihn einen Plan für das Verhalten machen, und sie lässt ihn vor allem lernen. Er kann die Welt technisch-instrumentell bedienen und organisieren lernen und ebenso soziale Regeln, wie Menschen miteinander umgehen haben. Lernen und Vernunft fallen zusammen: Sie sind Grundlage für das Herausbilden des Menschen schlechthin, das wir

42 Vgl. BergDenken, Helga Peskoller – Wien: Werner Eichbauer Verlag, 1997 2. Auflage 1998

kurz und einfach als „Erziehung" bezeichnen. Sie zivilisiert und kultiviert den Menschen. Erziehen heißt, dem Menschen das jeweils Richtige aufzuzeigen und ihn für die Gemeinnützigkeit und Rechtlichkeit zu disziplinieren und zu sozialisieren. Die Erziehung macht den Menschen lebenstüchtig.[43] Soviel zum aufklärerischen Programm. Die tatsächlichen Verhältnisse aber bremsten diese große Hoffnung ein, sie scheiterte bereits daran, keine verlässlichen Prognosen für die Entwicklung eines Menschen machen zu können.[44] Geschichtsphilosophie und Erziehungstheorie verbinden sich in der Weise, dass an ihrer Schnittstelle die Anthropologie steht und nach einem Ausweg für den Menschen sucht. Man wollte die Aussicht auf eine verbesserte Zukunft nicht aufgeben, der die Vervollkommnung des Menschen vorauszusetzen war; aber gerade der Selbstperfektionierung widersetzte sich der Mensch immer wieder. Die Folge war eine Bildungstheorie, die weiter an der Vervollkommnung arbeitete und zugleich „den Menschen" aufteilte in viele unterschiedliche Individuen, ein Kunstgriff, der einer „skeptischen Zurückhaltung" entspricht.[45] Willhelm von Humboldt vertrat diese Position in seinem Text „Über den Geist der Menschheit" (1797) zum ersten Mal. Somit obliegt es der „Selbsttätigkeit" des einzelnen, eine „originelle Individualität" herauszubilden und mit ihr eine „höhere Vollkommenheit" zu erreichen.[46] Diese Selbsttätigkeit wird als eine Energie vorgestellt, die dem Menschen innewohnt und ihn in eine optimale Übereinstimmung mit dem Ideal und seinen Fähigkeiten bringt. Diese Energie wirkt Wunder und ist bei Humboldt „der Geist der Menschheit", durch den und aus dem heraus der Mensch eigentlich erst Mensch wird. Dieser Geist ist unerhört lebendig und kommt am ehesten dem gleich, was wir Einbildungskraft bezeichnen. Die Sache mit dem Einbilden macht aber auch Schwierigkeiten: Der Geist kann sich in der Unendlichkeit der Welt und ihren Möglichkeiten verlieren, womit der Mensch seiner zugeschriebenen Aufgabe nicht mehr nachkommt und er, wie Humboldt sagt, einer „Selbstentfremdung" anheim fällt.

Da muss vorgesorgt werden, und zwar mit der Kunst. Sie führt den Menschen an die Nach- und Mitempfindung wahrer menschlicher Ideale heran. Diese innere Erfahrung ist eine geistige Kommunikation, die moralische Identität stiftet.[47] Der Mensch entgeht der Entfremdung über die Selbst-Bildung, so Humboldts These, was aber nur unter der Voraussetzung

43 Vgl. Helvéticus, „Vom Menschen, seinen geistigen Fähigkeiten und seiner Erziehung" (1773), zit. In Peskoller „Bergdenken"
44 Vgl. Kants „Idee zu einer allgemeinen Geschichte", zit. in Peskoller, „Bergdenken"
45 Vgl. Kants „Idee zu einer allgemeinen Geschichte", zit. in Peskoller, „Bergdenken"
46 Wilhelm v. Humboldt, „Über den Geist der Menschheit", zit. In Peskoller „Bergdenken"
47 Vgl. dazu den Kausalzusammenhang von Kunst und Moralität in den theoretischen Schriften von Schiller

gilt, dass Bildung nicht nur als (lebens-) geschichtlicher Prozess verstanden wird, sondern auch als ein „metaphysisches Prinzip, das den Menschen in seiner potentiellen Identität mit sich selbst als Kraft sieht".[48] Bildung ist so gesehen eine der Erziehung beigestellte Sicherheitsmaßnahme. Sie sichert rückwirkend den Entwurf der Individualität und kann dadurch erneut der Idee der Vervollkommnung des Menschen die Treue halten. Der Mensch bildet sich freiwillig zum Bruchstück der Gattung, könnte man sagen, und nicht nur Schiller hatte damit seine Probleme.[49] Wie ist aus den Bruchstücken wieder ein Ganzes herzustellen? „Die Existenz des Menschen", so Herrmann, bleibt paradox: Er soll durch sich selber etwas werden, wovon er sich keinen deutlichen Entwurf machen kann; er soll Antworten geben auf Fragen, die zu stellen er selber erst lernen muss, er soll eine Zukunft meistern, die ihm verborgen ist." Das Programm der Vervollkommnung des Menschen scheint sich als notwendig selbsttäuschendes herauszustellen, das an seinem eigenen Grund, der Vernunft, zugrunde geht. Und zwar deshalb, weil sie immer präziser das hervorkehrt, was am Menschen unverbesserlich ist, nicht weil er es so will, sondern gerade deshalb, weil seine eigene Unverbesserlichkeit, die durch die Vervollkommnung eingehandelt wurde, nicht ausstehen kann. Hinter dieser Paradoxie kreuzt sich ein Missverhältnis, das „das Wesen" des Menschen der Moderne ausmacht und das Herrmann als fünffaches zusammengefasst hat.[50] An diesem seinem Wesen, das den Menschen als ein Un-Wesen konstituiert, kann er, wenn überhaupt, nur durch den Einsatz seiner selbst mit Aussicht auf völligen Selbstverlust herauskommen. Denn das prinzipielle Missverhältnis des Menschen wiederholt sich im Missverhältnis zu sich selbst.

Die Selbst-Reflexion ist kein Mittel, um diesem Missverhältnis zu entgehen, im Gegenteil, sie stellt es immer wieder aufs Neue her und heraus. Die Extremkletterer sagten, sie seien darauf aus, „sich zur Gänze zu verwenden, und meinten damit vieles, aber in erster Linie eine bestimmte Art

---

48 Vgl. Hermanns Kommentar 1994, 146f (sich auf Buck, Rückwege aus der Entfremdung. 1984, 188 beziehend) zit. In Peskoller, „Bergdenken"
49 Vgl. u.a. den sechsten von Schillers „Ästhetischen Briefen", zit. In Herrmann 1994, 148f; vgl. aber auch die Position Pestalozzis und Rousseaus Argument zur Kultur- als Verfallsgeschichte.
50 Herrmann zählt zu diesem Missverhältnis:
    - „das potentielle Missverhältnis seiner Natur und seiner Kultur;
    - Das notorische Missverhältnis seines Wollens und seines Sollens;
    - Das bedrohliche Missverhältnis seiner Einsichten und seiner Handlungen;
    - Das unaufhebbare Missverhältnis seiner Unvollkommenheit und seiner Verbesserungsbedürftigkeit; das unlösbare doppelte – sowohl individuell als auch gesellschaftlich bedingte – Missverhältnis von Bildung und Entfremdung" Herrmann 1994, 150

des Handelns, in dem Fuß, Hand und Kopf aufeinander abgestimmt sich wieder zusammen bewegen, auch dann, ja besonders dann, wenn es ganz schwierig wird. Der extreme Kletterer hat, will er sein Leben nicht riskieren, nur mit noch mehr Zusammenhang von Kopf und Körper zu antworten. Das ist beim Wort zu nehmen, es ist nicht nur eine Metapher, sondern Tatsache. Offen bleibt, worin diese Tatsache gründet. Ist sie das Ergebnis einer Vervollkommnung des Körpers, der nach Plan in seine Einzelteile zerlegt, isoliert trainiert und geglückt zusammengesetzt wurde, oder ist es das Ergebnis einer Unverbesserlichkeit des Geistes, der nicht aufhört, die Vervollkommnung anzustreben?

Inhalt und Form sind nicht zu trennen. Das Bergsteigen schreibt dem Denken seine Bewegung und damit die Form vor. Fußwege fallen mit Gedankengängen zusammen[51] und steigern sich zu extremer Beweglichkeit, sobald das Klettern im Fels beginnt; sie verlangsamen sich, erfordern Umwege und werden eindringlicher, wenn der Weg in große Höhen führt. Dazu gesellt sich der Abstieg als eine Bewegung der besonderen Art. Mit ihm muss auch das Denken eine andere Richtung einschlagen. Es hat zu-Grunde-zu-gehen und läuft Gefahr, dabei nur mehr den Menschen zu sehen, wie dieser selbst zugrunde geht. Mit der Möglichkeit, den Menschen durch den Menschen zu verlieren, muss gerechnet werden, was zur Auflösung des Menschen als Mensch führt.[52]

Daraus ergibt sich, dass die Methode selbst zum Weg der Erkenntnis wird. Der Weg muss beschritten werden, auf ihm hat der Körper Gewicht. Er liegt nicht außerhalb, sondern inmitten der Unbestimmbarkeit, den Menschen menschlich zu denken. Körper und Einbildungskraft bewirken, dass der Mensch den Menschen unendlich übersteigt. Beides, der Mensch und das Denken des Menschen, sind nicht nur zu instrumentalisieren, es drückt sich auch aus. In dieser Doppeltheit, Instrument und Ausdruck zu sein, ist der Körper nie ganz zu „haben". Er „ist" - auch: Im Lachen, Weinen, Kranksein, Tanzen, in der Ekstase und in der Erinnerung unterbricht der Körper die Dominanz der Vernunft. Der Körper lehrt das Denken anders. KörperDenken ist der Mimesis verwandt und damit an die Grenzziehung zwischen Wissenschaft, Kunst und Leben nicht gebunden, wohl aber an die Materie. Lässt er die Materie hinter sich, hat sich der Körper abgeschafft. Ein Schritt in Richtung Selbstliquidation ist die Logifizierung des Körpers. Der Logos ist entgegen der allgemeinen Vermutung unvernünftig. Victor von Weizsäcker drückt das, wenn es sich auf den

---

51 Vgl. H.Böhme 1994 (sich auf Wilhelm Heinse beziehend)
52 Vgl. Kamper 1994a,273ff. Die Selbstauflösung des Menschen hat aber weitreichende Folgen für die Anthropologie: „Ein Mensch, der nur noch Mensch ist, ist kein Mensch mehr; jeder Mensch ist von nun an Anthropologe."

„Unverstand der Funktionen" bezieht, folgendermaßen aus: „Aus der pathischen Begegnung wird die ontische Realisierung. Jetzt hat man das Lebende so gemacht, dass es sich logisch benimmt, und daraus resultiert seine Tötung."[53] Die Unvernunft des Logos besteht darin, dass er selbst abschafft, wovon er sich nährt: den Körper.

Ohne Körper gibt es kein Bergsteigen. Konsequenterweise kann daher, in Errettung des Gegenstandes, diesem nicht nur logisch begegnet werden (übrigens: in Logos steckt die Verlogenheit, die Lüge). Das KörperDenken trifft, das ist unvermeidbar, das GeistDenken an den Wunden Stellen. Das heißt dann, man sei in einen Widerspruch geraten, in eine Paradoxie, die unauflösbar und unbeweisbar ist – Kategorien des Logos.

2.7. Der Abstieg

Im Alltag bedeutet ein beruflicher Abstieg mitunter das gesellschaftliche Ende eines Menschen. Vom Berg muss abgestiegen werden, aber der Abstieg ist nicht das Thema der alpinen Literatur. Er kommt beiläufig vor, denn zur erfolgreichen Bergbesteigung gehört nun einmal die Rückkehr ins Tal, wie es zur geistigen Erneuerung gehörte, in die Unterwelt, tiefer als der Talgrund abzusteigen.

„Es ist zu vermuten, im Abstieg pädagogisches Wissen anzutreffen, aber auch zu verabschieden bzw. anders zu rahmen. Da ist zunächst die Vielfalt, konstitutive Eigenheit pädagogischen Wissens. Sichtbar wird diese Eigenheit vor allem durch die hartnäckigen metatheoretischen Kontroversen, die sich um Abgrenzungen bemühen. Sie gelten immer auch als ein Zeichen von Unsicherheit einer Disziplin.[54] Hinter den Kontroversen nimmt ein bedeutsamer Mangel Form an: Bislang wurde kaum geklärt, worin pädagogisches Wissen strukturell besteht, selbst der Status der ‚Reflexion', viel beansprucht innerhalb des Faches, wurde noch nicht ausreichend bedacht.

Im Abstieg überdenkt man nicht nur das Erlebte, er zeigt sich selbst als eine spezifische Form von Reflexion: Der Abstieg ist durch Vergessen und Verdrängen charakterisiert.

Es existiert keine angemessene Philosophie des Abstiegs, wie die Pädagogik keine Lehre der eigenen Denkform hat. Beides scheint merkwürdig blind."[55]

---

53 Von Weizsäcker 1956, 46
54 Vgl. Oelkers/Thenorth 1991, 13, 16
55 BergDenken, Helga Peskoller – Wien: Werner Eichbauer Verlag, 1997 2. Auflage 1998, S. 185

Nach dem mühevollen Aufstieg gilt das Absteigen häufig als Erleichterung. Aber gerade in der Erleichterung stecken Gefahren, die jene des Aufstiegs übertreffen.

Stellen wir uns das Absteigen bildhaft vor: Man hat den Abgrund ständig vor Augen, man steigt ihm zu. Es zieht einen förmlich hinunter, die Schwerkraft wirkt.

Aber wem steigt man entgegen? Der Verdichtung der Materie, das ist die einfachste Formel, auf die man den Abstieg bringen kann. Ist das Aufsteigen ein Verlassen bis hin zum Gipfel als Ort, wo die Materie aufhört, taucht man beim Zu-Grunde-Gehen wieder in die Erde ein. Nichts ist aber so vergänglich wie die Erde, respektive die Erde als Natur-Element. Sie befindet sich im Wandel von Werden und Vergehen und erinnert so an das eigene Vergehen. Die Materie stellt den sicheren Tod in Aussicht. Der Absteigende ist ihrer ansichtig, ob er will oder nicht.

2.8.   Dantes Reise – ein Curriculum

Nun stellt sich die Frage, womit der Tod in Verbindung steht. Wenn wir an Dantes jenseitige Reise denken, dann wird der Abstieg zur Höllenfahrt. An ihrem Ende, in der Negativform des Gipfels sitzt Luzifer.

Mit dem Abstieg erinnert sich der Bergsteiger an das, was er verlassen hat. Diese Wiedererinnerung kann gefahrvoll sein, das das Vergessen weit fortgeschritten. Es ist, als käme erst im Abstieg die Auswirkung des Aufstiegs zum Vorschein: ein Absehen vom Konkreten, die Abstraktion als Entbindung von der Materie. Der Abstieg verlangt nach Umkehrung, nach einem erneuten Verbinden mit der Materie. Eine selbstverständliche Trennung von Materie versteht sich selbst nicht mehr und zeitigt fatale Folgen: Man fällt zu Tode. Sich an den Grund anzunähern heißt auch, der eigenen Begrenztheit und Vergänglichkeit gewahr werden. Gelingt dies nicht mit Vorsicht und Sorgfalt, wird aus der Annäherung ein gewaltsamer Akt des Abstürzens.

Dante beginnt seine Wanderschaft „angstvoll". Die Angst, Produkt der Trennung von Geist und Materie, leitet ihn. Die Angst ist immer schon in den Topoi der Sorge aufbewahrt, und die Sorge ist nach Oelkers etwas, das Wissen von pädagogischem Wissen erst unterscheidbar macht.[56] Angst bringt Sorge und Kümmernis zum Ausdruck, wie sich umgekehrt die Angst von der Abspaltung nährt.

Dem pädagogischen Wissen ist somit von Anfang an diese Trennung eingeschrieben, mehr noch, es gründet über die Sorge in der Trennung und

---

56 Vgl. Oelkers 1991, 213ff.; Oelkers/Tenorth 1991, 28

treibt diese voran, denn was wäre ein ordentlicher Pädagoge, der sich nicht ständig um alles sorgt, das sich entzweit. Die Sorge gehört untrennbar zu ihm, sie ist Fundament pädagogischer Denkweise, wie Oelkers gezeigt hat.

„Dante sorgt sich sehr: Immer wieder erfasst ihn beim Anblick der Felsen Grauen. Es ist nicht schwierig, Dantes Text auf unterschiedliche Aspekte pädagogischen Wissens hin zu untersuchen und umgekehrt aus dem Text erst Pädagogisches zu erschließen. Ein solches Vorgehen erscheint konstruiert, tun wir es dennoch ansatzweise:

Dantes Grauen gegenüber den Felsen könnte ihm als emphatisches Beziehungswissen (1) ausgelegt werden. Er fühlt sich in das Gegenüber ein, aber es bleibt ihm fremd, mehr noch, das Gegenüber schreckt ihn gewaltig. Die Natur empfindet er als unheimlich, unheimlicher, als er sich selber ist. Das hat damit zu tun, dass ihm die Orientierung fehlt. Seine Vertrautheit mit steilen Bergen ist begrenzt, er bringt wenig Erfahrung mit. Aber Berge verlangen ein Höchstmaß an Orientiertheit, sonst ist man hoffnungslos verloren. Dante fühlt sich verloren, er leidet unter Schlaflosigkeit, immer wieder kommt ein Zagen und Zögern bezüglich des Weitergehens auf. Dante mangelt es an Orientierungswissen (2).

Er ist nicht allein, Vergil steht ihm zur Seite. Er erteilt ihm Ratschläge, leitet ihn zur richtigen Bewegung im steilen Gelände an, macht ihm Verhaltensvorschriften.

Das verhilft Dante zu einem praktischen Handlungswissen (3), ein weiterer Aspekt im Kanon pädagogischen Wissens. Dennoch Vergils Unterstützung kann Dantes Sorge nicht eliminieren, im Gegenteil. Je mehr Anweisungen er erhält, desto stärker wird er auf die Gefahren aufmerksam. Dantes Sorge legt sich wenn er steigt, und verstärkt sich wenn er nichts tut bzw. zur Ruhe kommt. Die Sorge wächst mit der Ausprägung der Vorstellung.

Die Frage nach der Verantwortung wertet die Sorge zusätzlich auf. Hinter der Verantwortung steckt Vorsicht bzw. Misstrauen: Wie zuverlässig ist Vergil? Kann er sich ihm anvertrauen? Physische Trittsicherheit ist ihm ohne weiteres zuzubilligen, aber sonst? Hat er ausreichend Wissen? Will und kann sich Dante in dieser extremen Lage, in der Ausgesetztheit und unter Gefährdung von Leib und Leben überhaupt jemanden überantworten? Wo liegen die Grenzen hin zur Eigenverantwortung, und wann ist nur Mitverantwortung oder gar das Abgeben derselben angesagt? Wo beginnt der ständige Zweifel zu lähmen? Fragen über Fragen.

Eine genaue Selbstbeobachtung (4) korrespondiert mit einem Beobachtungswissen der Natur (5), wobei der Blick dominiert. Eine der merkwürdigsten Textstellen, die ich fand, handelt vom Schatten. Dante beobachtet ihn genau. Die Sonne steht hinter ihm und wirft seinen Schatten vor ihm her. Platonisch gedacht eine schreckliche Vorstellung; Dante bekommt es geradewegs mit der Angst zu tun. Doch Vergil, sein ‚Tröster', verhält sich klug. Er lenkt Dantes Angst um und verschiebt dessen Besorgtheit auf die Beziehungsebene – ob er ihm nicht traue? Damit hat der Schatten etwas an Bedrohlichkeit verloren, Dante besinnt sich, d.h. Vergils psychologisches Wissen (6) tat seine Wirkung.

Dennoch, es bleibt ein Faktum: Je steiler der Berg, desto unmittelbarer wird man, je nach Exposition der Sonne, mit dem eigenen Schatten konfrontiert. Womöglich auch noch mit dem des anderen. Nicht nur, dass man den Schatten, der vor einem liegt, sieht, mehr noch, beim Bergsteigen tritt man ständig in ihn hinein, beim extremen Bergsteigen greift man sogar in den eigenen Schatten. Der Schatten ist evidenter als der eigene Leib, denn von letzterem reichen nur die Hände, Zehen- und Fingerspitzen an den realen Fels heran, der vom Schatten überzogen ist. Im Wissen dessen, dass es sich beim Schatten um eine klassische Todesmetapher handelt, ist dies ein eindringlicher und erschreckender Tatbestand. Man kann Dantes Angst nachfühlen. Angesichts des Todes scheint der Mensch im Steinernen Halt zu suchen, als gebe es ihm Heimat. Das Steinerne wird nur über lange Zeiträume oder durch Gewalteinwirkung getrennt und entzweit. Sonst widersteht es der Trennung. Das Steinerne ist stark bindend.

Es ist müßig, Dantes Text noch ein umfassendes Mythenwissen (7) anzusinnen, steht er doch auf der Tradition einer Bildkultur, in der Wissen und Allegorie miteinander verbunden ist. Dass Dante allein gelassen auf diesen unheimlichen Inferno-Abstieg völlig überfordert wäre, versteht sich von selbst. Er setzt auf die Hilfe Vergils und später auf die seiner Führerin Beatrice.

[...] Der Exkurs sammelte sieben Elemente pädagogischen Wissens und kann mit der Einsicht abgebrochen werde, dass es Dante um das Seelenheil ging, er hegte Sorge, es nicht zu erlangen."[57]

Mit dem Abstieg trägt man sich, angesichts des Todes, hinein in ein neues Leben. Der Abstieg hat auch, wie der Aufstieg und vor allem der Gipfel, ein Doppeltes. Er erinnert den Menschen daran, dass nicht oben, sondern unten sein Ort ist, auch wenn er diesen immer wieder flieht und aufwärts strebt. Die Höhe ist nur begrenzt erträglich, der Abstieg eine Unumgänglichkeit des Lebens.

---

57 BergDenken, Helga Peskoller – Wien: Werner Eichbauer Verlag, 1997 2. Auflage 1998, S. 187f

3. Die Geschichte der Erlebnispädagogik – „der Sitzgurt"

Der wissenschaftliche Diskurs zum Thema Erlebnispädagogik ist chaotisch; die Praxis bezeichnet mittlerweile oft Jugendarbeit außerhalb gewöhnlicher Schulräume als Erlebnispädagogik. Zeitlang war es ein Zauberwort zum „Abfassen" von Fördermitteln; das Bildungsreferat des Bonner Bundestages macht Schülerführungen und nennt es Erlebnispädagogik, selbst in den Kommentaren zum KJHG erscheint der Verweis auf Erlebnispädagogik. Dennoch finden wir in keinem erziehungswissenschaftlichen Nachschlagewerk bis 1992 einen Verweis auf dieses verbal vielstrapazierte Feld pädagogischer Arbeit.

Erlebnispädagogik ist zu einem Modewort geworden, welches das Schicksal aller anderen Modewörter teilt. Dabei - vermute ich - ist Erlebnispädagogik im weitesten Sinne so alt wie das Bemühen von Menschen, andere planmäßig zu beeinflussen. Sie ist also keine oberflächlich kurzfristige Mode - im Gegensatz zur Worthülse - sondern eine alte tradierte Form des pädagogischen Denkens und Handelns. Sie ist zurzeit in einer Phase der Hochkonjunktur.

Es ist ein fragwürdiges Unterfangen zu versuchen, die Geschichte der Erlebnispädagogik zusammenzufassen, da sich ihre Geschichte aus der Geschichte der Philosophie, der Psychologie und der Pädagogik zusammensetzt. Und es ist kaum möglich all den Entwicklungen hier gerecht zu werden. Aber eins steht fest: Die Erlebnispädagogik ist kein neu erfundener pädagogischer Zweig, sondern war schon seit jeher eine Methode, die versucht hat, den reformbedürftigen Erziehungsmethoden der jeweiligen Zeit etwas entgegenzusetzen. Hier also nur auf die Konzentration auf einige wichtige vielzitierte Vertreter, das sind Jean Jacques Rousseau, Henry David Thoreau, und Kurt Hahn - wobei man Kurt Hahn hervorheben muss, da er als der Urvater der deutschen Erlebnispädagogik gilt.

3.1. Die Vordenker

Die ersten Vordenker der Erlebnispädagogik lassen sich schon in der Antike finden. Platon vertrat schon damals die Ansicht, dass man, um innere und äußere Wohlgestimmtheit zu erlangen, neben der Vernunft und dem damit verbundenem Erwerb von Wissen auch über sportliche Fähigkeiten verfügen muss. Grundlagen der Erlebnispädagogik finden wir dann in der neueren Zeit bei Jean-Jacques Rousseau (1712 - 1778), welcher in seinem Buch „Emile oder über die Erziehung" für eine „Natürliche

Erziehung" plädiert. „Alles ist gut, wie es aus den Händen des Schöpfers kommt, alles entartet unter den Händen des Menschen?"

So lautet der berühmte erste Satz aus „Emile" und verdeutlicht gleich zu Beginn die Quintessenz des Werkes, die häufig mit dem Schlagwort „Zurück zur Natur" wiedergegeben wird. Rousseaus Ziel ist eine Erziehung ohne Erzieher, die durch natürliche Strafe, d.h. die negativen Folgen von unpassenden Handlungen, zum freien Menschen führt. Nach Rousseau wird der Mensch durch drei Dinge erzogen:

Die Natur oder die Dinge oder die Menschen, wobei die Reihenfolge der Erwähnung ihre Bedeutung anzeigt. Demnach orientiert sich das Lernen nicht so sehr an der Person des Erziehers, sondern vielmehr an den Wirkungen, die sich aus dem Umgang mit gegenständlichen Dingen in der Natur ergeben. Die Erziehung durch Menschen hat das einzige Ziel, die Erziehungsgewalt der Natur und der Dinge zu stärken und negative Einflüsse, wie Gesellschaft, Wissenschaft, Kunst und Zivilisation zu verhüten. Rousseau kann als Vertreter des handlungsorientierten Lernens gesehen werden:

3.1.1. „Leben heißt nicht Atmen, sondern Handeln"

Erlebnis und Unmittelbarkeit sind die beiden wichtigsten Säulen Rousseaus Erziehungsutopie. Damit errichtete Rousseau bereits im 18. Jahrhundert die Grundmauern zum Gedankengebäude der Erlebnispädagogik. 100 Jahre später wurde diese Arbeit von David Henry Thoreau (1817 - 1862) weitergeführt. Thoreaus Ziel war das ursprüngliche und unmittelbare Leben ohne Mittler. Thoreau machte den damals herrschenden Zeitgeist, wie Luxus, Bequemlichkeit, Mode, Zivilisation und Technik für den Verlust der Unmittelbarkeit verantwortlich. Er suchte nach den eigentlichen Lebensbedürfnissen des Menschen und versuchte in einer selbstgebauten Blockhütte am Walden-See nahe seiner Heimatstadt Concord zweieinhalb Jahre lang ein bedürfnisloses Leben zu führen, um zum eigentlich Wichtigen vorzustoßen. Neben der Natur, an der jeder jederzeit kostenlos lernen konnte, war Thoreau der Ansicht, das man Volkshochschulen einrichten sollte, die Bildung und Weltsicht verschaffen sollten.

3.1.2. Erlebnistherapie nach Kurt Hahn

Kurt Hahn (* 5. Juni 1886 Berlin; † 14. Dezember 1974 in Salem). Da Hahn keine konventionelle Karriere als Lehrer oder Erzieher vorweisen kann, fällt die Einordnung und Würdigung seiner Person und seines Werkes mitunter schwer. Er wird oft als „Vater der Erlebnispädagogik" bezeichnet, obwohl er weder studierter Pädagoge noch Politiker mit Mandat war. Trotzdem - oder vielleicht gerade deswegen - hat er Teilbereiche der Pädagogik beeinflusst. Er war Vertrauter und politischer Berater des Prinzen Max von Baden, leitete 1920 bis 1933 das Landerziehungsheim Schloss Salem, gründete 1934 im britischen Exil, da er aufgrund seiner Ideen und seiner Herkunft (er hatte eine jüdische Großmutter) in Deutschland nicht mehr sicher war, die „British Salem School" in Gordonstoun (Schottland), 1941 gründete er eine Kurzschule mit mehrwöchigen Kursen, die (erlebnispädagogischen) Modellcharakter gewann. Er wandte sich mit seiner Pädagogik gegen die von ihm durch Beobachtungen diagnostizierten „Verfallserscheinungen" seiner Zeit:

- Mangel an menschlicher Anteilnahme,
- Verfall körperlicher Tauglichkeit,
- Mangel an Initiative und Spontaneität,
- Mangel an Sorgsamkeit.

Mit einem erlebnistherapeutischen Konzept sollten diese Krankheiten der Gesellschaft bekämpft werden, um so heilenden Kräften zur Entfaltung zu verhelfen. Kurt Hahn war stets bemüht, möglichst viele Jugendliche zu erreichen. Er begann mit einer Reihe von Lehrgängen mit Jugendlichen, bei denen körperliches Training im Mittelpunkt stand, bevor er in Aberdovey gemeinsam mit dem Reeder Laurence Holt die erste Bildungsstätte mit dem Namen „Outward Bound" gründete, in der ausschließlich kurzzeitpädagogische Kurse durchgeführt wurden. Die Teilnehmer an den vierwöchigen Kursen waren 16 - 20 jährige Schüler.

Den vier festgestellten Mangel- und Verfallserscheinungen, setzte Kurt Hahn Elemente seiner Erlebnistherapie entgegen:

- durch körperliches Training (unter anderem durch leichtathletische Übungen und Natursportarten wie Segeln, Kanufahren, Bergwandern),
- dem Dienst am Nächsten (hier explizit von seinen Schülern, je nach Standort, geleistete Küstenwache bzw. See- oder Bergrettungsdienst),
- dem Projekt (Aufgabenstellung mit hoher, aber erreichbarer Zielsetzung bei selbständiger Planung und Durchführung im handwerklich-technischen bzw. künstlerischen Bereich),
- die Expedition (meist mehrtägigen Berg- oder Skitouren, Floßfahrten etc., bei denen es neben der natursportlichen Aktivität auch um lebenspraktische Alltagserfahrungen gehen sollte, wie z. B. versorgen, transportieren, Nachtlager bereiten ...).

Die Wirksamkeit der Erlebnistherapie hängt nach Hahn im Wesentlichen von der Erlebnisqualität der Aktionen ab. Denn je mehr der Teilnehmer die Aktionen für sich als außergewöhnliches Erlebnis wahrnimmt, desto tiefgreifender ist die heilende Wirkung. Heilsame Erinnerungsbilder, die auch Jahre später noch abrufbar sind, sollten bei späteren Bewährungsproben steuernd wirken. Kurt Hahn verstand die Natur- und Kulturlandschaften als erste und wichtigste Handlungsfelder seiner Erziehung. Voraussetzung und Bedingungen waren für ihn die Ernsthaftigkeit und Unmittelbarkeit der Situation. Echtzeit, Direktheit und Authentizität sind heutzutage in einer hochtechnisierten und durchmediatisierten Welt gefragter denn je. Körperlichkeit und das Gefühl, physische und psychische Anstrengungen als lustvoll zu erleben sind Ansatzpunkte zeitgemäßer, moderner Erlebnispädagogik.

3.1.3.   Erlebnispädagogik von 1945 bis heute

In der deutschen Erziehungswissenschaft nach 1945 wurde die Erlebnistherapie nach Kurt Hahn nur am Rande wahrgenommen. Die Instrumentalisierung kulturkritischer Attitüden und erlebnispädagogischer Elemente durch die Nationalsozialisten mag ein Grund gewesen sein, dass erlebnispädagogische Ansätze zunächst nicht aufgegriffen wurden. Die Alliierten versuchten mit Nachdruck in die Erziehung der deutschen Jugend einzugreifen. Dazu wurde ein Programm aufgelegt, das die vorhandenen Einprägungen des Nationalismus löschen sollte.

Jugendverbänden wurde anfangs verboten, sich überregional organisieren, wahrscheinlich aus Vorbehalt der Alliierten gegenüber uniformtragenden deutschen Gruppierungen, wie beispielsweise den Pfadfindern. Aber es waren doch vornehmlich Jugendverbände, die seit 1945 in Deutschland mit ihren pädagogischen Ansprüchen und Inhalten auf Elemente der Erlebnistherapie zurückgriffen, meistens jedoch unbewusst und intuitiv. Jedoch würde man der Jugendarbeit im Nachkriegsdeutschland mit dem Etikett „Erlebnispädagogik" nicht gerecht werden, da das „Freiluft"leben keine pädagogischen Beweggründe hatte. Meistens ging es dabei aber mehr um verbandspolitische Interessen. Die von Kurt Hahn initiierten Bildungsstätten des „Outward Bound" nahmen eine recht kontinuierliche Entwicklung, obwohl sie in der deutschen Entwicklung der Erlebnispädagogik zunächst wenig Beachtung fanden. 1946 wurde der Outward Bound-Trust in London gegründet, und ist heute weltweit als „Outward Bound International" bekannt, und betreibt heute über 50 Einrichtungen in 35 Ländern. Die inhaltlichen Schwerpunkte von Hahns Erlebnistherapie haben sich aber seitdem verändert. Die Inhalte des Elements „Dienst am Nächsten" haben sich durch die Professionalisierung der Rettungsdienste verändert und beschränken sich nun auf die Ausbildung in Erster Hilfe, wurden aber durch das Engagement in sozialen und ökologischen Bereichen erweitert.

Das Schlagwort „Erleben statt reden" aus den 80er Jahren, drückt aus, was viele (Sozial-) Pädagogen dieser Zeit fühlten: Es ist lange genug geredet, diskutiert und „geschwafelt" worden. Die großen Themen der 70er waren mit Grundsatzbeschlüssen, politischen Bekenntnissen und Endlosdiskussionen abgedeckt worden, ohne dass die pädagogischen Probleme vor Ort gelöst wurden.

4. Grundlagen der modernen Erlebnispädagogik – „der Reiseproviant"

Damit man einen Einblick in die moderne Erlebnispädagogik und ihre Besonderheiten bekommt, muss man sich neben der Auseinandersetzung mit der Geschichte, auch noch mit verschiedenen anderen Aspekten dieser besonderen Form der Pädagogik befassen. Im Folgenden befindet sich ein Überblick über die wichtigsten Gesichtspunkte der Erlebnispädagogik und eine Erklärung der wichtigsten Elemente und Begriffe.

4.1. Das Erlebnis

Der zentrale Begriff bei allen erlebnispädagogischen Ansätzen ist das „Erlebnis".

„Erlebnisse sind Bewusstseinsvorgänge, in denen der Mensch tief innerlich und ganzheitlich von der Sinn- und Wertfülle eines Gegenstandes ergriffen wird."

In der Erlebnispädagogik beinhaltet das Erlebnis soziologische, psychologische und pädagogische Dimensionen.

4.1.1. Zur Popularität von Erlebnissen

In unserer heutigen Gesellschaft hat „Erleben" und „Erlebnis" Konjunktur, was Begriffe wie Erlebnisparks, Erlebnisreisen oder Erlebnisbäder belegen. Es wurde geschafft, das der Erlebniswert der Dinge wichtiger ist, als der Gebrauchswert, anders ausgedrückt: es gibt ein Streben nach Risiko in unserer Gesellschaft. Und so werden normale Konsumgüter zum Erlebnis gemacht, um sie besser verkaufen zu können. Doch muss man immer beachten, dass man nicht das Erlebnis selbst kaufen kann, sondern nur das Erlebnisangebot. Zur unserer Gesellschaft gehört ebenso, dass individuelle Risiken beinahe ausgeschlossen sind. Dem stehen zwar globale Risiken, wie beispielsweise der Treibhauseffekt, entgegen, die jedoch nicht mehr berechenbar sind. Das führt zu einem erhöhten Erlebnishunger und einer gesteigerten Risikobereitschaft. Jugendliche hohlen sich ihre „Kicks" durch Drogenkonsum, waghalsige Autorennen, Schlägereien, S-Bahn-Surfen, etc., den logischen Steigerungsformen riskanten Verhaltens. Erlebnisse sind dabei nicht etwas, was man haben kann, sondern etwas, was man haben muss, um jemand zu sein.

4.1.2. Charakteristika des Erlebens

Wenn man sich mit dem Begriff des „Erlebnisses" auseinander setzt verbindet man gewöhnlich Begriffe wie Aktivität, Unmittelbarkeit, Spannung, Emotionalität, Abwechslung und Authenzität damit. Sie bringen das Besondere, das nicht Alltägliche zum Ausdruck Dementsprechend sehen Heckmair und Michl das Erlebnis und den Alltag als „zwei schlecht verträgliche Dinge" Ein Erlebnis ist also nicht etwas Alltägliches, sondern ein besonderes Ereignis. Man verbindet Erlebnisse eher mit dem Neuen, Ungewohnten und Unbekannten, obwohl aus psychologischer Sicht das „Erleben" als wertneutral definiert wird. Sowohl banale alltägliche Dinge als auch intensive außergewöhnliche Eindrücke sind hier einbezogen In der Psychologie bezieht sich das Erleben auf die unterschiedlichsten Dinge, wie beispielsweise auf Umwelteindrücke, auf das eigene Handeln, auf seelische und körperliche Prozesse oder auf zwischenmenschliche Einflüsse. Inhalte des Erlebten, die als bedeutungsvoll angesehen werden, werden zu Eindrücken verarbeitet, die positive oder negative Gefühle oder Erinnerungen hervorbringen können. Für den Menschen stellt das Erleben etwas Persönliches und Subjektives dar, das unmittelbar wahrgenommen wird.

Wichtig für die Erlebnispädagogik ist aber, dass nur die Qualität der Wirkungen von Erlebnissen subjektiv und unmittelbar ist, nicht aber die Herkunft. Während erlebnispädagogischer Maßnahmen ist der größte Teil der gemachten Erlebnisse durch eine pädagogische Konzeption (Setting) sozial konstruiert bzw. beeinflusst.

4.1.3. Pädagogik und Erlebnis

In der Pädagogik können Erlebnisse als etwas Gewolltes oder Erwünschtes angesehen werden, sind aber nicht planbar oder voraussagbar. Erlebnisse sind zufällige, vielleicht sogar unbeabsichtigte Vorkommnisse, die erst durch die persönliche Einordnung in individuelle Kategorien, durch Reflexion und Vergleich zu Besonderheiten werden - im Nachhinein. Hier wird ein häufiger Kritikpunkt an der Erlebnispädagogik deutlich. Da Erlebnisse subjektiv und unwillkürlich entstehen, lassen sie sich nicht zielgenau herbeiführen und sind damit nicht pädagogisch vorausplanbar. Jedoch besteht darin der pädagogische Ansatz der modernen Erlebnispädagogik. Ein pädagogisches Setting lässt sich so gestalten, dass Lernziele, Wirkungen und Erfahrungen möglich oder sehr wahrscheinlich werden. Die Wirkung von erlebnispädagogischen Lernangeboten ergibt sich daher nicht direkt aus den abenteuerlichen Erlebnisfeldern, sondern durch die spezifische Weise in der sie genutzt, präsentiert und kombiniert werden. Gelehrt werden soll, sich selbst einzuschätzen zu können und sich selber wahrzunehmen, um die eigene Position im persönlichen wie im gesellschaftlichen Umfeld zu finden.

4.2. *Begriff und Merkmale*

4.2.1. „Erlebnispädagogik" als Methode

Heckmair und Michl definierten Erlebnispädagogik als eine „... handlungsorientierte Methode, in der die Elemente Natur, Erlebnis und Gemeinschaft pädagogisch zielgerichtet miteinander verbunden werden. ... Sie trägt zur zwischenmenschlichen Begegnung und Beziehung bei, weil sie durch oft notwendige persönliche Nähe neue Sichtweisen der Fremd und Selbstwahrnehmung eröffnet, weil bisher feste Einstellungen und Urteile ins Wanken kommen können."[58]

Die hier von mir zugrunde gelegte breite Definition für Erlebnispädagogik als „Methode" umfasst alle Aktivitäten, welche die Natur und/oder Abenteuer, Initiativaufgaben, Spiele als Medium benutzen, um ein weiterbildendes, verhaltensänderndes, erzieherisches, persönlichkeitsentwickelndes oder therapeutisches Ziel zu erreichen. Dabei spielen als Faktoren eine entscheidende Rolle:

- die klare pädagogische Zielsetzung (reflektiertes und kompetentes Planen und Handeln der Verantwortlichen),
- die Herausforderung und
- die Gruppe.

Allerdings sollte eine einzelne Aktion nicht alleinstehend als „erlebnispädagogisch oder nicht" eingestuft werden, es muss immer das Gesamtprogramm im Kontext bewertet werden.

Unter „Abenteuer" verstehe ich eine Aktion mit einer klaren pädagogischen Intention, welche zumindest im Grobrahmen vom Gruppenleiter geplant wurde und bei denen die Risiken vorab abgeschätzt und minimiert werden. Vom Teilnehmer kann diese Aktion allerdings u.a. aufgrund des Neuen und Fremden als Gefahrensituation eingeschätzt werden und wird durch das jeweils subjektive Erleben zum Abenteuer.

Ausgehend von gesellschaftlichen und wirtschaftlichen Gegebenheiten und Notwendigkeiten nehmen die Bezugswissenschaften allgemeine Pädagogik (mit vielen Rückbesinnungen auf die Reformpädagogik), Schulpädagogik, Sportpädagogik, Wirtschaftspädagogik, die Psychologie mit ihren verschiedenen Disziplinen (vor allem Beratungspsychologie, thera-

---

58 Vgl: Reiners nach Portele. In Reiners, Annette: a.a.O. S.20.

peutische Psychologie, Lernpsychologie), sowie die Praxis (Anbieter von erlebnispädagogischen Maßnahmen) Einfluss auf die Erlebnispädagogik. Dies ist natürlich ein wechselseitiger Prozess, denn die Erlebnispädagogik verändert und beeinflusst wiederum durch Bildung, Ausbildung, Resozialisierung und Therapie Mitglieder der Gesellschaft und somit diese selbst.

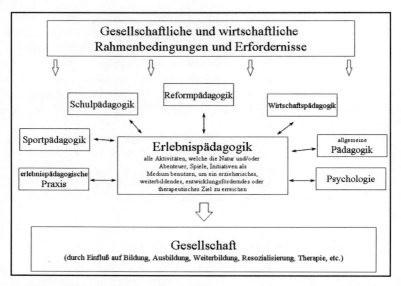

Abbildung 1: Erlebnispädagogik im Kontext (Michael Rehm www.erlebnispaedagogik.de)

Durch ihre eigene Forschung, Philosophie, Praxis und dem Anspruch auf gesellschaftliche Veränderung kann somit von einer „Methode" allein nicht mehr gesprochen werden; vielmehr ist hiermit die Erlebnispädagogik als eigene Wissenschaft, zumindest aber als Teildisziplin, zu qualifizieren.

Grundüberlegung zur Methodendefinition: man kann nicht über eine einzelne Aktion aussagen, dies ist „erlebnispädagogisch" und dies nicht, sondern es muss die Gesamtsequenz oder Programm betrachtet werden. Eine einzelne Aktion kann „nur" als spaßig, auflockernd gedacht sein, also nicht primär erlebnispädagogisch – im Kontext mit den anderen Aufgaben jedoch pädagogisch sehr sinnvoll und somit im Zusammenhang einen erlebnispädagogischen „Zweck" erfüllen.

Da man auch nicht klar feststellen kann, welche der erlebnispädagogischen Medien ausschlaggebend für das Programmziel ist, ist es ebenso

schwierig, auszusagen, was vorhanden sein muss, um von einer erlebnispädagogischen Aktion zu sprechen.

Deshalb könnte man von einem Säulenmodell sprechen. Auf einem
soliden pädagogischen / philosophischen / ethischen Fundament, stehen die
verschiedenen „Grundpfeiler der Erlebnispädagogik", welche das Dach der
Erlebnispädagogik tragen.

Um dieses Dach zu halten, müssen nicht alle Pfeiler vorhanden oder voll
stabil sein. Einzelne Pfeiler können auch einmal fehlen, bzw. nur noch
einen Bruchteil des Daches stabilisieren. Es ist dennoch eine erlebnispädagogische Situation. Hierbei müssen aber nun die anderen Säulen
stärker tragen, sprich der Schwerpunkt liegt nun mehr auf den anderen
Aspekten.

Wenn jedoch zu viele Pfeiler fehlen, bzw. zu schwach sind, dann kippt
das Dach. Nun kann nicht mehr von Erlebnispädagogik gesprochen
werden.

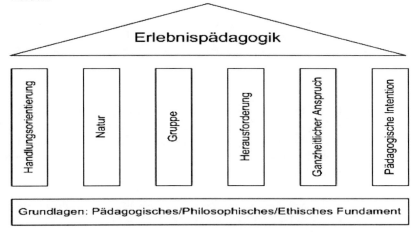

Abbildung 2: Erlebnispädagogisches Säulenmodell

4.2.2.   Medien und Wirkungen

Die Erlebnispädagogik bedient sich zum Erreichen ihrer Ziele spezieller
Medien, um auf die Teilnehmer mit ihren eigenen individuellen Voraussetzungen, ihrer eigenen Phänomenologie einzuwirken. Die Teilnehmer
werden wiederum gleichzeitig permanent von ihrer Umwelt beeinflusst.

Dass Erlebnispädagogik wirken will und soll, bedingt sich aus der
gesellschaftlichen Notwendigkeit – wie zum Beispiel die von Kurt Hahn

erwähnten Verfallserscheinungen der Gesellschaft, wobei sich aber viele Praktikerinnen dagegen wehren, die Erlebnispädagogik als reine Wirkpädagogik zu benutzen. Auch wenn ein ressourcenorientierter Ansatz aus Sicht der Psychologie einer problemorientierten Herangehensweise weitgehend vorzuziehen ist: Diejenigen, welche die Programme finanzieren, wollen Ergebnisse und sichtbare Problemlösungen sehen. Eine Kombination zwischen Aufzeigen der Fähigkeiten, Stärken und Möglichkeiten (Ressourcen) der Person, sowie eine konkrete Problemlösungsarbeit könnte gleichzeitig Kurz- und Langzeitwirkungen ermöglichen. Teilnehmer ziehen am meisten aus einem Programm, wenn sie konkrete Ergebnisse sehen (z.B. Abstinenz bei Alkoholabhängigen) und nicht nur eigene physische und psychische Ressourcen (z.B. durch erhöhte Selbstsicherheit, die Fähigkeit auch einmal „nein" sagen zu können) entdecken, welche ihnen aber oft zurück in ihrer alltäglichen Lebenswelt zu benutzen versagt bleiben. Deshalb sind Programme mit Nachbetreuung wünschenswert, welche die Erfolgserlebnisse fortsetzen und vertiefen könnten.

Lernen ist gleichbedeutend mit Veränderung oder bewusst werden, erlebnispädagogische Programmziele werden ebenfalls durch Veränderung der Persönlichkeitsstruktur oder durch das Schaffen von Bewusstsein erreicht.

Modell 1

Als Personen haben wir eine mehr oder minder feste Persönlichkeitsstruktur, je älter wir werden, desto fester und unbeweglicher wird diese (sog. Rigorismus). Um dennoch diese Persönlichkeitsstruktur zu verändern - was dann gleichbedeutend mit Lernen zu setzen ist - muss eben diese Struktur aufgebrochen werden.

Wenn der Teilnehmer dadurch offen für neue Inhalte oder Verhaltensweisen ist, können die alten Persönlichkeitsmerkmale oder Verhaltensweisen verändert oder modelliert werden. Hierbei kommt es auf das Programm und die pädagogische bzw. die therapeutische Intention an, inwieweit dieser Veränderungsprozess von außen beeinflusst oder gar gesteuert wird oder ob dem Teilnehmer die Freiheit des „Eigenerlebens" und der „Eigeninterpretation" gelassen wird. Nach der Veränderung ist es notwendig, dem Teilnehmer Hilfestellung dabei zu geben, wieder „festen Boden unter den Füßen" zu bekommen, ihn nicht unsicher bzw. äußerst verunsichert aus dem Programm nach Hause zu entlassen.

Aufbrechen > Verändern > Festigen

Wie und wodurch können im Rahmen einer Erlebnispädagogik /
Erlebnistherapie Strukturen aufgebrochen werden?

Oft ist es das Neue, das Herausfordernde, das Abenteuerliche der vom
Trainer / Therapeuten gewählten und bewusst gestalteten Aktivität, welches
dafür verantwortlich ist, dass die Teilnehmer aus dem inneren Gleichgewicht kommen. Vorhandene Verhaltensmuster und Persönlichkeitsmerkmale reichen nicht aus, die gestellte Aufgabe oder die bestehende
Situation angemessen oder gar mit Bravour zu meistern. Der Einzelne wird
jedoch - zumeist intensiv - versuchen, dem psychologischen Grundbedürf-
nis nach innerem Gleichgewicht nachzukommen. Also versucht er oder
muss versuchen, veränderte Verhaltensmuster und veränderte Einstellungen zu erlernen, um die Aufgabe zu bewältigen, die Situation zu bestehen.
Die Aufgabe bzw. die Situation gibt dabei - bildlich gesprochen - direkt an
den Teilnehmer oder andere Gruppenmitglieder ein Feedback - und diese
offene, meistens nicht personenbezogene, kaum übersehbare Direktheit ist
eines der Hauptvorteile der Erlebnispädagogik. Ist diese Direktheit so nicht
gegeben oder so nicht erkennbar, wird sie bei Bedarf auch durch die Trainer
- natürlich in angemessener Form - vermittelt. Der Teilnehmer wird dann
die Situation neu bewerten. Fällt die Bewertung positiv aus, kommt er
wieder zurück ins Gleichgewicht. Fällt die Einschätzung negativ aus, bleibt
er allerdings im Ungleichgewicht und durchläuft den Kreislauf solange, bis
er zu einem befriedigenden Ergebnis kommt.

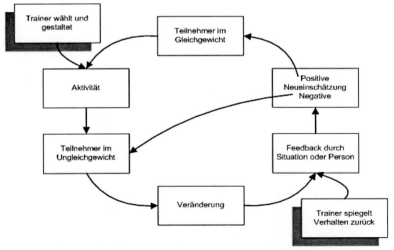

Abbildung 3: Gleichgewichts- Ungleichgewichtskreislauf

Ob die Person die erlernten Verhaltensweisen später auch im Alltag benutzt, können die Anleitenden zwar nicht garantieren, aber Einfluss können sie sehr gezielt darauf nehmen. Durch die Auswahl der Aktivitäten und entsprechende Anmoderation (Frontloading bzw. metaphorische Gestaltung) werden bestimmte Lern- und Erfahrungsmöglichkeiten - gezielt auf die Bedürfnisse der Teilnehmer - wahrscheinlicher gemacht, erste Transfermöglichkeiten für ein Lernen bereits in der Aktivität bereit gestellt.

Modell 2

Alternativ zum „Aufbrechen – Verändern – Festigen" bieten neuere Ströme in der Humanpsychologie (Systemisches Denken) eine zweite gedankliche Vorgehensweise an:

Der Unterschied zum vorher vorgestellten Modell ist, dass ein Bewusstsein geschaffen, anstatt etwas aufgebrochen wird. Es soll die Erkenntnis geschaffen werden, dass meine Ressourcen nicht ausreichen, um die Situation zu meistern, ich brauche etwas Neues. Es wird dann das Verhalten nicht verändert, sondern um neue Verhaltensmuster erweitert, welche dann in die bisherigen Verhaltensweisen / Persönlichkeit integriert werden. Somit ist Lernen als ständiger Prozess der Erweiterung.

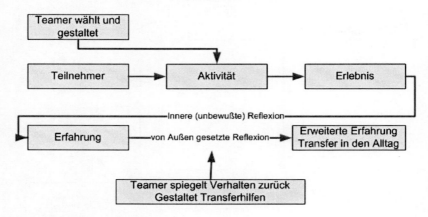

Abbildung 4: Einfluss des Trainers auf den erlebnispädagogischen Lernprozess (©Rehm www.erlebnispaedagogik.de)

Der Teilnehmer geht durch die Aktivität, sie wird für ihn zum Erlebnis. Durch eine innere, wahrscheinlich unbewusste Reflektion, in der der Teilnehmer versuchen wird, die gemachten Erlebnisse in den Kontext seiner bisherigen Erfahrungswelt zu bringen, werden aus den Erlebnissen neue Erfahrungen.

Während der von außen gesetzten Reflexionen kommt es durch das Feedback der anderen Teilnehmer und der Trainer zu einer erweiterten Erfahrung. Der Trainer kann hier auch bei Bedarf weitere Transferhilfen anbieten.

Bei der Gestaltung der Aktivität ist zu beachten, dass die Teilnehmer auf dem idealen Aktivierungsniveau bleiben.

Ist die Aufgabenschwierigkeit sehr stark über der Aufgabenkompetenz, wird der Teilnehmer überfordert sein und nur Angst empfinden. Eine Veränderung findet hier nicht mehr statt, der Teilnehmer verkrampft und ist nicht mehr offen für Neues. Im Gegensatz dazu tritt bei zu großer Handlungskompetenz im Vergleich zur Schwierigkeit der Aufgabe sehr schnell Langeweile ein, der Teilnehmer empfindet keine Herausforderung mehr - und somit auch keine Notwendigkeit zur Veränderung. Erst wenn beide Faktoren aufeinander abgestimmt sind, wird ein optimaler Aktivierungszustand erreicht, indem die Person angenehme und spannende Erlebnisse hat, welche herausfordern und zum Lernen einladen. Auf dieser Kurve werden sich die Teilnehmer nach oben bewegen, bis sie irgendwann einen Punkt erreicht haben, ab dem sie ihre Kompetenz nicht mehr verbessern können.

Der erfahrene Trainer wird deshalb versuchen, wenn möglich für den einzelnen Teilnehmer, aber auch für die Gruppe, Aufgaben mit einem dem Leistungsstand entsprechender Schwierigkeit zu stellen, um für diese ein ideales Erlebnis- und Lernfeld zu schaffen.

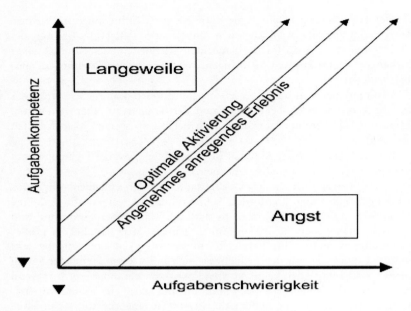

Abbildung 5: Der optimale Aktivierungszustand

Die Erlebnispädagogik und die Erlebnistherapie stellen viele Arrangements für gezielte Interventionen zur Verfügung. Die Veränderungen in der Persönlichkeitsstruktur sind Folgen handlungsorientierten Lernens und somit direkt im Verhaltensrepertoire der Teilnehmer verankert. Außerdem wird durch das Erleben authentischer Situationen der Transfer sehr stark gefördert, und durch das Lernen in realen herausfordernden Situationen, die häufig ein sofortiges Handeln notwendig machen, wird der Trainer verstärkt zum Prozessbegleiter. Es bietet sich natürlich an, diese Vorteile zu nutzen.

Es gibt also verschiedene Punkte, an denen gezielt in den Lernprozess - begleitend, steuernd, formend, modellierend, gestaltend - eingegriffen werden kann. Ob und wie wir das tun, liegt an uns und unseren Aufgaben. Was die Teilnehmer daraus für sich mitnehmen, liegt zu weiten Teilen in deren Verantwortung.

4.3.   Merkmale der Erlebnispädagogik

Wie bedeutsam und umfangreich die Erlebnispädagogik in den letzten 20 Jahren geworden ist, zeigt ein vergleichender Blick in Nachschlagewerken und Fachlexika. Eine allgemeingültige Definition des Begriffs Erlebnispädagogik, ist aber trotzdem nicht leichter geworden, und zwar aus drei Gründen:

Es existieren mittlerweile eine Reihe von Begriffen die zum Teil Synonym und zum Teil konkurrierend genutzt werden und alle das Verhältnis von Erlebnis und Erziehung beschreiben wollen

Es gibt an einigen Stellen der erlebnispädagogischen Diskussion eine Tendenz zur Entgrenzung zu beobachten, wonach jedes handlungsorientierte Lernarrangement als Erlebnispädagogik bezeichnet wird.

Es gibt heutzutage eine größere Angebotspalette, die einerseits Kurzzeitmaßnahmen von wenigen Tagen umfasst und auf der anderen Seite langfristige Projekte wie mehrmonatige Segeltörns oder Reiseprojekte für Jugendliche im Ausland.

Die folgende Definition von Heckmair und Michl versucht, die oben genannten Probleme zu berücksichtigen:

„Erlebnispädagogik ist eine handlungsorientierte Methode und will durch exemplarische Lernprozesse, in denen junge Menschen vor physische, psychische und soziale Herausforderungen gestellt werden, diese in ihrer Persönlichkeitsentwicklung fördern und sie dazu befähigen, ihre Lebenswelt verantwortlich zu gestalten."

Dieser Versuch einer Definition kann aber nicht darüber hinwegtäuschen, dass eine eindeutige Definition immer noch fehlt, was nicht überrascht, da eine tragfähige Fundierung der Erlebnispädagogik weiterhin aussteht. Dennoch lassen sich aus dieser Definition, bestimmte Merkmale ableiten, die für die moderne Erlebnispädagogik charakteristisch sind:

4.3.1. Handlungsorientierung und Ganzheitlichkeit

Im Mittelpunkt des Lernprozesses steht die tätige Auseinandersetzung mit einer Aufgabe, wobei Erfahrungen selbst gemacht werden müssen. Wissen, Fähigkeit und Werte werden über direkte Erfahrungen erarbeitet und vermittelt. Unter Ganzheitlichkeit ist zu verstehen, dass alle Dimensionen des Menschen angesprochen werden, d.h. Körper, Geist und Seele.

4.3.2. Lernen in Situationen mit Ernstcharakter

Von besonderer Bedeutung für das Setting ist in einer erlebnispädagogischen Maßnahme der Ernstcharakter einer Situation. Es müssen Lernsituation gefunden werden, deren Charakter derart beschaffen ist, dass sich Aufgaben und Anforderungsstruktur als natürlicher Sachzwang ergeben.

4.3.3.   Gruppenorientierung

Erlebnispädagogik stellt sich überwiegend als gruppenpädagogisches Angebot dar. Sozialpädagogische Angebote zielen dabei auf die Förderung von Sozialen Kompetenzen und Kooperationsfähigkeit durch das Arrangement von Lernsituationen, die verdeutlichen, dass Zusammenarbeit notwendig ist.

4.3.4.   Erlebnischarakter

Die bisher genannten Merkmale ließen sich auch in alltäglichen Situationen konstruieren. Charakteristisch für die Erlebnispädagogik ist, dass die Lernsituationen außergewöhnlich sind, d.h. vielfältig, nicht alltäglich, real und ernsthaft sein müssen, um so Grenzerfahrungen zu ermöglichen. Ungewöhnliche und außerordentliche Situationen erhöhen die Chance, dass aus einem Ereignis ein nachhaltig wirkendes Erlebnis wird. Deshalb findet Erlebnispädagogik mit Distanz zum Alltag statt.

4.3.5.   Freiwilligkeit

Jeder Mensch muss selbst entscheiden, ob er an einer erlebnispädagogischen Maßnahme teilnehmen will oder nicht. Das Prinzip der Freiwilligkeit geht davon aus, das Lernerfolge nicht erzwungen werden können und deshalb abhängig von der Motivation und Wahlfreiheit des Einzelnen sind. Die Aufgabe der Erlebnispädagogen besteht darin, die Teilnehmer zu ermutigen und anzuspornen, sich in die Lernsituation zu wagen; die endgültige Entscheidung wird von dem Teilnehmer selbst getroffen und muss vom Pädagogen akzeptiert werden.

4.3.6.   Pädagogisches Arrangement

Erlebnisträchtige Situationen werden erst dann zum erlebnispädagogischen Arrangement, wenn sie pädagogisch instrumentalisiert werden. Dazu gehören einerseits gezielte Planungen und Realisierungen von Angeboten, andererseits aber auch - was wichtig für den Erfolg der Maßnahme ist - die Begleitung von erlebnispädagogisch geschulten Begleitern.

4.4.   Das Lernen

Lernen ist ein wichtiger Bestandteil des menschlichen Lebens. Wir lernen von Geburt an durch ein selbstverständliches „Mitleben" und alltägliches „Dabeisein". Es ist ein Anliegen der Pädagogik im Rahmen initiierten Lernens dem jungen Menschen zur Persönlichkeitsentwicklung und sozialen Integration Inhalte, Werte und Fähigkeiten vermitteln. Simon Priest geht davon aus, dass alles Lernen auf Erlebnissen basiert. Zu Erfahrungen werden sie, wenn das Erlebte reflektiert und transferiert wird. Erfahrungslernen geschieht demnach, wenn die Reflexionen für die Veränderung verantwortlich sind. Die verschiedenen Lern - und Transfermodelle der Erlebnispädagogik sollen im Folgenden vorgestellt werden.

4.4.1. Lernmodelle in der Erlebnispädagogik

In der modernen Erlebnispädagogik lassen sich drei Modelle unterscheiden, die zwar Ergebnis einer geschichtlichen Entwicklung sind, in der Praxis aber nebeneinander existieren und sich nicht gegenseitig ausschließen. Aus verschiedenen Blickwinkeln wird ein und derselbe Prozess dargestellt.

„The Montain Speaks for Themselves"-Modell

Dieses Modell lehnt sich an dem Thoreau'schen Motto: „Die Natur ist die beste Lehrmeisterin" an. Es unterstellt die allgemeine Effizienz erlebnispädagogischer Maßnahmen in der Natur hinsichtlich Verhaltensänderungen. Es vertraut gänzlich auf den Sachzwang der Natur. Die Situation steht für sich selbst und ist so konstruiert, dass das Erlernte notwendige Folge des Handelns ist. Es ist nicht notwendig, mit Reflexion eine Aufarbeitung des Erlebten zu leisten.

„Outward Bound Plus"-Modell

Dieses Model baut auf die Vorstellungen „The Mountains Speak for Themselves" auf. Allerdings sieht es eine anschließende Reflexion vor.

Metaphorisches Modell

Das Metaphorische Modell gilt als das Modell der Zukunft, das in den letzten Jahren auch hierzulande Verbreitung fand. Das „Outward Bound Plus"-Modell lag unter anderem der Kritik, dass Erlebnispädagogik sich aufgrund der Verschiebung hin zur Reflexion zu einer konventionellen therapeutischen Methode entwickelt.

Das Metaphorische Model wurde entwickelt, um Reflexion zu fördern, aber gleichzeitig die Erfahrungen und Erlebnisse nicht zu zerreden bzw. zu überfrachten. Die Lernsituation soll möglichst ähnlich zur Lebensrealität der Teilnehmer ausgestaltet werden. Die Lernrichtung der Teilnehmer kann u.a. durch Beispiele, Geschichten und Metaphern beeinflusst werden.

Exkurs: Jung´sche Tiefenpsychologie in der Erlebnispädagogik

Bacon hat Anfang der achtziger Jahre Ideen der Jung´schen Tiefen-psychologie in die Erlebnispädagogik gebracht. Erlebnispädagogen sehen mythologische Bezüge in ihrer Arbeit[59] und den engen Zusammenhang zwischen (Initiations-) Ritualen traditioneller Stammesgesellschaften und erlebnispädagogischen Handlungsgestalten westlicher Prägung.[60]

Die Erlebnispädagogik entdeckt die Symbole wieder: Mythen als Erzäh-lungen, die um Symbole kreisen; Rituale als symbolische Handlungen.

Dieser Gipfel ist nicht nur dieser Gipfel; dieser Abstieg nicht nur dieser Abstieg – die menschliche Seele nimmt immer auch ein mehr an Bedeutung wahr: Der Gipfel vor ihr erinnert sie an ihre eigenen inneren Gipfel; der Abstieg möglicherweise an durchlebte Krisen- und Übergangssituation. Sie „versteht", dass dieser Abstieg da draußen auch ein Spiegel der der eigenen inneren Abstiege ist. Dieses Verständnis muss nicht bewusst sein – aber die Reaktionen können es zeigen. Eine archaische Erlebnisschicht wird reaktiviert – sie kümmert sich wenig um naturwissenschaftliche Erklärun-gen, und es wäre schade, sie als früher notwendiges und heute überflüssiges biologisches Erbe zu diskreditieren. Die Verbindung zwischen dem „Au-ßen" und dem „Innen" wird unmittelbarer, bedeutungshaltiger. Hierin liegt eine Stärke erlebnispädagogischer Ansätze in der Natur: In der Wieder-entdeckung der – letztlich mysteriösen – Verbindung zwischen „den Dingen da draußen" und mir selbst.

Die Situationen, die zu wesentlichen Erfahrungen führen, sind in der Erlebnispädagogik nicht immer planbar: Das Gefühl der Personen im Biwak beim Hereinbrechen der Nacht; die Magie des Moments, wenn der Vollmond über den Bergkamm steigt – All diese Situationen ereignen sich, jenseits der Hoffnungen oder Ängste der Pädagogen oder Teilnehmer.

Situationen in den Bergen können außergewöhnliche, überraschende und überwältigende Momente mit sich bringen; den Menschen, die dies erleben, fällt es schwer, diese Ereignisse als Zufall abzutun.

Erlebnispädagogik begibt sich in Situationen, die die Erfahrung einer tieferen Verbundenheit mit der umgebenden Natur und eines tieferen Bezugs zu den Geschehnissen fördern: Eine spirituelle Ebene kann sich bei erlebnispädagogischen Handeln in der Natur ins Spiel bringen.

Hier zeigen sich „archai", das griechische Wort für Urprinzipien, die „grundlegenden Metaphern, auf denen alle Dinge ruhen"[61]. So sind der Sonnenstrahl, der Wind, das Feuer, der Berggipfel klassische Metaphern für „Geist". All dies sind Dinge der Natur, denen wir uns in der Erlebnis-

---

59 Z.B. Jost, Hufenus 1994
60 Schenk 1991
61 Hillmann 1995, S.219

pädagogik aussetzen oder die wir „nutzen". Oberflächlich mag es so scheinen, als ob die Bezüge vom Menschen willkürlich in den Wind, den Berg usw. hineinprojiziert werden. Doch wenn man die Idee wirklichkeitsstrukturierender Archetypen akzeptiert, dann ist das Gegenteil richtig: In diesen Dingen drückt sich der Archetyp „Geist" aus – und wird vom Menschen durch Projektion lediglich wiederentdeckt.[62]

Die Konsequenzen einer solchen Haltung für die erlebnispädagogische Praxis sind weit reichend: Nicht die Pädagogen oder die Teilnehmer sind es, die die metaphorischen Bezüge in die Natur und die Geschehnisse hineinlegen, sondern umgekehrt: Der Archetyp erscheint in der Natur und den Geschehnisse – und legt den erlebenden Menschen die Metapher, die auf ihn verweist, in ihren Geist. Denkt man diesen Ansatz weiter, dann wird auch die übliche Haltung, mit Natur umzugehen, auf den Kopf gestellt: Wer ist Agens?, Wer nutzt wen als Medium? Wer hat die Kontrolle? Die Konsequenzen liegen auf der Hand: Natur kann von Pädagogen nicht mehr nur als „Medium" genutzt werden; der Gedanke der Nutzung an sich wird absurd; die Idee der Kontrolle bekommt einen anderen Gehalt.

Jede Situation hat „ihren" Archetypen, der sie an ihrem Ursprung formt. Mythische Figuren sind Darstellungen der Archetypen. So „gehört" jede Situation inklusive der Handlungen, Gedanken und Gefühle der Beteiligten einer mythischen Figur: Der Regen, der in die Töpfe regnet und das Abendessen zerstört, der die Gruppe zwingt den ebenen Biwakplatz zu verlassen und Schutz zu suchen unter den Fichten zwischen den Wurzelverzweigungen – was eine schreckliche Nacht werden wird – diese Situation „gehört" Saturn, der mythischen Figur der Knappheit, der Begrenzung, der Frustration hochfliegender Pläne. Und jede mythische Figur erhebt einen Anspruch, der zurückgezahlt werden muss in ihrer eigenen „Münze". Im Falle von Saturn geht es um Selbstbeschränkung, das Opfer: Man wird hungrig in den Schlafsack kriechen. „Der archetypische Kontext ist wie ein Feld, das Dich, das Problem oder die Entscheidung, und die Welt zusammenhält in einer gemeinsamen Geschichte, aus der es keine Ausflucht gibt und das die Griechen (…) den schicksalsbeherrschenden Mythos nennen."[63]

So kann man erlebnispädagogische Situationen nicht nur nach gruppenpädagogischen, ökologischen oder alpinistischen Aspekten analysieren, sondern auch die Fragen stellen: „Wer" bestimmt nun den Gang der Dinge? Welche „Münze" ist nun gefragt? Welcher „Mythos ist hier „at work"?

Nachfolgendes Beispiel (siehe KRAUS, 1996, S.45ff.) erstreckt sich räumlich über 20 Meter Felswand und zeitlich über 10 Minuten.

---

62 Vgl. Kraus 1996, S. 44 ff.
63 Hillmann 1995, S.226

„Die Kletterin steht am Einstieg und knüpft den Anseilknoten. Er sichert die Verbindung zum Leben, sollte sie bei der Tour, die ansonsten gut gesichert ist, stürzen. Ein Aspekt des unsichtbaren Feldes, in das hinein der Knoten geknüpft wird, ist der Tod. Er ist ein Hintergrund der Situation: Er gibt dem Knoten die zentrale Bedeutung, er ‚schlüpft' möglicherweise in die Gedanken der Kletterin; er verlangt seine Münze: Ernst, Konzentration, Sorgfalt. Die Gestalt ‚Knotenknüpfen' muss geschützt werden – Störungen und Unterbrechungen sind zu vermeiden.

Mit entschlossenen Handbewegungen wird der Knoten zugezogen: Ungestüme Kraft will ungeduldig vorwärts stürmen, Lust zu kämpfen und die Muskeln ‚brennen' zu lassen, energetisieren die Kletterin: Mars, der Kriegsgott, gibt jetzt die Energie. Sie steigt ‚mit Biss' ein.

In der Mitte der Tour muss ein Klemmkeil als Zwischensicherung gelegt werden. Nun zeigt sich, ob sie das Material am Gurt umsichtig geordnet und sich die Reihenfolge der Klemmkeile eingeprägt hat. Wenn nicht, betritt mit hoher Wahrscheinlichkeit die mythische Figur des Tricksers die Szene – der Archetyp des ‚Fallenstellers'. Der Klemmkeil, den sie jetzt braucht, wird der letzte sein, den sie am Gurt findet. Dabei verbraucht sie Kraft. Saturn steht in der Nähe.

Nun erreicht sie eine Rastposition: Hier kann sie sich mit einer Hand halten und die andere sich regenerieren lassen. Sie schließt die Augen und entspannt sich. Ihre Gedanken lösen sich von den vergangenen und den kommenden Metern. Sie weiß, dass dies eine von vielen Touren ist, das dies alles Spiel ist. Sie hört den Luftzug in den Bäumen und die Vögel zwitschern. Sie genießt die Situation, diese Mischung aus Spannung und Gelassenheit. Jupiter (oder im Griechischen: Zeus) versorgt sie mit wohlwollender distanzierter Weisheit.

Erholt klettert sie weiter. An der Schlüsselstelle wird es dennoch knapp. Ihre Kraft reicht nur noch für wenige Sekunden. Die Sanduhr läuft gegen sie: Wiederum regiert Chronos (oder Saturn), der Herr der Zeit. Doch aus irgendeinem Grund stürzt sie nicht. Die verrücktesten Bewegungen gehen gut, gefühllose Unterarmmuskeln krümmen immer noch die Finger, halten sich an Griffen. Sie gibt alles – und hat doch die Situation nicht mehr allein unter Kontrolle: Wie im Rausch überwindet sie die kritische Passage – sie ist im ‚flow', erlebt ein ‚natural high', ein ‚Gipfelerlebnis': Dionysos (der archetypische ‚Darsteller' von Rausch, Ekstase, Kontrollverlust) lässt grüßen.

Diese Beschreibung beansprucht nicht, eindeutig gültig zu sein, und sie stellt den Beziehungsreichtum bei weitem nicht vollständig dar. Der Sinn dieser Denkart ist, eine Hilfe zu geben, sich für die Erfahrung der in der Handlung verborgenen ‚Tiefenstruktur' zu öffnen."[64]

Tatsächlich reichen erlebnispädagogische Handlungsgestalten in archaische Tiefen: Das Solo z.B. ist ein zentrales Element der Initiation traditioneller Stammesgesellschaften. Dort geht es darum, die Initianden in eine existenzielle Grenzsituation zu bringen, wo sie in Kontakt kommen sollen mit tiefen Schichten der Wirklichkeit. Typischerweise werden für diese Aufgaben Wüsten oder einsame Berglandschaften aufgesucht. Ganz bewusst werden in diesen Gesellschaften Gelände und Handlungsgestalt so gewählt, das die mythische Figur – um die es gehen soll – „an die Arbeit" gehen kann.

„Diese Gedanken mögen als ein intellektuelles Spiel erscheinen, das praxisfern um sich selbst kreist. Sobald man sie jedoch ernst nimmt verlieren sie ihre Harmlosigkeit: Dann tut sich eine neue Welt auf – um den Preis der Erschütterung gewohnter Denkmuster. Es ist wie beim Betrachten der ‚magischen' 3D-Bilder: Plötzlich macht es ‚klick' und eine Tiefenschicht wird sichtbar. Die ‚alten Muster' sind nicht falsch, sondern werden nur komplett neu interpretiert. Das neu gesehene Bild integriert die Muster der Bildoberfläche zu einer Gestalt, die ‚ganzheitlicher' ist als das zuvor Gesehene. Für denjenigen, der im Moment noch das Oberflächenmuster sieht, mögen die Überraschung, die Begeisterung und die Bildbeschreibungen derjenigen, die das ‚klick' hinter sich haben, komplett verrückt erscheinen: Wovon reden sie? Doch genau dies ist z.B. im Platons Höhlengleichnis so schön beschrieben."[65]

Der Denkansatz der „archetypischen Psychologie" ist in der Lage, Bezüge herzustellen zwischen den Örtlichkeiten, die in der Erlebnispädagogik aufgesucht werden, den dort vollzogenen Handlungsgestalten, den Erlebensmustern der Beteiligten und diese zu beziehen auf das kulturelle Erbe, worauf das tun gründet.

4.5. Der Transfer

Der Transfer ist ein entscheidender Faktor des Lernens aus erlebnispädagogischen Aktivitäten und Maßnahmen und meint die Übertragung von Lernerfahrungen in Lebenszusammenhänge und Alltagssituationen der Teilnehmer. Es werden in der Erlebnispädagogik drei verschiedene Formen des Transfers unterschieden:

---

64 Kraus, 1996, S. 46
65 Kraus, 1996, S. 47

4.5.1. Der fachspezifische Transfer

Beim fachspezifischen Transfer werden konkrete Verhaltensweisen und Lerninhalte soweit verinnerlicht, dass sie auch in anderen Lernsituationen verfügbar sind. (Beispiel: das Sichern beim Klettern kann auf das Sichern beim Abseilen übertragen werden) Diese Erfahrungen haben in der Regel kaum Bedeutung für den Alltag.

4.5.2. Der fachübergreifende Transfer

Hierbei werden spezifische Lernerfahrungen zu künftigen Einstellungen, Prinzipien oder Verhaltensweisen verallgemeinert. Es werden keine Fertigkeiten sondern grundlegende Muster übertragen. (Beispiel: Problemlösungs- und Konfliktbewältigungsstrategien werden von einer erlebnispädagogischen Herausforderung in den Alltag transferiert.)

4.5.3. Der metaphorische Transfer

Ein metaphorischer Transfer findet statt, wenn in einer zum Alltag analogen erlebnispädagogischen Situation Lernerfahrungen gemacht werden, die zu Verhaltensänderungen führen können. Der Transfer findet hier entweder während der Aktivität anhand ähnlicher Strukturen oder nach der Aktivität mit Hilfe von Reflexion statt.

Der Transfer stellt das „zentrale Problem" der Erlebnispädagogik dar. Folgende Transferhindernisse gilt es deshalb zu beachten bzw. zu verhindern:

- Die Alltagssituation ist häufig viel komplexer gestaltet als die Lernsituation.
- Bei kurzzeitpädagogischen Maßnahmen können keine langfristigen Lernprozesse initiiert werden.
- Die Teilnehmer werden häufig im Transferprozess nicht begleitet.
- Das Freizeitgefühl - häufig verursacht durch die Durchführung erlebnispädagogischer Maßnahmen in Urlaubsregionen - blockiert die Transfermotivation.

Der Transferproblematik entgegenwirken können klare Ziel- und Erwartungsabsprachen, bewusste Zusammensetzung der Teilnehmergruppen, längerfristige Vor- und Nacharbeit und die bewusste Anwendung von Transfertechniken.

Die Bedeutung der Erlebnispädagogik wird in den kommenden Jahren immer mehr zunehmen wird, da sich die Erlebnispädagogik in Deutschland gerade erst in den Kinderschuhen befindet und der Drang nach Erlebnissen immer weiter ansteigt. In unserer hochtechnisierten Welt wird es immer wichtiger diesem Urtrieb des Menschen, dem Drang nach Abenteuer, gerecht zu werden.

Erlebnispädagogik ist eine gute Methode Kinder und Jugendlichen wichtige Erfahrungen beizubringen, da sie hierbei die Konsequenzen für falsches Handeln selbst auf sich nehmen müssen.

5. Die Erlebnisgruppe oder „das Biwak"

Walter Fürst schrieb im Nachwort zu seinem Buch „Die Erlebnisgruppe":

„Um die Thematik dieses Buches abzurunden, müsste an dieser Stelle ein weiterer Abschnitt folgen: Die spezifischen Wirkfaktoren verschiedener erlebnispädagogischer Medien in Verbindung mit fachdidaktischen Vorgehensweise für die Gruppenleiter. Damit wäre der Umfang dieses Buches allerdings gesprengt und teilweise eine ganz andere Darstellungsform nötig geworden. Das Fehlen dieses Abschnittes ist einerseits ein Mangel, andererseits entsteht so eine unfertige Situation, die Gruppenleiter dazu anregen kann, auf dem Hintergrund ihrer eigenen Medienerfahrungen und den Anregungen durch das Konzept Erlebnisgruppe individuelle Strukturen und Interventionsformen zu entwickeln.

Dazu bedarf es einer experimentellen Haltung gegenüber allen Anforderungen und Handlungen im Zusammenhang mit medienbezogenen Auseinandersetzungen. Jedes Ereignis bleibt dann einmalig, ist unwiederholbar. Wiederholbar sind nur die experimentellen Fragestellungen der Gruppenleiter:

Welche situationsimmanenten Problemstellungen und Konsequenzen können auf der Ebene der Körperdynamik und damit des Denkens, Fühlens, Planens und Handelns gerade jetzt erfahrbar werden?

Was kann der Gruppenleiter tun, damit eine Körpererfahrung bewusster erlebt, ausgewertet und eine aktuell sinnvolle Handlungskonsequenz daraus abgeleitet werden kann?

Wie muss die Intervention aussehen, damit sie sowohl den Medien wie den Jugendlichen didaktisch angemessen ist, ohne einer Situation den Ernstcharakter zu nehmen? (....)

Was kann dieser oder jener Aspekt des Konzepts dazu beitragen, „aktuelle Geschehnisse einer Gruppe zu verstehen, einen klientengerechten Rahmen zu schaffen oder Interventionen für bestimmte Situationen abzuleiten? Was regt dazu an, die angefangenen Fäden aufzunehmen, sie einzufärben oder neue Fäden zu spinnen? Auf welche sozialen Handlungsfelder lässt sich das experimentelle, lebendige Lernen in unfertigen Situationen durch Auseinandersetzungen und Erfahrungen mit Ernstcharakter übertragen?"[66]

Ich versuche nun diesen Ball von Walter Fürst aufzufangen und meine Erfahrungen und die Besonderheiten erlebnispädagogischen Handelns mit

---

66 Fuerst,-Walter: Die Erlebnisgruppe - Ein heilpädagogisches Konzept für soziales Lernen. Lambertus, Freiburg i. Br., 1992n

dem Medium Klettern aufzuzeigen. So folgt auch nachfolgendes Kapitel den Anregungen aus dem Buch von Walter Fürst.

Die Lebensfelder des Alltags stehen in Diskrepanz zu der künstlichen Lebenswelt, welches beispielsweise ein Beratungsgespräch darstellt. Dies ergibt ein zusätzliches Transferproblem. In erlebnispädagogischen Freizeiten kann man die positiven Faktoren einer Laborsituation nutzen, besonders die partielle Ausschaltung der Alltagsbeziehungen mit ihren eingefahrenen Verhaltensmustern und das Wegfallen unkontrollierbarer Störvariablen; und zugleich kann durch eine angemessene inhaltliche und zeitliche Strukturierung des Settings eine größere Nähe zu den Anforderungen im Alltag und eine stärkere Notwendigkeit zur Auseinandersetzung geschaffen werden.

Ist das Klettern geeignet, als Wirkfaktor des Motivierungsprozesses und Veränderungsprozesses eingesetzt zu werden, fördert das Klettern durch direkte Konfrontation mit einer erfahrbaren Lebenswirklichkeit und die daraus zwangsläufig resultierende Auseinandersetzung den Aufbau eines konstruktiven Sozial- und Leistungsverhaltens, eignet sich das Klettern, dem Erlebnisbedürfnis der Jugendlichen entgegenzukommen und lässt es sich mit einem vertretbaren organisatorischen und finanziellen Aufwand verwirklichen?

Wie muss das Klettern strukturiert sein (z.B. Gruppengröße, Qualität der Handlungsorte, Ausmaß der Anforderungen, Entscheidungsspielraum der Gruppe), dass sie ein optimales Lernfeld ergibt? Wie kann der Pädagoge verhindern, dass Jugendliche mit ihren äußerst kreativen Anpassungsversuchen an die neue Situation mit ihren alten Vermeidungsstrategien das Ziel des Settings untergraben; oder beispielsweise mit extremen Arbeitseifer Beziehungskonflikte in der Gruppe abpuffern?

Eine Klettertour, auch wenn sie von Vollpension bis zur Gipfelgarantie restlos durchorganisiert ist verlangt mehr persönlichen Einsatz als eine Badewoche am Mittelmeer. Im Sinne der Erlebnispädagogik muss sie jedoch keineswegs hinreichend sein, um reifungsfördernde und störungsabbauende Wirkungen auf Jugendliche mit Entwicklungsstörungen zu haben. Für die Einzelnen müssen Erfahrungen möglich sein, die mit dem Alltag so in Zusammenhang stehen, dass sie sinnvoll integrierbar sind.

5.1.   Aufbau von Motivation

Jugendliche, denen erlebnispädagogische Gruppen als Reifungshilfe angeboten werden, zeigen im Alltag ein ausgesprochenes Vermeidungsverhalten. Sie wollen sich körperlich oder geistig wenig anstrengen, sie konnten Arbeiten nur kurzfristig durchhalten und wollten keine Verantwortung für sich oder die Gruppe übernehmen, sie wollten sich nicht entscheiden, wollten emotionale oder körperliche Nähe vermeiden und Auseinandersetzungen aus dem Weg gehen oder sich einfach nur wild drauflos hauend Distanz schaffen. Sie entwickelten kompensatorische Strategien, diejenigen Situationen zu umgehen, die ihnen Angst machten oder Frustrationen verhießen. Ihre Vermeidungsstrategien erleben sie immer wieder subjektiv als sinnvoll, weil so die vermuteten, antizipierten oder auch tatsächlich negativen Handlungsfolgen umgangen wurden.

Wie kann man diese Jugendlichen dazu bewegen, sich verbindlich auf eine längerfristige Aktivität einzulassen, die das Aufgeben gerade solcher als erfolgreich bewerteter Vermeidungsstrategien zum Ziel hat? Denn nur wenn der Jugendliche eine bewusste, eigene und freie Entscheidung trifft, wenn er die Ziele, Inhalte und Rahmenbedingungen der Maßnahme zumindest im Grundsatz akzeptiert, besteht eine Chance zu konstruktiven, reifungsfördernden und alltagsrelevanten Erfahrungen. Motivation von Jugendlichen heißt, ihre entwicklungspsychologische und gesellschaftliche Ausgangssituation zu berücksichtigen, sich an ihren Grundbedürfnissen zu orientieren und ihnen befriedigende Betätigungsfelder anzubieten.

In dieser Lebensphase geht es um den Aufbau einer positiven, klar konturierten und doch entwicklungsfähigen Identität, es geht darum, sich über einen längeren Zeitraum als ein und dieselbe Person zu erleben, dass man von seiner Umwelt so gesehen und behandelt wird, wie es einem entspricht.[67] Aufbauend auf den Erfahrungen früherer Entwicklungsphasen müssen neue Rollen und Fertigkeiten ausgeprägt werden: ein zunehmend autonomes Verhältnis zu den Erwachsenen, besonders zu den Eltern, die Beziehung zum anderen Geschlecht, berufliche Handlungsfähigkeit und die Orientierung in der Gesellschaft.

Der einzelne muss, um diese Integrationsleistung zu erbringen, in unterschiedliche Rollen schlüpfen und frei mit ihnen experimentieren können, er muss sich in konträren, einander widersprechenden Positionen erfahren, seine Stärken und Schwächen spüren und die Erfahrung machen, seinen Körper wirkungsvoll einsetzen zu können. Aus jeder neuen Erfahrung kann ein Stück Realitätsgefühl gewonnen werden, so dass der junge Mensch allmählich den Unterschied seiner jeweiligen situativen Rolle zu seiner persönlichen Identität erfasst.

---

67 Erikson, E.H.: Identität und Lebenszyklus. Frankfurt a. M.. 1966.

5.2. Identitätsfindungsprobleme

Mit familiären und gesellschaftlichen Störungen zurechtzukommen erscheint für Jugendliche schwierig. Weil das Experimentieren mit unterschiedlichen und oft extremen Lösungsversuchen bei Erwachsenen manchmal einen enormen Leidensdruck hervorruft, kann das unkonventionelle, unangepasste aber durchaus noch gesunde Verhalten eines Jugendlichen auch als Symptom einer psychischen Störung erscheinen. Gesellschaftliche Hindernisse können auch als Auslöser von Lernprozessen betrachtet werden.

Ein Hindernis, Autonomie zu erwerben ist die Konkurrenz verschiedener Lebensentwürfe. Dynamische, spontane Selbstverwirklichung und Unabhängigkeit stehen zunehmenden gesetzlichen Reglementierungen, wachsenden Absicherungsbedürfnissen und - Notwendigkeiten diametral gegenüber.

Viele Jugendliche fragen sich, ob es sich überhaupt loht, Kompetenz zu erwerben, wenn täglich neue technische Höchstleistungen bekannt werden und andererseits die Hilflosigkeit gegenüber persönlichen, politischen und wirtschaftlichen Problemen erfahren werden muss. Das Primat der Effektivität, der die Gesellschaft vom Wochenlernplan im Kindergarten bis zum durchrationalisierten Arbeitsplan beherrscht, degradiert die psychosoziale Seite des Lebens und damit die Fähigkeit zur Intimität. Vor allem Jugendlichen, die Intimität nicht in der Familie erfahren konnten, fällt es schwer, die Schemata des Funktionierens, Planens und Kontrollierens nicht auf ihre persönlichen Beziehungen anzuwenden.

Die Möglichkeiten zum Üben von Verantwortung und Solidarität sind eng begrenzt. Echte Möglichkeiten der Mitbestimmung sind selten. Verantwortung heißt oft nichts anderes als seinen Pflichten nachzukommen.

Eine vorwiegend auf Konsum orientierte Ideologie erhebt das Individuum zum Maß aller Dinge und verstärkt die Individualisierung. Zugleich schlägt die globale Vernetzung der wirtschaftlichen, politischen, kulturellen und ökologischen Verhältnisse um in den permanenten Appell zur Solidarität und zur Mitverantwortung, der für Jugendliche eine Überforderung darstellt.

Jugendliche verlangen nach einer Unterstützung bei der Frage nach dem Sinn des Lebens; Angeboten werden nur eine Vielzahl voll innerer Widersprüche zerfressen Pseudoangebote aus allen Bereichen, besetzt mit Dogmen, fertigen Lösungen und Regeln

5.3.   Dysfunktionale Bewältigungsstrategien

5.3.1.   Die Dysfunktion der Abhängigkeit

Bei diesem Problem der Autonomiefindung zeigen sich häufig folgende gemeinsame Merkmale: Unsicherheitsgefühle außerhalb der Familie und dementsprechendes Verhalten, Fehlen von altersgemäßen Kompetenzen, ständige Autoritätssuche zur Bestätigung ihrer Einstellungen und Handlungen, den Verantwortungsbereich der Jugendlichen ständig einschränkende Eltern, angefangen vom Rucksackpacken, Termine planen etc., Identifikationswunsch mit starkem Führer.

5.3.2.   Die Dysfunktion der Gegenabhängigkeit

Das Bedürfnis, anders als die Eltern zu sein oder die gesellschaftlichen Normen abzulehnen ist ein durchaus sinnvolles Stadium auf der Suche nach dem eigenen Weg. Eine Störung liegt dann vor, wenn der Jugendliche das Wesentliche im Abgrenzungskampf, im Kampf um das Anderssein sieht, wenn die Frage „Wer bin ich, wie ist mein Weg?" vergessen wird oder zur Stabilisierung der Familienkonstellation vergessen werden muss. Durch die stete Orientierung am Gegenteil wird der Betreffende nur scheinbar autonom.

5.3.3.   Das Dysfunktion der Unabhängigkeit

Unabhängigkeit mutet zunächst nach Reife an. Diese Jugendlichen sind zwar zur sachorientierten Kooperation fähig, aber es fehlt ihnen die Bereitschaft und Fähigkeit, sich intim und gleichberechtigt auf einen Partner einzulassen; sie genügen sich selbst, erleben und verhalten sich so, als ob ihnen Bestätigung und Unterstützung durch die Umwelt nichts bedeuten würde; häufig wechselnde, oberflächliche Beziehungen, Missachtung der Bedürfnisse Anderer, Rückzug auf sachliche Themen oder Bruch von Beziehungen, wenn es ihnen zu intim wird. Sie sind zunächst oft unauffällig, bis sie genügend Sachkompetenz haben um anerkannt zu werden.

5.3.4.   Die Dysfunktion der Null - Bock - Haltung

Der massive Hang zur Passivität, resultierend aus bisherigen Lebenserfahrungen, die Unmöglichkeit, einen direkten Zusammenhang zwischen Verhalten und dessen Folgen zu sehen, man fühlt als gehöre man nicht dazu, die Selbstaufgabe einen eigenen Weg zu suchen, weil man glaubt, selbst doch nichts steuern zu können führt oft zu einer hedonistischen

Befriedigungshaltung. Angst, Hilflosigkeit und Misstrauen in die eigene Leistungsfähigkeit bestimmen das Erleben.

5.3.5. Die Dysfunktion von Ersatzidentitäten

Fernsehen, Gameboys, Videos und Drogen bieten sich als Ersatzwelten an, wenn der Aufbau einer Identität im wirklichen Leben als unmöglich begriffen wird. Diese relativ instabile Scheinidentität, die von einem Erleben aus zweiter Hand geprägt wird, und der daraus resultierende körperliche Spannungszustand der via Identifikation nur scheinbar befriedigten Bedürfnisse nach realer Spannungsabfuhr drängt, der zugleich die Hemmschwelle zur Aktivität mit dem zunehmenden emotionalen und räumlichen Abstand zu den möglichen Aktionsfeldern immer weiter erhöht, während die Ersatzgebiete nur allzu leicht erreichbar sind oder eine unspezifische Aggressionsabfuhr spannungsmindernd wirkt, können mit Symptomen wie körperlichen Beschwerden, Versagen in der Schule oder sozialer Inkompetenz verbunden sein.

Diese für die Motivierung grundlegend zu bedenkenden Bewältigungsversuche sind die Ausgangsposition. Auf dieser bauen auf: überschaubare Handlungsräume schaffen, in denen Risiken eingegangen werden können, deren Folgen abschätzbar sind, Räume, in denen die Jugendlichen selbst etwas schaffen können, ohne auf fremde Hilfe angewiesen zu sein und in denen sie herausfinden können, welches Maß äußerer Sicherheit sie brauchen und welches sie sich selbst schaffen können. Das altersgemäße Bedürfnis nach körperlicher Betätigung muss dabei angemessen berücksichtigt werden. Der Wunsch nach Erprobung uns Erfahrung von Stärken und Grenzen sollte befriedigt werden. Ebenso das Interesse an Betätigungsfeldern, in denen sie sich kompetent fühlen und erleben können. Es müssen Beziehungen ermöglicht werden, in denen die Klienten um ihrer selbst willen genommen und gemocht werden, in denen auch unangenehme Gefühle angenommen werden, in denen emotionale Bedürfnisse befriedigt werden und Leistung der Lebensbewältigung dient und Spaß macht.

Es muss Freiräume geben, in denen die Jugendlichen ihre Kräfte einsetzen und wirklich mitreden können. Dazu gehört auch die Freiheit straflos Fehler machen zu können. Wie das Tun und Lassen einzelner auch die anderen angeht, muss durchsichtig werden und direkt erfahrbar sein, wann Solidarität vonnöten und wann es möglich ist, begründbar zwischen Eigennutz und Gemeinwohl abzuwägen. Das Leben an sich muss als wertvoll erfahren werden können, die Auseinandersetzung um den Sinn des Lebens muss möglich sein, ohne die Jugendlichen in fertige Schablonen zu pressen. Werte sollten möglichst durch Vorleben angeboten werden, ohne den Druck, sie kritiklos übernehmen zu müssen.

Ebenso müssen die Abhängigkeits-, Gegenabhängikkeitsbedürfnisse, und Unabhängigkeitsbedürfnisse der Klienten akzeptiert werden. Sie müssen zuerst in ihren noch unreifen Beziehungsangeboten angenommen werden; sie dürfen nicht sofort mit der für sie kaum erfüllbaren Forderung nach partnerschaftlichem Verhalten konfrontiert werden. Die erlebnispädagogischen Aktivitäten müssen besonders zu Beginn der Bedürfnisse nach unmittelbarem Erfolg und lustbetontem Erleben in der Gemeinschaft mit Gleichaltrigen Sorge tragen.

5.4. Motivation

Vor diesem allgemeinen Hintergrund muss bei den Teilnehmern in dreifacher Hinsicht motiviert werden.
1. dass die Jugendlichen sich verbindlich zur Teilnahme verpflichten,
2. dass sie sich in den Gruppenaktivitäten engagieren und ihre Mitgliedschaft aufrechterhalten,
3. dass sie die Gruppe als Chance zur persönlichen Weiterbildung nutzen und ihre Erfahrungen auf den Alltag übertragen.

5.4.1. Motivierung zur Teilnahme

Informationen müssen sinnlich erfahrbar sein

Je praktischer und konkreter eine Information vermittelt wird, desto größer ist ihre motivierende Wirkung. Das betrifft sowohl das Material (Klettergurt, Seil) und die Aktivitäten wie die persönliche Ausstrahlung der anderen Teilnehmer und Gruppenleiter als auch die Form, in der die Aktivitäten ablaufen, d.h. das Gruppenklima, das vor allem vom Leitungsstil abhängt. Die Vortreffen sollten so gestaltet sein, dass sie der „eigentlichen" Gruppe ähneln. Dabei zeigt sich dann, ob interessante gleichaltrige erwachsene Partner teilnehmen, ob das Leitungsteam Sicherheit, Spannung und Vorfreude ausstrahlt und ob die Gruppenleiter auch die starken Seiten der Jugendlichen ansprechen oder sie nur als „Gestörte" betrachten.

Bewusstes Zulassen und Bearbeiten von Angst

Vorbehalte, die aus den zu erwartenden körperlichen oder sozialen Anforderungen resultieren, oder auf der Ahnung, auf welche Vermeidungsstrategien sie bald verzichten müssen, sind nicht selten. Diesen Vorbehalten muss breiter Raum gegeben werden und das Bewusstwerden derer gefördert werden. Nur so kann jeder spüren, dass seine Ängste auch später berücksichtigt werden und das Leitungsteam keinen Druck ausüben wird.

Die Schnuppertreffen können zum Abbau von Unsicherheit und zum Aufbau von Motivation beitragen.

Grenzen der Motivierbarkeit sollten anerkannt werden, vielleicht ist es sogar eine motivierende Erfahrung „Nein" sagen zu dürfen. Andererseits gibt es auch andere Möglichkeiten, die dann den jeweiligen Personen besser entsprechen und dann auch wirksamer sind.

Die Befriedigung wichtiger Bedürfnisse muss erfahren werden

Befriedigung in Aussicht zu stellen, kann überreden. Das mögliche Ausmaß an Befriedigung bereits zu Anfang erfahrbar werden zu lassen, bietet ein wirkliches Entscheidungskriterium. Die Möglichkeit eigener Entscheidung bedeutet sehr viel, und entsprechend müssen die Vortreffen auch gestaltet sein; entscheidend ist das richtige Maß der Anforderungen. Bei aller gegenseitigen Fremdheit muss das Angebot realistisch sein und vor allem Spaß machen. Es ist notwendig zu wissen, welche Erwartungen die Jugendlichen haben und diese in den Vortreffen zu berücksichtigen.

Unter Umständen ist es wichtig zu wissen, ob und welche Beziehungen die Gruppenmitglieder bereits miteinander unterhalten, um späteren Motivationskrisen vorzubeugen.

Jedem seinen Entscheidungszeitraum zugestehen

5.4.2. Motivierung zum Engagement

Spaß, Freude und Freiräume

Sie stehen an erster Stelle, und haben zur Bedingung, dass die Gruppenleiter selbst Freude an der Arbeit haben und sich durch Konflikte nicht deprimieren lassen, sondern diese als Herausforderung betrachten. Anstrengung und Spiel, Konfrontation und Entspannung, Grenzerlebnisse und Genießen müssen im Verhältnis stehen. Die Gruppe ist der Ort der Unwägbarkeiten, der Überraschungen und Risiken, des Abenteuers und der Freiräume. Die Planbarkeit bis ins letzte Ende ist unmöglich und macht doch gerade die Anziehung der Gruppe aus und vermittelt das Erlebnis der Freiheit bei der Gestaltung der Projekte, der Beziehungen und des eigenen Engagements.

Ganzheitliche Strukturierung des Gruppenprogramms

Für die wichtige prozesshafte Ganzheit der Gruppe müssen die einzelnen Aktivitäten einer Unternehmung und die Unternehmungen in ihrer Gesamtheit so gestaltet sein, dass sie in einen unmittelbar sichtbaren Zusammenhang stehen. So wird jeder neugierig darauf, wie das noch werden wird, jeder spürt, dass er ein Abenteuer verpasst, wenn er sich nicht engagiert oder gar fernbleibt.

Erfolgserlebnisse

Auf der Ebene der Gruppenbeziehung, der Auseinandersetzung mit den Medien, insbesondere dem Medium Klettern, und mit dem sozialen Umfeld ergeben sich ermutigende Erlebnisse.

Die Ebene der Gruppenbeziehungen

Zu den unverzichtbaren Voraussetzungen, sich in einer Gruppe wohl zu fühlen, zählen die Erfahrungen der Zugehörigkeit, Zuneigung und des eigenen Einflusses auf das Gruppengeschehen. Voraussetzung dafür ist positives Gruppenklima; soziale Erfolgserlebnisse hängen darüber hinaus von der Zusammensetzung einer Gruppe ab. Ein partnerschaftliches Verhältnis zwischen Jugendlichen und Leitern wirkt ebenfalls höchst motivierend, mit den Gruppenleiter Hunger, Durst, Kälte und Nässe teilen und keine Privilegien beanspruchen, Erlebnisgruppenleiter müssen sich auf solche Strapazen einlassen können. Gleichwohl müssen die Jugendlichen an ihm ein Mindestmaß an Effizienz und Sicherheit beobachten können. Ein Gruppenleiter, der Schwierigkeiten mit dem Klettern hat, sich mit seiner Angst und seiner unzulänglichen Technik einer sichernden Kollegin anvertraut, bietet ein Vorbild, das zur Nachahmung anregt. Wenn jedoch das gesamte Leitungsteam bei einer Kletterpartie ins Zittern kommt, motiviert das nicht gerade. Wenn die Jugendlichen dagegen erleben, dass ein Gruppenleiter die Situation beherrscht und ihn bei Bedarf unterstützen kann, wirkt dies ungemein überzeugend, denn wer vom Klettern selbst fasziniert ist und daraus sichtlich Befriedigung zieht, der ermutigt andere. Selbst zunächst weniger anziehende Beschäftigungen können so interessant werden.

Um die unterschiedlichen Bedürfnisse anzusprechen, sollte das Leitungsteam möglichst unterschiedliche Charaktere sowie Frauen und Männer umfassen. Dann ist die Wahrscheinlichkeit höher, dass jeder Jugendliche unter den Erwachsenen einen Attraktiven und Sicherheit bietenden Ansprechpartner findet und eine Vertrauensperson hat, die besonders bei persönlichen Krisen im Gruppenverlauf wichtig sein kann.

Die Ebene des Mediums Klettern und anderer Medien

Die Erfolgserlebnisse bei der gelungenen Bewältigung von Abenteuern sind mit die zentralen Motivationsfaktoren. Die Gruppenleiter haben die Aufgabe, die jeweils angemessenen Schwierigkeitsgrade anzubieten und angemessen zu intervenieren. Attraktiv ist, was neu ist, einen hohen Prestigewert besitzt und nicht allzu sehr überfordert. Hier gilt die Regel: Wer sich für die Teilnahme entschieden hat, macht bei allen Aktivitäten mit, bestimmt aber die Anforderungshöhe selbst: Unwichtig, ob jemand eine hohe Wand im Schwierigkeitsgrad 5 oder 2 klettert oder sich erst einmal mit einem 3 Meter hohen Felsblock zufrieden gibt. Und letztlich wirkt auch die Ausstrahlung der Landschaft motivierend.

Die Ebene des sozialen Umfeldes

Positive Erfahrungen können schnell zunichte gemacht werden, wenn das Alltagsumfeld der Teilnehmer restriktiv reagiert, wenn die Erlebnisberichte und der Versuch, die neu gelernten Verhaltensweisen im Alltag zu leben bestraft wird, durch Unverständnis („Jetzt wird der auch noch für seine Faulheit belohnt"), Störmanövern („Dafür bekommst du keinen Urlaub"), Neid („was ist das schon"), oder Abwertung („Du bist ja ein Öko"). Darauf sollten die Teilnehmer vorbereitet werden und je nach Erfordernis ist das Umfeld in die Motivierung einzubeziehen, wodurch weitere Termine zur Unterstützung bei der Auseinandersetzung mit demotivierenden Umfeldeinflüssen notwendig werden können.

Motivierung zur Arbeit an sich selbst

Die Weichen zur Arbeit an sich selbst werden bereits während der ersten Kontakte gestellt. Im Verlauf des Kontrakt- und Gruppenprozesses werden dann die Problembeschreibungen, Stärken und Ziele zunehmend konkretisiert und differenziert. Für die meisten Teilnehmer wir die Erwartung von Abenteuern und aufregenden Peer - group - Erlebnissen sicherlich das Hauptmotiv der Teilnahme sein. Aber auch die Hoffnung, einmal kein Außenseiter zu sein oder mit Erwachsenen partnerschaftlich verkehren zu können, macht für manche den Einsatz lohnend.

Jugendliche müssen erfahren, dass es sich lohnt, sich zu seinen Schwierigkeiten zu bekennen und sie aktiv zu bewältigen. Auch dafür können die Gruppenleiter ein Vorbild sein: Zum einen dadurch, wie sie sich verhalten, wenn sie selbst vor einem Problem stehen oder in einen Konflikt verwickelt sind, zum anderen dadurch, wie sie Jugendliche in solchen Situationen unterstützen. Positive Konfliktbewältigung wirkt beispielhaft, denn Jugendliche suchen zuallererst die praktische Erfahrung, dass etwas geschieht, dass sich etwas positiv verändert und nicht das Nachdenken über Schwierigkeiten. Wenn sie sich bewusst werden, dass bestimmte Probleme, die sie draußen erleben, in der Gruppe gar nicht oder fast in gleicher Weise auftreten, kann sie das dazu bewegen, genauer hinzuschauen, worin die Unterschiede liegen und wie sie sich selbst in beiden Feldern unterschiedlich oder gleich verhalten.

Eine zwanglose spannungsfreie Atmosphäre ohne Leistungsdruck und erhobenen Zeigefinger ist die Basis, ohne die Bereitschaft, sich auf eine neue Erfahrung einzulassen, nicht wachsen kann. Und das heißt: Freie Entscheidung innerhalb des Rahmens dürfen niemals negativ bewertet oder gar sanktioniert werden, die Umstände selbst geben das nötige Feedback. Die Gruppenleiter haben sich als Begleiter solcher Prozesse zu verstehen und sich davor zu hüten, eine unangemessene, introspektive „therapeutische" Tiefe zu erzeugen, etwa durch Interventionen, die zu nahe gehen oder sich von der gegenwärtigen Erfahrung entfernen. In erster Linie geht es um Selbst- und Fremdwahrnehmung in Verbindung mit instrumentellem Handeln, nicht um tiefenpsychologische Introspektionsarbeit und Gefühlsarbeit. Die Notwendigkeit, auf die Probleme von einzelnen einzugehen, kann sich nur aus akuten Ereignissen ergeben. Wir reden auch nicht unmittelbar über Angst, Null Bock oder Einsamkeit, außer das Gruppentreffen bietet selbst dazu Anlässe. Die Gruppe muss die Zeit und die Toleranz aufbringen, die unverzichtbar sind, damit jeder seine eigenen Lösungswege ausprobieren, auswerten und sich schließlich für ein angemessenes Verhalten entscheiden kann. Eine Hilfestellung, Jugendliche dazu zu bewegen, an sich zu arbeiten, ist ihre Begleitung bei der Umsetzung ihrer neuen Erfahrungen in den Alltag, etwa durch ein Gespräch mit den Eltern oder dem Meister oder die Unterstützung bei der Anmeldung bei einem Sportverein usw.. Genau an den Stellen, an denen sich im bisherigen Problembereichen positive „Aha - Erlebnisse" ergeben, beginnt die Motivation mit der Erkenntnis: Es lohnt sich doch, die eigene Sach- und Sozialkompetenz zu entwickeln.

5.5. Die Dynamik der unfertigen Situation

Am Beispiel der Kunst kann „vielleicht eine besondere Art von Faszination - indem sie einen nicht mehr so schnell loslassen - gerade von solchen Kunstwerken ausgehen (...), die ‚irgendwie unfertig' sind: Man kann nicht aufhören, selbst nach Vollendung zu suchen".[68]

Wenn Jugendliche über Alternativvorstellungen zu ihren Lebensfeldern sprechen, dann tauchen immer wieder ganz bestimmte Assoziationen auf: Es handelt sich um offene, nach Gestaltung rufende und unfertige Situationen, die Ernstcharakter haben, die keinem Übungs- oder Schulzweck dienen. Aus den Gegebenheiten selbst ergibt sich ein massives Bedürfnis oder sogar ein Zwang zum Handeln.

---

68 Walter, H.-J.: Gestaltheorie und Psychotherapie. Opladen 1985

Unfertige Situationen provozieren Erregung, sie rufen das Gefühl hervor, dass das Leben aktiv gestaltbar und spannend sein kann, dass ein junger Tag Neugierde darauf weckt, was mit ihm angefangen werden kann. Noch ist etwas zu entdecken, zu erfahren oder zu tun und nicht nur ein vorgestanztes Puzzleteil an die richtige, d.h. an die aufbefohlene Position zu legen.

Es ist eine Ausgangsposition zu schaffen, die als unfertige Situation gekennzeichnet ist, aber auch eine Struktur besitzen, die auf konstruktive Gestaltungsmöglichkeiten verweist, sie muss vieles unfertiges besitzen aber auch Elemente zur Begrenzung destruktiver Entwicklungen enthalten. Man sollte beispielsweise keine Routen angehen die klettertechnisch so anspruchsvoll sind, das die Leiter zu viele Führungsaufgaben übernehmen müssen, um Sicherheitsrisiken zu vermeiden.

5.6.   Der Ernstcharakter des Erlebnisfeldes

Die unfertige Situation der Gruppe muss so gestaltet sein, dass ihr Ernstcharakter erfahrbar wird. Dies geschieht am ehesten dort, wo es um die Befriedigung elementarer Lebensbedürfnisse geht. Diese aktualisieren sich im Lebensvollzug als Streben nach ausreichender, wohlschmeckender Nahrung, nach Wasser und Schlaf, nach körperlichem Wohlbefinden in Form von Schutz vor der direkten Einwirkung von Naturkräfte, als Bedürfnis nach körperlicher Unversehrtheit durch Schutz und Sicherheit in Gefahrensituationen, schließlich als Bedürfnis, einer Gemeinschaft anzugehören, geliebt zu werden und Einfluss auf die Gestaltung des Lebens in der Gemeinschaft zu haben. Situationen mit Ernstcharakter finden daher in der Gruppe unter Bedingungen statt, unter denen die Gruppe sich weitgehend selbst organisiert, genügend Raum für persönliche und emotionale Beziehungen vorhanden ist und die Gemeinschaft in Mindestmaß an Kohäsion und Attraktivität aufweist. Überdies müssen kalkulierbare Gefahrensituationen auftreten und die direkte Einwirkung des Wetters und der Natur muss erlebt werden können; die Gruppe muss für ihre gesamte Versorgung selbst verantwortlich sein.

5.6.1.   Zeitstruktur und Ernstcharakter

Wie lange muss eine Gruppenaktivität mindestens dauern, damit sich ihr Ernstcharakter aktualisieren kann?

Es ist für manche sicherlich einfacher, sich ein oder zwei Tage beim Essen einzuschränken oder den Anschein zu erwecken, sich irgendwie zu betätigen, als das Risiko auf sich zu nehmen, die Nudeln zu versalzen, einen

Erfahrenen um Rat und Hilfe zu fragen oder die früher gelernte Überzeugung „Ich werde ja nicht wirklich gebraucht" in Frage zu stellen und an
der Realität zu prüfen. Bei zunehmender Dauer sind solche Vermeidungsstrategien jedoch immer schwieriger durchzuhalten. Aktivitäten wie
Klettern und Abseilen lassen wegen ihrer nachhaltigen Infragestellung der
persönlichen Sicherheit die Ernstsituation augenblicklich entstehen. Bei
einer Klettertour, die mitten in der Route eine schwierige Passage bereithält,
kommt noch dazu, dass Weitermachen und Rückzug oft gleich schwierig
sind.

Ein besonders erfahrungsträchtiges Medium stellt der dynamische Beziehungsprozess dar, der in jeder Gruppe entsteht und dessen Phasen ganz
unterschiedliche Erfahrungspotentiale und Lernfelder eröffnen. Um sie
optimal zu nutzen, sollte eine Gruppe immer einen Zeitraum von mehreren
Monaten mit entsprechend vielen Treffen dauern.

5.6.2. Schwierigkeitsgrad und Ernstcharakter

Ein Ziel muss, soll es ernst genommen werden, einen gewissen Einsatz
verlangen und erreichbar sein. Der Ernstcharakter wird zur Farce, wenn das
Ziel zu hochgesteckt ist. Schließlich muss die Klettertour doch aufgegeben
werden, wenn schon der Einstieg kaum einem gelingt. Ist die Latte zu hoch
gelegt, werden manche in ihren unrealistischen Größenphantasien bestärkt
und reagieren bei Misserfolg mit Resignation und Passivität. Die tatsächlich
vorhandenen Fähigkeiten, die Motivation, das Alter der Teilnehmer und die
Sicherheitsreserven für schwer kalkulierbare äußere Einflüsse sind die
geeigneten Kriterien, nicht die Wünsche und die Begeisterung der Teilnehmer und Leiter. Wenn jedoch das Ziel zu klein, die Klettertour zu leicht
ist, dann entsteht das Gefühl nichts geleistet zu Haben.

Anders verhält es sich allerdings, wenn sich Jugendliche aufgrund un-
realistischer Größenphantasien selbst inadäquate Leistungsnormen auf-
erlegen. Sein Misserfolg kann ihm dazu verhelfen, sich realistischer einzuschätzen und sich so anzunehmen, wie er wirklich ist. Den Ernstcharakter des Erlebnisfeldes zu verwirklichen kann also auch bedeuten, ein
zu anspruchsvolles Ziel und daraus resultierende Folgen zuzulassen.

Einzelne Jugendliche und auch gesamte Gruppen versuchen manchmal,
den Ernstcharakter durch extreme Reduktion des Anstrengungsniveaus zu
unterlaufen. Dann entsteht die Gefahr, dass die Leiter sich mit den
Jugendlichen verbünden, die Spielwiesentaktik übernehmen oder in einen
Machtkampf mit der Gruppe eintreten. Solche Gruppensituationen erfordern eine bewusste Bearbeitung der darin ablaufenden Abhängigkeits- und
Gegenabhängigkeitsprozesse unter Berücksichtigung der impliziten

Gruppenthemen, soll der Ernstcharakter des Erfahrungsfeldes gewahrt bleiben.

5.6.3. Gruppenprozess und Ernstcharakter

Auch die Gestaltung der Gruppenbeziehungen muss Ernstcharakter haben, wenn das Erlebnisgruppenkonzept realisiert werden soll. Das enge Zusammenleben und das gegenseitige Aufeinanderangewiesensein vor dem Hintergrund der Auseinandersetzung mit dem Klettern und der anderen Medien lösen bei Jugendlichen und Leitern tiefgreifende Erfahrungen aus. Dies fordert die Auseinandersetzung miteinander und ist die Grundlage wichtiger sozialer Lernerfahrungen. Wenn diese Lernfelder Ernstcharakter haben sollen, dann müssen sich die Prozesse zwischen einzelnen Teilnehmern und auch der Gesamtgruppenprozess intensiv entfalten können. Solche Prozesse dürfen nicht etwa als lästige Behinderungen der „eigentlichen" Aktivitäten bewertet, sie müssen gefördert werden: Die Gruppe steuert sich selbst.

5.6.4. Unschärfen und Ernstcharakter

Um den Ernstcharakter einer Gruppenaktivität nicht zu gefährden, muss man sich vorher darüber klar werden, durch welche Hintertüren diese entschärft werden kann. Vorher vereinbarte Treffen müssen auf jeden Fall stattfinden, aber wie stellt sich die Gruppe auf widrige Witterungsverhältnisse ein, was tut sie, um bei mehrtätigem Dauerregen einen trockenen Lagerplatz zu erhalten und was unternimmt sie, um mit der auftretenden Langeweile und Enttäuschung ebenso fertig zu werden wie mit menschlichen Spannungen und nassen Klamotten. Eine entschärfende Prophylaxe nach der Art des „Wenn es ganz arg wird können wir ja immer noch" nimmt jedem Erlebnisfeld den Ernstcharakter. Allerdings ist die Grenze zwischen einer echten Notsituation und Bequemlichkeit unscharf. Daher wird es auch hier Ausnahmen geben müssen. Das wichtigste Kriterium einer Entscheidung ist immer, dass der „Sinn" der Grundbedingung erfüllt wird.

Besuchende Freunde oder Verwandte, die mit ihren Hilfsangeboten den Ernstcharakter unterminieren sind schon vorgekommen Künstlich kann man in eine Situation keinen größeren Ernstcharakter hineinlegen, als sie natürlicherweise enthält. Wer es trotzdem versucht, macht sich unglaubwürdig. Wir können nur berechenbare von außen herangetragene Entschärfungen der Ernstsituation zu begegnen versuchen.

Entscheidungsfragen müssen tatsächlich ernst gemeint sein; sie dürfen keine theoretische oder rein rhetorische Bedeutung haben. Es ist bestimmt nicht sinnvoll mit einer Gruppe zu diskutieren, wer mit wem im Toprope klettert, als sei jede Besetzung möglich, wenn der Gruppenleiter es aus Sicherheitsgründen von vornherein nur ganz bestimmte Konstellationen zulässt.

Der Ausdruck „Ernstcharakter" lässt manchen vielleicht an Strenge, Plage und Trübsal denken. Erlebnispädagogische Aktivitäten sind immer auch anstrengend und werden nicht nur lustvolle Gefühle hervorrufen. Leichtigkeit, Wohlbefinden, Humor und Freude sind daher umso wichtiger.

5.7. Die Auseinandersetzung mit situationsimmanenten Problemen

Die Wirksamkeit erlebnispädagogischer Settings beruht in hohem Maß darauf, dass unfertige Situationen erlebt werden, die jeden unmittelbar mit der Notwendigkeit eigener Aktivität konfrontieren. Manche Jugendliche werden in ihrem Alltagsleben mit bestimmten Problemen erst gar nicht konfrontiert, weil sie entsprechende Situationen meiden. Die Reaktion der Umwelt besteht häufig in moralisierenden Forderungen. Und auf einmal geht es nur noch um die Auseinandersetzung mit der Autorität und nicht mehr darum, was die Gegebenheiten verlangen. In einem erlebnispädagogischen Handlungsfeld verlangen die situationsimmanenten Probleme von selbst nach Lösungen, so dass sich Appelle seitens des Leitungsteams erübrigen.

Zur situationsimmanenten Problemstellung gehört die entsprechende Konsequenz. Selbst wenn einer oder gar die ganze Gruppe eine Form der Problemlösung darin sähen, kein Wasser zu holen, sind die daraus erwachsenden Konsequenzen genauso unvermeidbar wie die ursprüngliche Problemstellung. Es schimpft, es drängt keiner, es ergeben sich ausschließlich situationsimmanente Folgen. Umstände und Wirkungen sind ursächlich miteinander verknüpft. Es macht keinen Sinn mehr, etwas aus Anpassung oder Widerstand gegen Autoritäten oder um einer sekundären Belohnung willen zu tun oder zu lassen.

Aber es gibt härtere und weichere „Wirklichkeiten".[69] Die härteren schreiben unmissverständlich vor, etwas zu tun oder zu lassen und ahnden Fehler sofort mit einer situationsimmanenten Sanktion: Eine Abseile kann nur mit einer gewissen Geschwindigkeit befahren werden, ohne sich die Hand zu verbrennen. Anders verhält es sich mit den sozialen Spielregeln, die zu den weicheren „Wirklichkeiten" zählen. Sie sind veränderbar, d.h. dass ein Konsens gefunden werden muss, wie die Mitglieder einer Gruppe

---

69 vgl. Simon, F.B.: Mein Fahrrad, meine Psychose und Ich. Heidelberg 1990.

miteinander umgehen wollen. Bei Auseinandersetzungen über soziale Normen bleibt es zunächst offen, wie das Ergebnis aussehen wird. Es ist also durchaus vorstellbar, dass Jugendliche die destruktiven Normen ihrer Bezugsgruppe auch in dieser Gruppe etablieren.

Ähnlich verhält es sich mit den Umfeldbedingungen. Würde sich das Gruppengeschehen wenigstens 50 km abseits der Zivilisation abspielen, würden sie eine härtere „Wirklichkeit" darstellen. Unter mitteleuropäischen Bedingungen müssen jedoch Rahmenbedingungen geschaffen werden, die derart weiche „Wirklichkeiten" etwas erhärten. Die Abwesenheit von Einkaufsmöglichkeiten sowie verbindliche Vereinbarungen über die gemeinschaftliche Selbstversorgung sind wirkungsvoll und eine Voraussetzung für die Entstehung situationsimmanenter Problemstellungen und Konsequenzen im erlebnispädagogischen Setting, insbesondere bei den „härteren Wirklichkeiten" wie Durst und Hunger.

5.7.1.   Fördern situationsimmanenter Problemstellungen

In Sachen Wasserversorgung wird ein Gruppenleiter vielleicht feststellen, dass die Wassersäcke bald geleert sein werden.[70] Er könnte nun jemand dazu auffordern, Wasser zu holen oder einfach auf den zu erwartenden Mangel hinweise, ohne auf die Reaktion der Gruppe zu beharren, er könnte auch bloß abwarten, bis die Jugendlichen selbst aktiv werden. Die letzte Form der Intervention setzt aber seine Bereitschaft voraus, selbst eine Zeitlang zu dursten. Das Abwarten provoziert die situationsimmanente Forderung am nachhaltigsten, die erste Lösung würde sie verhindern.

Gleiches gilt für Gruppenprozesse.

5.7.2.   Ertragen dysfunktionaler und minimaler Lösungen

Häufig werden Jugendliche Schwierigkeiten auf eine Weise bewältigen, die zwar keine Rahmenbedingung verletzt, aber dem „gesunden Menschenverstand" oder der Einstellung des Gruppenleiters widersprechen. Den Gruppenleitern bleiben da nur das Bewusstmachen des Problems und das Ertragen der eigenen Ungeduld. Die Jugendlichen sind mit ihren Lösungen oft zunächst ganz zufrieden und würden jeden Druck als Zwang und nicht als Unterstützung auslegen. Vielleicht ist manche Minimallösung auch gar nicht so schlecht: Es kann für jemanden ein entscheidender Schritt gewesen sein, sich überhaupt an eine Aufgabe herangewagt zu haben, auch wenn sie

---

70 Ich zitiere so oft das Wasserbeispiel, weil es in allen Gruppen, die ich begleitete, mindestens einmal Thema war.

aus der Sicht des Gruppenleiters als recht „mager" bewältigt wurde. Es hat sich bewährt, darauf zu vertrauen, dass wirklich unhaltbare Lösungen nach einiger Zeit von selbst Unzufriedenheit und damit eine situationsimmanente Forderung nach Veränderung hervorrufen

5.7.3. Aushalten von Gruppendruck und eigenen Bequemlichkeitswünschen

Wir müssen manchmal besonders große Spannungen durchstehen, wollen wir dem Gegendruck nicht unterliegen. Gruppenleiter können auf ein Problem vorschnell reagieren, so dass die Forderung, die von einer Situation ausgeht, von den Jugendlichen erst gar nicht wahrgenommen werden kann. Beispielsweise der achtlose Umgang mit Lebensmitteln.

Eine besondere Verlockung, unbequeme Anforderungen oder Konflikte zu umgehen, stellen oft die Medien dar. Der bevorstehende Ausbruch einer latenten Spannung kann recht gut verhindert oder verschoben werden, wenn die Gruppenleiter stattdessen beliebte Aktivitäten anbieten. Es gibt viele Möglichkeiten, situationsimmanente Problemstellungen zu neutralisieren.

5.7.4. Die Verbindlichkeit von Rahmenbedingungen und Kontrakt auch für die Gruppenleiter

Was passiert, wenn die Rahmenbedingungen Schlupflöcher enthalten, an die zuvor keiner dachte, Hintertüren, die jetzt von den Jugendlichen ausgenutzt oder von ihnen gar nicht als Problem gesehen werden?

Eine Entscheidungsfrage wird schnell zu Farce, wenn das Leitungsteam Lösungen ablehnt, die laut Rahmen möglich sind oder gar nachträglich erklärt, dass die Angelegenheit von den Gruppenleitern zu entscheiden ist. Die aus einer solchen Intervention erwachsenden Probleme sind nicht mehr situationsimmanent, sondern von den Leitern provoziert.

Die nachträgliche Veränderung von Vereinbarungen missachtet die Grundbedingung der situationsimmanenten Forderung. In manchen Fällen wird dem Leitungsteam nichts anderes übrig bleiben, als die Abweichung hinzunehmen und als wichtige Erfahrung zu betrachten. Manchmal wird eine partnerschaftliche Auseinandersetzung zwischen Leitungsteam und Gruppenmitgliedern angebracht sein, um einen Konsens herzustellen. Und schließlich versteht es sich eigentlich von selbst, dass Abmachungen über privates Taschengeld oder Zigarettenkonsum auch für Gruppenleiter gelten.

5.7.5. Typische situationsimmanente Problemstellungen

Die Natur bewertet nicht und vergibt weder Lob noch Tadel, sie Macht „nur" unmissverständlich klar, dass ein Handeln eindeutige Konsequenzen für das Wohlergehen hat. Es nützt wenig, das Wetter für mein Frieren verantwortlich zu machen, da helfen nur das Beschaffen eines Kälteschutzes und Bewegung. Die meisten Medien sind eng mit Naturerfahrung verbunden. Die Elemente Feuer, Fels, Wasser und Wind werden genutzt und schreiben durch ihre physikalischen Bedingungen innerhalb eines begrenzten Spielraumes vor, wie mit ihnen umgegangen werden muss. Sie lassen sich nicht ändern, der Mensch muss sich auf ihre Eigenarten einstellen.

Eine andere natürliche Problemstellung erwächst aus dem Zusammenleben in der Gruppe, das unweigerlich Entscheidungssituationen, Konflikte, Sympathien und Antipathien hervorbringt, die nach Reaktionen verlangen. Dazu gehört auch die Selbstversorgung der Gruppe, die täglich mehrmals situationsimmanente Problemstellungen mit sich bringt. Hindernisse und Pannen gelten im Konzept der Gruppe nicht etwa als Störungen, sondern als besonders fruchtbare Situationen.

Etwas problematischer sind Vorübungen, aus denen eine künstliche Lernsituation entsteht. Das ist dann weniger der Fall, wenn das Lernbedürfnis aus der Problemstellung früherer Aktivitäten oder aus der Erkenntnis zu erwartender Schwierigkeiten bei der Planung künftiger Aktivitäten resultierte. Vorgeplante Leibesertüchtigung oder Kochkurse widersprechen der Forderung nach situationsimmanenter Problemstellung.

5.8.   Raum zum Handeln

Es geht nicht nur um das Gefordertsein, um das Handelnmüssen. Jeder braucht auch einen Raum, der ihm eine angemessene Möglichkeit zum Handeln bietet.

Raum zum Handeln für die Gruppenteilnehmer vorzusehen bedeutet, dass für die zentrale Organisation durch das Leitungsteam der Grundsatz gelten muss: So viel wie nötig, so wenig wie möglich. Auch die Zeitstruktur bestimmt den Handlungsspielraum der Gruppe. Für Ausprobieren, Verändern, Planen und Entscheiden, für kreative Versuche und Erfahrungen, Diskussionen und Konflikte muss genügend Zeit einkalkuliert werden.

Aktivitäten anbieten, die zur Arbeitsteilung anregen

Je besser sich eine Tätigkeit in Teilarbeiten aufgliedern lässt, desto wahrscheinlicher ist es, dass mehrere Leute gleichzeitig aktiv werden. Solche

Beschäftigungen tragen bei allen zu dem Bewusstsein bei, dass ihr Beitrag nötig ist.

Ein weiteres Gestaltungselement ist die Bildung von Untergruppen. Untergruppen sind auch beider Planung und Organisation von Vorteil. Jeder hat schon einmal miterlebt, dass in einer Gruppe von vier Leuten alle mitreden, während es in einer Gruppe von zwölf es oft nicht mehr der Fall ist. Auseinandersetzungen verlaufen auch in großen Gruppen oft langatmig und langweilig. Die Darstellung und Diskussion ihres Ergebnisses im Plenum vermittelt der Untergruppe die Bestätigung, dass ihre Arbeit anerkannt wird, wenn vielleicht auch Ergänzungen dazukommen oder manches verworfen wird. Die Steuerung des Gruppenprozesses wird hier sehr wichtig, damit nicht einzelnen Ideen, Teilnehmern oder Untergruppen zu wenig Raum gelassen wird oder sie gar „heruntergemacht" wird.

Klettern bietet sich auf ideale Weise an, in kleinen Gruppen zu arbeiten.

Raum für kreative und eigenwillige Lösungen geben

Bei ungewöhnlichen Lösungen kann die Didaktik zugunsten einer experimentellen Einstellung zurücktreten, was für den neuen Gruppenleiter sicher am Anfang sehr gewöhnungsbedürftig ist.

Die Chancen von Wahlmöglichkeiten und Handlungsalternativen nutzen

Situative Problemstellungen sollten mehrere gangbare Lösungen gestatten. Ist nur eine einzige Möglichkeit vorhanden, sind weder Auseinandersetzungen noch Entscheidungen oder gar Alternativen möglich. Die Wahlmöglichkeit zu besitzen setzt eine Auseinandersetzung voraus, was die Wahl eines bestimmten Weges bedeutet. Auch Denken ist Handeln, d.h. zuerst Probehandeln. Weil gerade das Abwägen der Alternativen im Vordergrund steht, das von vielen entwicklungsbeeinträchtigten Jugendlichen vernachlässigt wird. Aufgaben, die nur eine Lösungsmöglichkeit zulassen, bieten dem Denken und Handeln nur wenig Gelegenheit. Allerdings können sie andere Qualitäten haben und evtl. zu Grenzerfahrungen führen. Dann gilt es, sich dieser unausweichlichen Tatsache zu stellen, die man am liebsten nicht wahrhaben möchte.

Trotz aller Lernchancen, die eine Gruppe bietet, birgt sie doch eine gewisse Gefährdung der individuellen Freiräume. Es entsteht ein Gruppendruck, dem sich mancher nicht entziehen kann. Umso wichtiger ist es insbesondere im Hinblick auf Entscheidungen, die Rahmenbedingungen so zu gestalten, dass jeder die Möglichkeit hat, sich seine Meinung zu bilden, sie zu äußern und gegebenenfalls danach zu handeln. Die Existenz von Alternativen bietet zwar keine Garantie dafür, ist aber eine unverzichtbare

Bedingung, zu der noch die aufmerksame und einfühlsame Begleitung durch das Leitungsteam hinzutreten muss.

Auf Handlungsmöglichkeiten für alle Fähigkeitsstufen achten

Die Leistungsfähigkeit einer Gruppe wird niemals homogen sein, und das sollte sie auch gar nicht. Jeder muss etwas für sich passendes finden und dort ansetzen können, wo er gerade steht. Der leitende Gesichtspunkt sollte immer darin bestehen, dass weder die Schwächeren noch die Stärkeren überfordert, unterfordert oder eingeengt werden.

Manchmal muss einem einzelnen ein besonderer Handlungsraum geschaffen werden, um ihm den Anschluss an die Gruppe zu erleichtern oder gar erst zu ermöglichen, um eine seiner Stärken oder Schwächen zur Darstellung zu bringen.

5.8.1. Die Überschaubarkeit des Aktionsfeldes

Nur wer sein Handlungsfeld überschauen kann und alle wesentlichen Einzelheiten kennt, vermag seinen Handlungsspielraum zu nutzen und wirklich Verantwortung zu tragen. Andernfalls können sich Eigeninitiative, Verantwortung für sich und die Gruppe sowie das Bewusstsein für die Bedeutung des eigenen Beitrags nur schwer entwickeln. Nur in einem überschaubaren Umfeld kann jeder ein Bewusstsein seiner Identität entwickeln, weil er ständig und unmittelbar erlebt, wie die anderen ihn wahrnehmen. In einer prägruppalen Masse oder einem Chaos von Aufgaben wird dagegen ein Gefühl der eigenen Bedeutungslosigkeit und Handlungsfähigkeit erzeugt. Eine aktuelle und situationsbezogene Einschätzung der Konsequenzen einer Handlung wird unmöglich.

5.8.2. Information als Entscheidungs- und Handlungsgrundlage

Die Erlebnisgruppe beginnt bereits mit den Vorgesprächen und Vortreffen, wenn es darum geht, ob jemand an der Gruppe teilnehmen wird. Jeder muss wissen und verstehen, was ihn tatsächlich erwartet, was er tun muss und worum es der Gruppe geht, er muss begreifen, dass die Entscheidung zur Teilnahme verbindlich ist.

Aus der Fülle der Informationen und ihrer spezifischen Qualität ergibt sich, dass die Vermittlung so erfolgen muss, dass sie wirklich überschaubar werden. Sicher wird sich kaum jemand so viele Einzelheiten auf einmal merken oder gleich in ihrer ganzen Tragweite erfassen können. Es bedarf eines zeitlichen Abstandes zwischen den einzelnen Informationsblöcken, um sich mit den neuen Gedanken auseinanderzusetzen, um Neugier entstehen zu lassen, die wiederum die Motivation schafft, noch mehr wissen zu wollen.

Dies setzt sich während der Gruppe fort. Die Informiertheit der Teilnehmer und damit ihre Kompetenz, sich verantwortlich zu beteiligen werden immer größer. Das Leitungsteam muss darauf achten, dass jeder über das ganze, zu einem bestimmten Zeitpunkt erforderliche Wissen verfügen kann. Dazu zählt vor allem, dass die Jugendlichen darüber Bescheid wissen, wie die Entscheidungen getroffen werden, worüber entschieden werden muss, wer wann was entscheiden kann.

5.8.3. Abgrenzung nach außen

Sowohl auf der sozialen wie auf der räumlichen Handlungsebene der Erlebnisgruppe sind eindeutige Abgrenzungen unumgänglich. Eine neue Gruppe muss ein Gefühl dafür entwickeln, wer dazugehört und wer nicht, was nur möglich ist, wenn die Teilnehmer gleich bleiben. Die Identität der Gruppe wird unklar. Dies ist auch dann der Fall, wenn Spezialisten zur Unterstützung eines unerfahrenen Leitungsteams befristet herangezogen werden, z.B. als Vorsteiger beim Klettern.

Unterkunft und Lagerplatz sollten so beschaffen sein, dass es der Erlebnisgruppe möglich wird, sich als selbständiges Sozialgebilde zu erfahren. Halten sich dort noch andere Gruppen auf, benutzt man Räume oder einen Lagerfeuerplatz gemeinsam, besteht vor allem anfangs die Gefahr, dass die Grenze zu den anderen verwischt wird. Dadurch kann eine Art Großgruppe entstehen, die intime Beziehungen erschwert und Ausweichtendenzen fördert. Lernerfahrungen, die nur in einem überschaubaren Beziehungsprozess mit gleichen Partnern möglich sind, werden so verhindert. In der Schlussphase einer Erlebnisgruppe kann ein solches Setting allerdings sehr hilfreich oder gar nötig sein, um den Übergang in den Alltag anzubahnen.

Die Abgrenzung muss auch räumlich sein. Je eindeutiger die Natur nur das bereitstellt, was für die erlebnispädagogischen Aktivitäten nötig ist, desto deutlicher wird es für die Teilnehmer, wie sie sich in unfertigen Situationen verhalten müssen.

Auch der Aktionsbereich der Gruppenaktivitäten gehört zur Gruppenidentität. Wenn er zu groß ist, wenn die Handlungsorte zu weit voneinander entfernt sind, dann geht die Ganzheit des Geschehens verloren und es entsteht der Eindruck einzelner, voneinander unabhängiger Aktionen. Die räumliche Ausdehnung, die Verschiedenheit der Landschaften und die Entfernung zwischen den einzelnen Aktionsorten dürfen von der Alltagserwartung der Jugendlichen nicht so stark abweichen, dass der Transfer des Erlebten behindert wird. Das wirkt sich auf die Übersichtlichkeit der Organisation aus. Können die Jugendlichen noch selbst planen oder nur noch Detailarbeiten auf Anweisung der Gruppenleiter ausführen?

Ein weiterer Bestandteil der Abgrenzung nach außen ist die Zeitstruktur. Beginn und Ende der Gruppe und der einzelnen Aktivitäten müssen eindeutig definiert sein, auch der Gesamtzeitraum darf eine überschaubare Dauer nicht überschreiten. Was in weiter Ferne und im „Irgendwann" liegt wird leicht irreal und unüberschaubar.

5.8.4. Unmittelbarkeit der Rückmeldung

Die Zuversicht der Jugendlichen, alle erforderlichen Aufgaben bewältigen zu können, hängt unmittelbar von der subjektiven Überschaubarkeit einer Situation ab. Viele Jugendliche mit Entwicklungsproblemen können keinen unmittelbaren Zusammenhang zwischen ihrem Tun und dessen Folgen herstellen. Wohlwollen und Kritik, Sympathie und Antipathie der Umwelt führen sie oft ausschließlich auf Zufälle und die Einstellung der anderen zurück. Der Erfolg und Misserfolg scheint aus purem Zufall, aus den Eigenschaften des Materials oder der Aufgabe resultieren. Überschaubarkeit schärft die Wahrnehmung für die Wirkungen des eigenen Tuns. Auch das positive Beispiel eines anderen kann nur in einem überschaubaren Umfeld ins Auge springen.

Damit der Zusammenhang unmittelbar erfahren werden kann, müssen drei Bedingungen erfüllt werden: Zwischen der Handlung und ihrer Konsequenz darf erstens nur ein möglichst geringer Zeitraum liegen. Zweitens muss die Konsequenz unmissverständlich als Folge der vorangegangenen Handlung wahrnehmbar sein. Wird diese Handlung unter gleichen Bedingungen wiederholt, muss - drittens - dann auch die Konsequenz erneut eintreten.

Die Erlebnisgruppe erfüllt diese Bedingungen nicht nur, indem sie Raum zum Handeln in einem überschaubaren Aktionsfeld bietet, sondern vor allem durch die Strukturierung des Mediums Klettern. Wirksame erlebnispädagogische Medien setzen möglichst geringe, vor allem keine theoretischen Vorkenntnisse und praktische Erfahrungen voraus, ihre Struktur und die geforderten Handlungsabläufe sind unkompliziert und unmittelbar einsichtig, schließlich erlauben sie eine direkte, für jeden nachvollziehbare Rückmeldung über die Folgen des eigenen Verhaltens.

Eine wichtige Rolle spielt auch die Anzahl der verwendeten Medien im Verhältnis zur verfügbaren Zeit. Sowohl die Unmissverständlichkeit des Zusammenhangs von Handlung und Konsequenz als auch die Wahrnehmungsfähigkeit der Jugendlichen dafür hängt davon ab, dass nicht zu viele Reize gleichzeitig oder in kurzer Folge verarbeitet werden müssen. Sonst laufen die Gruppenleiter Gefahr, ergebnisorientiert und nicht mehr personenorientiert und prozessorientiert zu handeln, wodurch unmittelbare Konsequenzen verhindert werden. Ist eine Situation nicht mehr transparent, dann schafft die Gruppe durch Streichen von „verzichtbaren" Teilen des Programms Überschaubarkeit. Und als „verzichtbar" werden sodann in erster Linie die Unbequemlichkeiten eingestuft, die auch im Alltag vermieden werden.

Anders ist es, wenn die Gruppe länger dauert. Dann können mehrere Medien nebeneinander und nacheinander eingesetzt werden, ohne die Unmittelbarkeit der Rückmeldung zu gefährden. Allerdings bringt ein Setting, das zu wenig Anregung und nur wenig Abwechslung enthält, eine zu große Überschaubarkeit mit sich. Der Anteil der Spaß verheißenden und begeisternden Teile des Gruppenprogramms wird zu klein, nichts macht mehr neugierig, schließlich kommt Langeweile auf. Die Situation der Gruppe ist nicht unfertig und offen genug.

5.9.   Lebensgemeinschaft auf Zeit

Die Erlebnisgruppe geht einen Weg, den zwar jeder alleine gehen muss, aber doch in Gemeinschaft mit den anderen. Dieser Weg besteht in der Bewältigung von Sachaufgaben, dazu in der Herausforderung, einer Gemeinschaft anzugehören und deren Leben mitzugestalten, ihre Höhepunkte und Krisen zu teilen sowie schließlich in der Erfahrung seiner selbst im Umgang mit den anderen und den Sachaufgaben. Diese Selbstkonfrontation kann unter geeigneten Bedingungen zu korrigierenden und erweiternden Lernerfahrungen führen.

Jedes Verhalten unter den einzelnen bezieht sich auf die folgenden Beziehungsereignisse der Gruppe. Es geht nicht nur die unmittelbar Beteiligten an, sondern ist in seiner Bedeutung erst auf dem Hintergrund des Gesamtgruppenprozesses zu verstehen.

Die Erlebnisgruppe ist wie eine Expedition, deren Mannschaft zuerst zusammengestellt wird und die dann gemeinsam plant, die notwendige Ausrüstung zusammenstellt und die benötigten Fertigkeiten einübt.

Danach wird das Projekt durchgeführt, und die Gruppe findet Gegebenheiten vor wie Flüsse, Berge und schlechtes Wetter, die sie immer wieder vor neue Aufgaben stellen. Es kommt zu Arbeitsleistungen, Bewährungsproben und intensiven Beziehungserfahrungen, zu zwischenmenschlichen Schwierigkeiten und Auseinandersetzungen, am Ende stehen Auswertung und entspannter Genuss. Eine aufgabenbezogene, mehr oder weniger dichte und funktionsfähige Lebensgemeinschaft hat sich herausgebildet, eine Gruppe, in der jeder seine ganz persönlichen Reifungsprozesse durchlaufen hat und die sich nun wieder auflöst.

5.9.1. Selbstorganisation

Die Gruppe trägt im Rahmen des Kontrakts selbst die Verantwortung für alles, was geschieht, was gelingt oder fehlschlägt. Für sich und für den Ablauf des Gruppengeschehens verantwortlich zu sein, ist für viele Teilnehmer anfangs neu und wird als Überforderung, als Ärgernis, sogar als Zwang und Zumutung empfunden. Daran zeigt sich, wie mühsam die Selbstorganisation ist, die sich im Laufe des Gruppengeschehens entwickeln wird. Konfliktgespräche und Entscheidungsgespräche, die früher oft als Strafe und Überredungsversuche, als „Gehirnwäsche" erlebt wurden, sollen in der Erlebnisgruppe wieder als sinnvoll erfahren werden.

Manche Gruppe wird anfangs nicht planen, sondern durch Hunger, Wetter, den Ladenschlusszeiten oder die Bedürfnisse der Einzelnen damit konfrontiert werden, dass Entscheidungen und Handlungen unumgänglich sind. Selbst die Mitgestaltung medienbezogener Aktivitäten und die Verantwortung dafür, sofern ausreichende Sachkenntnisse vorhanden sind und keine Sicherheitsrisiken entstehen können, sind Angelegenheit der Teilnehmer.

5.9.2. Der Aktivitätskreislauf

Alle Elemente des Gruppengeschehens sollten aufeinander bezogen sein und Bestandteile des Gesamtprojektes werden, was anhand des Aktivitätskreislaufes verdeutlicht werden kann.[71]

Abbildung 6: Aktivitätskreislauf

Eine Handlung beginnt im Idealfall mit der Wahrnehmung des Ist - und des Soll - Zustandes. Zu den Gegenständen der Wahrnehmung gehören sowohl alle äußeren Gegebenheiten der Situation als auch subjektive Bereiche wie Sachwissen, Fertigkeiten und Ideen, schließlich Körperempfindungen und Gefühle.

---

71 vgl. Kurtz, R.: Körperzentrierte Psychotherapie. Essen 1985

Eine umfassende Wahrnehmung führt zu mehr oder erfolgreichem Handeln, dessen erster Schritt das Planen ist. Planungsfeindliche Gruppen lernen zwar zunächst allein aus Erfahrung, aber auch ihr Handeln wird durch einen vielleicht gar nicht bewussten, durch einen chaotischen, minimalen oder sogar destruktiven Plan bestimmt. Jedes Insistieren würde hier nur Widerstand provozieren und die Bedingung der situationsimmanenten Problemstellung verletzen.

Dem Plan folgt die Ausführung, deren Ergebnis u.a. von der Qualität des Planes abhängt. Die Erlebnisgruppe lebt in erster Linie von der Praxis und erst in zweiter Linie von der Reflexion.

Danach kommt die Bewertung, die keinen offiziellen Charakter haben muss. Zur Auswertung gehört auch die Fähigkeit, Kritik oder Lob anzunehmen. Gerade das bewusste Genießen von Erfolgserlebnissen hat in der Erlebnisgruppe besondere Bedeutung. Denn vielen fällt es schwer, Befriedigung zu empfinden, weil sie den Zusammenhang zwischen ihrem Tun und dem Ergebnis oft unzureichend herstellen können.

Die Auswertung vermittelt das Gefühl, etwas hinter sich gebracht zu haben; man kann zur Ruhe kommen und sich entspannen, was vor allem nach einer längeren Anspannung besonders intensiv erlebt wird. Aber auch wenn nach einer schwierigen Kletterstelle wieder ein Ruhepunkt kommt, sollte man sich entspannen können. Die Bedeutung solcher Pausen wird in stark aktivitätsorientierten Gruppen oft nicht angemessen berücksichtigt. Es passiert viel, aber manchmal gibt es zu wenig zweckfreie Pausen. Ruhe und Entspannung sind die Voraussetzungen dafür, dass erneut das Bedürfnis nach Aktivität entstehen kann, dass neue Informationen auch wirklich aufgenommen werden. Wenn ein neues Angebot, eine neue Herausforderung auftaucht, bevor der vorangegangene Aktivitätskreislauf wirklich zu Ende ist, dann wirkt die neue Situation eher als Störung.

5.9.3. Die Zeitstruktur

Jedes Projekt bedarf einer Mindestdauer, soll die Auseinandersetzung nötig und ernsthaft werden. Je länger eine Unternehmung dauert, um zu intensiveren Lust - oder Unlustgefühlen wird es kommen, zu einschneidenderen Misserfolgen und spürbaren Erfolgen. Zudem setzt die Erfahrung eines einzigen, wenn auch noch so intensiv erlebten und ausgewerteten Projekts wenig in Gang, wenn keine Gelegenheit besteht, die neu gewonnenen Einstellungen, Kenntnisse und Verhaltensweisen noch einmal auszuprobieren. Das sollte sowohl in vergleichbaren als auch in neuen Situationen erfolgen, denn wenn der Transfer der neuen Verhaltensweisen in den Alltag gelingen soll, muss zuerst das Schema „wahrnehmen, planen, handeln, reflektieren, entspannen und umstrukturieren" in der Erlebnisgruppe gefestigt werden. Daraus ergibt sich die Konsequenz, dass mehrere Teilprojekte aufeinander folgen sollten, was mehrere Monate beansprucht. Mehrtägige Treffen haben Impulscharakter; von ihnen geht ein starker Anstoß zu Veränderungen aus, dessen Kraft jedoch mit der Zeit nachlässt. Stundenweise Treffen vermitteln zwar selten derart intensive Impulse, aber sie tragen zwischen längerfristigen Veranstaltungen dazu bei, die Wirkung des Impulses aufrechtzuerhalten, das Erfahrene auszuwerten, anzuwenden und in den Alltag zu übertragen. Daher ist die Kombination mehrtägiger Blockveranstaltungen mit regelmäßigen mehrstündigen Treffen angezeigt. Die Effekte von Blockveranstaltungen können auch dadurch stabilisiert werden, dass sich einzelne Teilnehmer oder Untergruppen in der Zwischenzeit mit Vorbereitungen oder Übungen beschäftigen, die zukünftigen Projekten gelten.

5.9.4. Die angemessene Distanz zum Alltag

Erlebnisgruppen stehen in einem Spannungsfeld zwischen der angestrebten Entfernung vom Alltag und dem notwendigen Transfer des Erlebten, der umso schwieriger wird, je größer die Distanz zum gewohnten Leben wird. Die Loslösung aus dem Alltag ist nötig, um eingeschliffene und oft gar nicht mehr bewusste Verhaltensweisen aufzubrechen. Eine fremde Umgebung und ungewohnte Aktivitäten unterbinden oft von selbst manche Vermeidungsreaktion wie z.B. den Konsum von Videos. So entsteht eine Lücke, die durch Aufgabenstellung des Projektes, seine abenteuerlichen Medien und nicht zuletzt durch die Kreativität der Jugendlichen gefüllt werden muss. Das Projekt ermuntert zu alternativem Fühlen, Denken und Handeln. Hier gelten andere Ziele und Normen, sind andere Verhaltensweisen gefordert als gewöhnlich.

Aber die Schattenseite dieser Vorteile darf nicht übersehen werden: Je mehr solche Verhaltensweisen, Einstellungen und Fertigkeiten in der Erlebnisgruppe gefragt sind, die normalerweise nicht direkt benötigt werden, desto unwahrscheinlicher wird die Übertragung des neu gelernten auf den Alltag. Die pädagogische Wirkung abenteuerlicher Medien darf nicht überbewertet werden. Zwar bedeuten eine fremde Umgebung und unbekannte Medien einen Anreiz und eine Forderung, sich mit den Problemen auseinanderzusetzen, die das Leben auch sonst bereithält.[72] Aber das bedeutet gerade, dass die Lernziele beim Klettern beispielsweise das präzise Wahrnehmen und der Erwerb eines reflexiven anstelle eines rein impulsiven Denkens und Handelns bestehen kann und nicht primär in der Beherrschung von Klettertechniken oder der Beurteilung von der

---

72 vgl. Bühler: Das Problem des Transfers. In: Deutsche Jugend 2/86, München/Weinheim 1986

Schwierigkeit eines Routenverlaufs. Das sind angenehme Nebeneffekte, die vielleicht der späteren Freizeitgestaltung dienen. Vielmehr müssen sich die Gruppenleiter immer wieder fragen: Was braucht gerade dieser Jugendliche für seinen Alltag? Manchmal sind es gar nicht die Abenteuer, die besonders nachdrücklich wirken, sondern alltagsnahe Beschäftigungen wie etwa Organisationsaufgaben. Ein Jugendlicher erwies sich beim Klettern als Naturtalent und war allen anderen überlegen, was ihm große Selbstbestätigung verschaffte und seine Bereitschaft förderte, seine Vermeidungsstrategien abzubauen. Seine Probleme mit selbstverantwortlichem Denken und Handeln kamen jedoch erst beim Organisieren der eigenen Ausrüstung, in den Planungsgesprächen der Gruppe und bei mehrtägigen Aktivitäten zur Darstellung und Bearbeitung. Eine noch so intensive Beschäftigung mit Klettern alleine hätte wenig bewirkt.

Die „Alltagsaufgaben" stellen insofern eine wesentliche Brücke des Transfers dar, als bei der Organisation der Gruppenaktivitäten und der Selbstversorgung eben die Schwierigkeiten aus dem heimischen Alltag zu Hause erneut auftauchen. Eine weitere Brücke ergibt sich dann, wenn die dysfunktionalen Wahrnehmungs-, Denk-, und Handlungsmuster eines Jugendlichen gleichermaßen bei Abenteuer und Sport wie bei der Alltagsarbeit auftreten. Da können die Gruppenleiter die Jugendlichen dann unterstützen, den Zusammenhang zwischen ihren Problemen beim Klettern und ihrem sonstigen Verhalten zu erkennen und das, was beim Klettern so effektiv war, modifiziert auf andere Lebensbereiche zu übertragen.

5.10.   Selbststeuerung durch die Gruppe

Die Erlebnisgruppe will in erster Linie solche Ziele erreichen, die die Persönlichkeitsentwicklung der Teilnehmer fördern. Selbst in Gruppen, die sich Sachaufgaben gewidmet haben wird die tatsächliche Arbeit oft mehr von der psychosozialen Ebene gesteuert als von der Sachlogik. Es wäre also selbst zur Förderung von Sachzielen unökonomisch, diese Energie zu ignorieren. Da die meisten Reifestörungen bei Jugendlichen psychosozialer Natur sind, versteht sich eine besondere Aufmerksamkeit von selbst. Es kann für manchen Teilnehmer sogar schädlich sein, wenn das Leitungsteam der Beschäftigung mit dem Klettern und seiner pädagogischen Wirksamkeit einen zu hohen Stellenwert beimisst, denn die therapeutische und pädagogische Relevanz, speziell auch von Fehlentwicklung der Gruppenprozesse, bleibt dann oft außer acht. Besondere Beziehungsmuster, spezielle Rollen und Konflikte werden dann leicht als Störungen des Handlungsablaufs oder als bedeutungslos bewertet.

Das konstruktive oder dysfunktionale Beziehungs- und Leistungs-
verhalten von einzelnen muss sowohl bezüglich des Gesamtgruppenprozesses wie der Sachaufgabe gewürdigt werden. Bei einer konstruktiven
Entwicklung des Gruppenprozesses und konkreten, auf den einzelnen
bezogenen Interventionen wird problematisches Verhalten einer Korrektur
zugänglich. Lassen die Gruppenleiter diesen Prozessen einfach ihren Lauf
oder ordnen sie den Sachzielen unter, dann kann das Problemverhalten
verstärkt oder sogar neu erlernt werden.

5.10.1. Mobile Beziehungsstrukturen als Voraussetzung der Selbststeuerung

Nachfolgende Tabelle stellt im Überblick die vier Personalisationsphasen
dar, die sich in der Entwicklung menschlicher Gruppierungen unterscheiden lassen:[73]

---

73 vgl. Schindler, R.: Das Verhältnis von Soziometrie und Rangordnungsdynamik. In: Heigl-
Evers, A. (Hrsg.): Gruppendynamik: Göttingen 1973

Phase	vorrangige gruppendynamische Prozesse	Bedeutung für die E-Gruppe	Beispiel
Anonyme Ansammlung	etikettierendes Wir: Wir Teilnehmer an ..., kontaktloses Nebeneinander, Unverbindlichkeit, jeder sorgt für sich	unprägnanter Aufforderungscharakter, zu offene Situation	Situation im Warteraum vor Beginn des ersten Informationstreffens zur E-Gruppe
prägruppales Zusammensein	strukturloses Nebeneinander, beginnendes Interesse an Kontakt. Viel unterschwellige Unsicherheit und Angst. Anspruch, dem anderen überlegen oder wenigstens gewachsen zu sein	unfertige Situation, hoher Aufforderungscharakter zur Gestaltung, Vakuum an Beziehungsmustern	Erlebnisgruppeninteressenten beim 1. Informations- oder Gruppentreffen Erlebnisgruppe mit zu stark medienorientiertem und individualisierendem Leitungsstil
Soziodynamische Gruppe	soziale Mobilität bei prägnanten und gleichzeitig flexiblen Beziehungsmustern Verbindlichkeit Bereitschaft, intern individuelle Unterschiede anzuerkennen	unfertige Situation mit prägnantem (aber nicht festlegendem) Aufforderungscharakter zur Gestaltung von Beziehungen Ernstcharakter auf der sozialen Ebene. Probleme kommen zur Darstellung, können bearbeitet werden	Im Sinne der Grundbedingungen strukturierte und geleitete Erlebnisgruppe
Durchorganisierte Institution	vorgefertigte Rollenerwartungen, verfestigte Strukturen, unflexible Beziehungsmuster, Anpassungsdruck, unbefriedigte Bedürfnisse werden unterdrückt	fertige Situation Umgestaltungsversuche treffen auf Widerstand	überstrukturierte Erlebnisgruppe mit an Leistung oder Didaktik orientiertem Leitungsstil

Abbildung 7: Personalisationsphasen der Gruppe

Die dritte Phase bezeichnet die Lebensgemeinschaft im Sinn der Erlebnisgruppe. Sie beginnt bereits mit der Entwicklung von prägruppalen Zusammensein zur soziodynamischen Gruppe. Die Strukturen sind im Fluss, die Rollen veränderbar und austauschbar. Hier können die unterschiedlichsten Verhaltensweisen beobachtet, gelernt und ausprobiert, in ihren Auswirkungen erfahren, gegebenenfalls korrigiert, wieder erprobt und neu erfahren werden: all dies ist weder in der anonymen Ansammlung noch in der organisierten Institution möglich.

Die intrapersonelle Mobilität kann jedoch infolge destruktiver und unkontrollierter Prozesse auch auf der Stufe der dynamischen Gruppenbeziehung jederzeit in Richtung einer prägruppalen oder einer fixierten, institutionalisierten Situation aufgehoben werden. Es obliegt dann dem Leitungsteam, die Personalisationsstufe der dynamischen Gruppenbeziehungen wiederherzustellen. Auf dieser Ebene haben die Gruppenleiter die Funktion, die Beziehungsprozesse, d.h. die Selbststeuerungsvorgänge zwischen einzelnen oder in der Gesamtgruppe zu begleiten oder sich ihnen persönlich zu stellen, wenn sie direkt betroffen sind.

5.10.2.   Sozialer Mikrokosmos als situationsimmanente Problemstellung

Indem jeder auf seine Weise an den gemeinsamen sachlichen und psychosozialen Problemstellungen Anteil nimmt, konstituiert sich die Gruppe. Dabei wird jeder, meist unbewusst, mit den anderen und mit den Materialien so umgehen, wie er es in seiner alltäglichen Umgebung gewohnt ist. Er will sich gewissermaßen das interpersonale Universum schaffen, das ihm vertraut ist. Jeder versucht sein soziales Atom[74] in der Gruppe zu etablieren.

Damit dies möglich wird, dürfen die notwendigen und unvermeidbaren Begrenzungen der individuellen Beziehungsformen nur aus den Inhalten des Projektes folgen, weil die Bewältigung sachlicher Probleme manchmal bestimmte Interaktionsformen erfordert. Ansonsten müssen die Rahmenbedingungen so gestaltet werden, dass der individuelle Spielraum so wenig wie möglich beschränkt wird. Insofern ist die Erlebnisgruppe minimal strukturiert; nur so kann jeder spontan die Interaktionsformen leben, die er bevorzugt. Beziehungsziele wie z.B. „ich möchte mich anlehnen", dominieren, der Aktive oder der eher Passive sein, Motive und Überzeugungssysteme wie „ich darf mich nie unterkriegen lassen" oder „nur wenn ich schwach bin, werde ich gemocht", werden aktualisiert. Zugleich werden die

---

74 Moreno, J.L.: Gruppenpsychotherapie und Psychodrama. Stuttgart 1959

sozialen Verhaltensweisen manifest, die jeder einsetzt, um seine typischen Ziele in bestimmten Situationen zu erreichen. Dabei werden soziale Kompetenzen und Defizite sichtbar.

In der Erlebnisgruppe werden „Störungen" des Gruppengeschehens als fruchtbare situationsimmanente Problemstellungen angesehen, die korrigierende und neue Erfahrungen hervorrufen können. Der soziale Mikrokosmos der Gruppe erschließt sich daraus, wer bestimmte Funktionen wie Einkaufen, das Vorantreiben oder Verzögern von Entscheidungen übernimmt, wie es zu dieser Verteilung kommt und was der Betreffende, die anderen Teilnehmer und die Aufgabenstellung dazu beitragen. Es kommt darauf an, welche Interaktionsmuster einzelne Jugendliche anwenden, um anderen etwas zu verweigern oder etwas von ihnen zu bekommen. Bitten sie, überzeugen oder überrumpeln sie die anderen, fragen sie um Unterstützung an? Psychosoziale Dynamik ergibt sich daraus, was geschieht, wenn einer gezielt Streit anzettelt, wenn die Gemeinschaftsverpflegung verschwindet oder jemand sichtlich Kummer hat. Und daraus, wen es stört, wem es gefällt oder wer keinerlei Reaktion zeigt, wenn zwei Teilnehmer bei jeder Gelegenheit aufeinander aggressiv reagieren oder immer gemeinsam tun wollen.

5.10.3. Die Gruppe als Ort der Geborgenheit

Lässt der Gruppenleiter die freie Entwicklung der Selbstorganisation und der Beziehungen zu, ohne durch Interventionen dafür zu sorgen, dass konflikthafte Entwicklungen neutralisiert und durch Aktivität oder Regeln überspielt werden, dann können die Teilnehmer nicht nur in harmonische, sondern auch in unlust- und angstauslösende Situationen geraten. Hinzu kommen noch die Belastungen, die aus den sachlichen Aufgaben erwachsen. Um solche Anspannungen, denen die meisten jugendlichen Teilnehmer bisher mit allen zu Gebote stehenden Mitteln ausgewichen sind, nicht nur zu ertragen, sondern auch nutzen zu können, ist ein Klima der Akzeptanz und Sicherheit vonnöten. Dazu gehören gegenseitiges Vertrauen und ein hohes Maß an Gruppenkohäsion. Wenn ein solches Klima herrscht, dann können die Jugendlichen längere Beziehungen vielleicht erstmals positiv erfahren, auch wenn sie spannungsgeladen sein sollten. Die Gestaltung des Gruppenklimas ist daher eine Hauptaufgabe des Leitungsteams.

5.10.4. Verbindlichkeit durch längerfristige Beziehungen

Mit der Dauer der Beziehung steigt ihre Verbindlichkeit. Je alltäglicher die Verbindlichkeit der Beziehungen außerhalb der Erlebnisgruppe ist, desto kürzer kann eine Aktion dauern, ohne ihren Ernstcharakter zu verlieren. Eine Woche voller Grenzerfahrungen und hoher Intimität wird ihrer Verbindlichkeit und ihres Ernstcharakters beraubt, wenn die Beziehungen am Schluss abgeschnitten und nicht mehr überprüft und weiterentwickelt werden. Erst die Langfristigkeit des Gruppenlebens macht verbindliche Beziehungen nötig und lässt das Vertrauen und die Sicherheit entstehen, sich auf andere wirklich einlassen zu können. Andernfalls würden die Defizite gerade von Jugendlichen, die Probleme der Beziehungs- und Bindungsfähigkeit haben, geradezu vertieft. Trotz mancher wertvoller Erfahrung könnten sie nicht lernen, dauerhafte Beziehungen aufzubauen. Die Übertragung persönlicher Erfahrungen muss jedoch in Alltagssituationen geübt, die tatsächliche Tragfähigkeit von Beziehungen an ernsthaften Herausforderungen gemessen werden. In der Erlebnisgruppe muss es also immer wieder Phasen geben, in denen es um alltagsnahe Situationen und nicht um Spitzenerlebnisse geht. Nur dann kann es bereits in der Gruppe zur Erprobung eines verbindlichen Verhaltens kommen.

5.10.5. Phasen des Gruppenprozesses und persönliche Entwicklung

Alle Gruppen durchlaufen vom ersten bis zum letzten Treffen eine Entwicklung, deren Phasen jeweils andere Dimensionen des menschlichen Zusammenlebens betreffen, die zur Auseinandersetzung mit jeweils besonderen Themen herausfordern und daher auch ganz unterschiedliche Lernfelder bereithalten. So sind beim ersten Kontakt ganz andere Verhaltensaspekte wichtig als später, wenn es darum geht, Normen des Zusammenlebens zu entwickeln oder mit Sympathien und Antipathien umzugehen. Die Lebensgemeinschaft auf Zeit wäre unvollständig, wenn nicht für alle Erfahrungen genügend Zeit bestünde. Eine Erlebnisgruppe, in der es hauptsächlich um Normen und Entscheidungen ginge, böte nur begrenzt die Möglichkeit Probleme der Intimität zu klären und entsprechendes Verhalten zu erlernen. Erlebnisgruppen sind daher so zu konzipieren, dass jeder die Gelegenheit erhält, sich mit den ihn besonders betreffenden Dimensionen zu beschäftigen.

5.10.6. Drei Handlungsebenen der Selbststeuerung

Sichtbare, manifeste Problemstellungen entstehen ad hoc und provozieren Planungen, Entscheidungen und Klärungen zwischen Teilnehmern. Sie sind die typischen Handlungsfelder einer Erlebnisgruppe, da sie als originäre Problemstellungen von selbst nach Reaktionen verlangen. Die Gruppenleiter sind dabei Prozessbegleiter oder einfach nur Mitbetroffene.

Bei latenten, impliziten Problemstellungen handelt es sich um verschwiegene oder unbewusste Bedürfnisse, Ängste und Spannungen. Sie können erst dann bemerkt und bearbeitet werden, wenn das Missbehagen zu groß wird oder die Gruppenleiter sie bewusst machen.

Institutionalisierte Gruppengespräche können bei den Versammlungen der Gruppe geführt werden, aber dies kann der situationsimmanenten Problemstellung widersprechen. Wenn kein Bedürfnis nach Auseinandersetzung mit dem vorgegebenen Thema besteht, kommt es zu Langeweile, nachlässigem Engagement, Störungen und Autoritätskonflikten. Gleichwohl haben solche Kommunikationsformen vor allem zu Beginn und mit unerfahrenen Teilnehmern als Hilfestellung für den Aufbau der Gruppennormen ihren Wert. Sie vermitteln die Sicherheit zum Ansprechen der eigenen Ideen, von Störungen und Fragen.

Wenn Gefährdungen zu befürchten sind oder wenn es darum geht, Grenzverletzungen einzelner oder der Gruppe zu verhindern, kann es auch sinnvoll sein, dass die Gruppenleiter ein Gruppengespräch verlangen.

5.10.7. Grenzen der Selbststeuerung und Selbstorganisation

Diese sind zunächst einmal durch das Setting festgelegt. Selbststeuerung und Selbstorganisation beginnen dort, wo die Jugendlichen in ihrer Entwicklung stehen, sie enden da, wo es ihnen unmöglich wird, alle relevanten Aspekte zu überschauen und die nötigen Kenntnisse und Fähigkeiten fehlen. Diese Grenzen sind bei jeder Gruppe anders.

Überdies können Situationen eintreten, die eine akute weitere Begrenzung des Handlungs- und Entscheidungsspielraums der Gruppe notwendig machen, z.B. dann, wenn einzelne, Untergruppen oder die Gesamtgruppe den vereinbarten Rahmen nicht einhalten, wenn sich Teilnehmer durch aggressive Auseinandersetzungen oder sonstiges Risikoverhalten selbst gefährden, wenn Naturzerstörung droht oder gegen Gesetze verstoßen wird. Einschränkungen sind auch dann nötig, wenn die Gruppe durch unvorhergesehene Ereignisse wie extreme Wetterbedingungen oder Konflikte mit Außenstehenden objektiv überfordert wird.

Die Entscheidung, ob die Selbststeuerung aufgehoben werden muss, ist oft nicht leicht, weil Krisen von den Gruppenleitern subjektiv als mehr oder weniger gefährlich eingestuft werden können. Die persönliche Erfahrung der Gruppenleiter im Umgang mit solchen Situationen ist ausschlaggebend, formale Kriterien gibt es nicht. Es muss immer wider aufs Neue abgewogen werden, ob die Aufrechterhaltung der Grundbedingungen oder die mögliche Gefährdung den Vorrang haben soll. Die Gruppenleiter müssen zu ihren Grenzen und zu ihrer Verantwortung stehen, auch wenn die Jugendlichen keine objektiven Gefahren sehen.

Eine gute Grundlage für das Verhalten in Krisen bilden Verhaltensmodelle, die die Gruppe zuvor bei vergleichbaren Schwierigkeiten erprobt hat, deren Ausmaß jedoch unter dieser Gefahrenschwelle lag. Wurden dort bereits angemessene Entscheidungsformen eingeübt, wird es viel seltener nötig sein, die Notbremse zu ziehen. Daran entscheidet es sich, ob die Selbststeuerung an ihre Grenzen stößt und durch Befehl und Gehorsam ersetzt werden muss, oder ob ein besonders herausragender und erfahrungsträchtiger Kulminationspunkt der Gruppenerfahrung erreicht wird.

5.11. Selbstaktualisierung in der Gruppe

Das eigentliche Ziel ist nicht die gut funktionierende Gemeinschaft, sonder die persönliche Weiterentwicklung der einzelnen; die Gruppe stellt nur das Medium dar, das die individuelle Entwicklung ermöglicht. Zugleich schränkt sie aber auch die Bandbreite individueller Entwicklungsmöglichkeiten ein, wie gruppendynamische Experimente und Feldstudien eindringlich belegen.[75] Besonders in kohäsiven Gruppen neigen einzelne dazu, ihre individuellen Vorstellungen zugunsten einer oft unausgesprochenen Gruppennorm aufzugeben.

Der Jugendliche steht daher im Spannungsfeld zwischen der Verwirklichung seiner Bedürfnisse, der Entwicklung seiner persönlichen Fähigkeiten und der Anpassung an die Gruppe. Selbstaktualisierung bedeutet, die sachlichen und personellen Gegebenheiten der Gruppe wahrzunehmen, darauf mit dem Ziel zu reagieren, die eigenen Bedürfnisse und Fähigkeiten zu verwirklichen und somit mit den anderen Einfluss auf die Gestaltung der Umstände zu nehmen. Dies ist eine Gratwanderung zwischen Anpassung und Selbstverwirklichung, die starke und konstruktive Entwicklungsreize für alle zeitigt.

5.11.1. Sich selbst aktualisieren heißt sich selbst leiten

Fragestellungen, die eine möglichst umfassende Innen- und Außenwahrnehmung bedingen, dienen der Vorbereitung einer eigenverantwortlichen Entscheidung und ihrer praktischen Umsetzung. Nur wer sich wirklich entschieden hat, kann die Konsequenzen mittragen, d.h. das Ergebnis als Folge seines eigenen Tuns anerkennen. Sich derart selbst zu leiten, ist für viele Jugendliche ungewohnt. Manche weichen der Verantwortung aus, indem sie sich bei Gruppenentscheidungen indifferent verhalten, sich der Meinung von Gruppenleitern oder dominanter Jugendlicher anschließen.

---

75 Hofstätter, P.R.: Gruppendynamik. Hamburg 1972

Häufig fehlt ihnen die Fähigkeit, ihre Bedürfnisse, Gedanken und Gefühle wahrzunehmen oder auch die nötige soziale Kompetenz sie auszudrücken. Ihre Möglichkeiten, sich zu aktualisieren, sind daher begrenzt.

5.11.2. Individualisieren als Hilfe, sich selbst zu leiten

In der Erlebnisgruppe sind diese Jugendlichen meist in der Mehrheit. Die Gruppenleiter können allein dadurch zur bewussten Selbstleitung ermuntern, indem sie nicht nur auf die Gesamtgruppe und ihre Probleme achten, sondern ebenso auf die einzelnen. Zum einen wird das Leitungsteam zum Modell, wie der einzelne unterstützt und akzeptiert werden kann, zum anderen lässt sich so die Aufmerksamkeit der Gruppe nach Bedarf auf einzelne richten.

Individualisieren bedeutet zudem, Einzelnen gezielt dabei zu helfen, sich von den anderen abzugrenzen. Oft werden die Gruppenleiter Entscheidungen von Jugendlichen hinterfragen müssen, wenn sie den Eindruck gewinnen, dass sie nur Anpassung ausdrücken. Anderen Jugendlichen wird es dagegen helfen, ihre Unzufriedenheit zwar spüren zu können, sich aber anderen anzuschließen. Die Diskussion über die verschiedenen Bedürfnisse und der Versuch, gleichwohl einen Konsens zu erzielen ist ein wesentliches Medium der Selbstaktualisierung in der Gruppe. Dann sind die Gruppenleiter gefordert, jeden darin zu unterstützen, seine Individualität zu wahren und doch einen Weg zu finden, ihm die Zugehörigkeit zur Erlebnisgruppe zu ermöglichen.

Manchmal wird es notwendig sein, einzelne Jugendliche vor der gesamten Gruppe oder bestimmten Teilnehmern zu schützen. Eine derartige Intervention muss nicht erst dann erfolgen, wenn die Gefahr physischer Verletzung besteht, sondern schon dann, wenn einzelne emotional in die Enge getrieben werden. In der Regel werden sich die Gruppenleiter zunächst hinter die Betroffenen stellen und sie verbal oder z.B. durch räumliche Nähe darin zu unterstützen, sich selbst zu helfen. Sie können auch andere Jugendliche dazu bewegen sich zu solidarisieren. Ein anderes Mittel, die Bedrängten aus ihrer exponierten Position zu befreien, besteht darin, das Problem zum Gruppenthema zu machen. Jemanden direkt zu verteidigen und an seiner Statt zu handeln, widerspricht dem Gedanken der Selbstleitung und kann nur eine Notbremse sein.

5.11.3. Mit den Stärken arbeiten

Leicht gerät dieses kategorische Postulat der Erlebnispädagogik in Vergessenheit, wenn die Gruppe in voller Aktion ist, der Gruppenprozess stagniert oder das Verhalten einzelner zu Sorgen Anlass gibt. Ob ein Gruppenleiter auf die Stärken der Jugendlichen baut, zeigt sich in erster Linie an seiner Einstellung und seinen Konzepten. Wahrnehmung ist nicht nur von den Sinnen, sondern auch von Lebens- und Arbeitskonzepten abhängig. Ein Erlebnis kann ganz unterschiedlich bewertet werden. Mit den Stärken zu arbeiten, heißt allererst, den Jugendlichen als Mensch zu begegnen, der die gemeinsame Zugehörigkeit zu einer Gruppe anstrebt, der ernsthafte Auseinandersetzungen und Nähe erleben will. Der Unterschied zwischen einem therapeutischen und einem solidarischen Beziehungsstil liegt klar auf der Hand.

Das störende Verhalten eines Teilnehmers kann für die Gruppenleiter der Auslöser einer „therapeutischen" oder strafenden Intervention sein, es kann aber auch zu einer konflikthaften zwischenmenschlichen Begegnung führen. Mit den Stärken zu arbeiten bedeutet, dem anderen eine persönliche Antwort zu geben, statt ihn zu beobachten, zu reglementieren oder zu interpretieren; es bedeutet, nicht von oben herab zu urteilen, sondern eine gemeinsame Basis zu haben. Wenn alle am selben Seil sind wird spürbar, dass jeder gebraucht wird, dass er Stärken hat, die geschätzt werden und deren Einsatz für das gelingen des gemeinsamen Projektes notwendig ist.

Wenn das Team Aktivitäten und Medien auswählt, den Schwierigkeitsgrad bemisst und damit einen Teil des Rahmens festlegt, muss es diese Einstellung an den Tag legen. Es geht darum, inwieweit die Jugendlichen mit ihren Stärken konfrontiert werden und Situationen erleben können, durch die sie Schwächen überwinden können. Und es gilt zu verhindern, dass wieder eine situationsimmanente Überforderung entsteht, die sie schwach erscheinen lässt.

5.12. Grenzerlebnisse als Auslöser korrigierender und erweiternder Erfahrungen

Grenzerlebnisse sind das Stichwort, das vielen zuerst einfällt, wenn sie an Erlebnispädagogik insbesondere an das Klettern denken. Solche Erfahrungen sind Bestandteil der meisten Formen von Erlebnispädagogik. Die allmähliche Steigerung der Leistung, die zunehmende Fähigkeit, Unannehmlichkeiten und Angst auszuhalten sowie strapaziöse körperliche Dauerbelastungen stehen im Vordergrund. Die Jugendlichen erleben so, dass hinter den bisherigen Grenzen ihres Leistungsvermögens beachtliche, noch nicht wahrgenommene Reserven liegen.

Zwischen dem Eingehen von Wagnissen, dem Bestehen von Abenteuern und dem Erlebnis der eigenen Leistungsfähigkeit einerseits, einer positiven Persönlichkeitsveränderung andererseits, bestehen Zusammenhänge. Dabei wird der Selbstentdeckung die größte Bedeutung zugeschrieben: „The voyage of self-discovery is the real purpose of Outward-Bound".[76]

Diese Selbstentdeckung wird in der Praxis überwiegend als Resultat des Überschreitens bisher für unüberwindbar gehaltener Leistungsgrenzen betrachtet. Grenzen der Selbstwahrnehmung bestehen jedoch noch auf anderen Ebenen.

5.12.1. Ein erweitertes Verständnis von Grenzerfahrung

Das Individuum kann seine Grenzen sowohl intrapersonell als auch in seiner Beziehung zur Umwelt erfahren. Subjektiv kann man erleben, wie die Kraft nicht ausreicht, wie einen die Angst ergreift, noch einen Schritt näher zum Abgrund zu tun, wie man sich davor fürchtet, auf einen anderen Menschen zuzugehen. Dabei kann die objektive Anforderung der Situation ganz nebensächlich sein, denn diese Grenze ist subjektiv, befindet sich innerhalb der Person. Manche haben die Chance, diese Grenze durch Training und Selbstüberwindung oder durch genaueres Wahrnehmen, bewusstes Abwägen und eine neue Interpretation der Lage ein Stück hinauszuschieben. Statt Vermeidung ist auch eine gegenteilige Reaktion möglich, die Grenzüberschreitung. Der Ehrgeiz kann jemand dazu antreiben, sich soweit zu überfordern, dass er der Sache am Ende nicht mehr gewachsen ist oder das Ergebnis sinnlos wird. Wenn am Ende nicht Selbstdestruktion stehen soll, hilft nur das Akzeptieren seiner Grenzen.

Die andere Grenze liegt außerhalb des Individuums, in anderen Personen oder in materiellen Gegebenheiten. Hier kann es zunächst nicht darum gehen, die Grenze zu verändern. Die äußeren Umstände verlangen Respekt vor den Tatsachen, den Verzicht auf Pläne, die Reduktion der Wünsche. Jugendliche können darauf mit Resignation, Aggression oder mit dem Erarbeiten situationsangemessener Alternativen reagieren.

Vier Typen von nachfolgend dargestellten Grenzerfahrungen sollten in der praktischen Arbeit besonders berücksichtigt werden. Diese Unterscheidung verdeutlicht den Zusammenhang zwischen bestimmten Grenzerlebnissen, den möglichen Lernerfahrungen und den Kriterien für das Verhalten der Gruppenleiter in den unterschiedlichen Grenzsituationen. Im Verlauf einer Grenzerfahrung stellt sich oft heraus, dass die Auseinandersetzung auf mehreren Dimensionen der Begrenzung erfolgen kann. Gruppenleiter müssen sich daher fragen, welche Dimension gerade im Vordergrund steht und ob ihre Unterstützung der Klärung, Überschreitung oder Akzeptanz subjektiver oder objektiver Grenzen gelten soll. Sie sollten sich immer bewusst sein, auf welcher Ebene sie und die betreffenden

---

76 Bauer, H.G.: Erlebnis- und Abenteuerpädagogik. München 1987

Jugendlichen sich gerade bewegen, um keine Verwirrung zu stiften und sie zwischen alternativen Verhaltensweisen hin- und herzutreiben.

Grenz-erlebnistyp	Verhaltensanforderung	Beispiele typischer Problemstellungen
Durchbeißen	eigene Grenzen überschreiten sich überwinden Ziele verfolgen	anstrengende Wanderung; Abseilen von einer senkrechten Wand; in der Gruppe abweichende Meinungen oder Bedürfnisse vertreten
Ertragen	Grenzen respektieren sich beschränken Ziele modifizieren und zurückstellen	Einhalten der Rahmenbedingungen; leben unter unangenehmen Witterungseinflüssen; die eigene Leistungsgrenze erfahren
Erforschen der Selbst-begrenzun-gen	Grenzen kennenlernen sich wahrnehmen Ziele offen halten	Ängste, situationsunangemessene Stressgefühle, latente Konflikte; Misserfolg trotz intensivem Bemühen; Schwierigkeiten mit bestimmten Bewegungsabläufen und Haltungen
Gestalten von Beziehungen	Grenzen miteinander aushandeln sich einlassen Ziele miteinander abstimmen	persönliche Kränkungsgefühle; Spürbarwerden unterschiedlicher Nähe - Distanz - Bedürfnisse; Konflikte um persönlichen Einfluss zwischen den Teilnehmern

Abbildung 8: Typen von Grenzerfahrungen

Beispiele für Interventionsschwerpunkte	Beispiele für Lernziele
Sicherheit und Zuversicht vermitteln; Unterstützung durch die Gruppe anregen; Problemlösehilfen geben; Anspornen; selbst als Modell durchhalten	Steigerung der Handlungskompetenz im sozialen, motorischen und kognitiven Bereich; Steigerung des Selbstwertgefühls; Entdeckung bisher unbekannter Fähigkeiten
Handlungsalternativen erarbeiten und bewerten; Frustrationsgefühle zulassen oder zu ihrem Ausdruck verhelfen; praktische Anleitung oder Hilfen für Verhalten in schwer ertragbaren Situationen geben	unrealistische Größenphantasien aufgeben, eigene Grenzen und unveränderbare Umfeldbedingungen akzeptieren; Fähigkeit zum Verzicht auf eigene Ansprüche; Fähigkeit zum Entspannen und loslassen
Wahrnehmung auf gerade ablaufende körperliche Empfindungen, Bewegungsabläufe, Gedanken und Gefühle richten; das Verhalten und seine Alternativen gemeinsam mit Betroffenen auf seine Auswirkungen hin überprüfen	dysfunktionale Bewegungsmuster, Haltungen, Einstellungen wahrnehmen und angemessene Verhaltensweisen entdecken; situativ unangemessene Vermeidungsstrategien aufgeben; realistisches Bewerten von Handlungen
Konfliktlösestrategien und Entscheidungsstrategien in aktuellen Beziehungsproblemen anbieten; Unterstützen einzelner, ihre Wahrnehmungen, Bedürfnisse, Gefühle, Absichten, Meinungen auszudrücken	Eigene und fremde Bedürfnisse ernst nehmen; die aktuell angemessene Distanz zu anderen spüren; die Fähigkeit entwickeln, dynamische Grenzen zwischen sich und den andren zu setzen

Abbildung 9: Interventionsschwerpunkte und Lernziele bei Grenzerfahrungen[77]

5.12.2. Schwerpunkte möglicher Lernerfahrungen

In erster Linie geht es um die Erfahrung von Identität und Interdependenz, um ein Lernen, das aus der Wahrnehmung von Unterschieden bezüglich der Bedürfnisse, Interessen und Fähigkeiten erwächst. Gehalt und Grenze der eigenen Person werden in dem Maß deutlicher, wie jemand andere klarer sehen kann. Gelegentlich kommt es zu Beziehungen, in denen

---

77 Fuerst,-Walter: Die Erlebnisgruppe - Ein heilpädagogisches Konzept für soziales Lernen. Lambertus, Freiburg i. Br., 1992n

sich die Grenzen verwischen: Der eine identifiziert sich mit dem anderen oder beide gehen eine collusive Beziehung ein.[78] Dann müssen die beiden stattdessen ihre tatsächlichen Grenzen erleben können und ihre Identität zurückgewinnen. Manchmal sind einzelne Jugendliche weit auseinander und begegnen sich oft kaum einmal, oft kommt es zu Überschneidungen und Konflikten. Dann müssen Lernprozesse angebahnt werden, um die angemessene Distanz auszuhandeln, Geben und Nehmen ins Verhältnis zu bringen und dynamische Grenzen zu ziehen.

Daraus können kurzlebige und einmalige Lösungen entstehen oder Nähe und Distanz, Über - und Unterordnung werden dauerhafter festgeschrieben, unter Umständen ergibt sich eine Weiterentwicklung oder Modifikation der Gruppennormen.

Wer gelernt hat, seine Grenze und die der anderen zu sehen und zu respektieren, der kann sich auch vertrauensvoll auf unklare, unbekannte und schwer kalkulierbare Beziehungen einlassen und Neues ausprobieren.

5.12.3.   Grenzerfahrungen und Ernstcharakter

Grenzerfahrungen können sich aus künstlichen Situationen ergeben, in die sich jemand nach einer mehr oder weniger überlegten Entscheidung hineinbegibt, z.B. aus einer Abseilübung. Andere Grenzerfahrungen entwickeln sich aus situationsimmanenten Problemen, bei denen solche Entscheidungen erst gar nicht gefragt sind: ein Wettersturz, der eine mittelschwere Wanderung zu einem Gewaltmarsch werden lässt oder plötzlich entstehende Beziehungskonflikte. Solche Situationen genügen den Grundbedingungen eines erlebnispädagogischen Handlungsfeldes am ehesten und verwirklichen den Gedanken der erlebnispädagogischen Grenzerfahrung am reinsten. Weniger situativ entstandene Grenzerfahrungen, die eher Grenzerlebnisangebote darstellen, sind zwar ebenfalls bereichernd und oft ein nicht zu unterschätzender Motivationsfaktor, wenn sie jedoch allzu künstlich und inszeniert wirken, dann bringen sie nur den Nervenkitzel einer Freizeitbeschäftigung hervor.

Grenzerfahrungen dürfen nicht zu Extremerfahrungen werden, sie werden weder im Bereich des schon Vertrauten gemacht noch in dem der Überforderung und des Unlösbaren, sondern genau an der flexiblen, undefinierbaren Grenze zwischen beiden.

---

78 Willi, J.: Die Zweierbeziehung. Reinbeck bei Hamburg 1975

5.13. Körpererfahrung als Lernprozess

Körperliche Aktivitäten sind dem erlebnispädagogischen Konzept unverzichtbar, bereits bei den Grenzerfahrungen spielten sie immer wieder eine Rolle. Die Frage erhob sich, wie die Interdependenz zwischen sinnlicher Wahrnehmung, Fühlen, Denken und körperlicher Bewegung im Kontext der Erlebnisgruppe gezielt dazu genutzt werden kann, konstruktive Lernprozesse einzuleiten, unterstützend zu begleiten und zu festigen.

„Von sich Gebrauch machen, das bedeutet vor allem: sich Fortbewegen und das geschieht gewöhnlich, indem die Konfiguration des Körpers verändert wird.“[79] Nun geschieht dies unter den besonderen räumlichen, materiellen und sozialen Bedingungen eines Lebensraumes. Jeder Mensch baut daher nach und nach nur ihm eigentümliche Bewegungsmuster und Körperhaltungen auf, die nicht nur Ausdruck der gelernten motorischen Abläufe, sondern ebenso seiner Denk- und Gefühlsmuster.

Körperreaktionen, Sinneswahrnehmungen, Gefühlsreaktionen und Denkvorgänge stehen in einer Wechselwirkung und über eine Veränderung der Motorik lassen sich auch die anderen Prozesse beeinflussen. Der Körperausdruck eines Menschen spiegelt nicht nur vorübergehende Zustände wie Müdigkeit, Angst und Freude, ist nicht nur das Ergebnis aktualisierter Erbinformationen, sondern ist auch ein Produkt seiner gesamten Lebenserfahrung. Die körperorientierten psychotherapeutischen Schulen sprechen daher von der im Körper eingefleischten Lebensgeschichte.[80] Bewegungsmuster sind Lebensmuster, sie beruhen auf Lebensplänen.[81] Die individuelle Körperstruktur und die Form der Bewegungen drücken die Überzeugungssysteme einer Person aus. Sie selektieren was aus dem Umfeld wahrgenommen wird und fungieren als Grundlage der Beurteilung von Situationen, Sie vermitteln Entscheidungskriterien und prägen die Denkmuster. Sie beeinflussen die Gefühle, die ihrerseits wiederum Körperstruktur und Bewegung prägen.

Wer durch einseitige frühe Erfahrungen die Überzeugung gewonnen hat, dass er nur dann Zuwendung erhält, wenn er sich für andere einsetzt, wird ein entsprechendes Ich-Bild und dazu passende Haltungen und Bewegungsabläufe ausbilden. Hat er aber gelernt, dass ein schwaches oder inkompetentes Verhalten zu eben diesem Ziel führt, Wird er ein ganz anderes Ich-Bild entwickeln. Die Körpererfahrung kann daher als Bezugspunkt für körperliches Feedback dienen und etwas über Überzeugungen aussagen, die möglicherweise gar nicht mehr bewusst waren. Werden sie

---

79 Feldenkreis, M.: Die Entdeckung des Selbstverständlichen. Frankfurt a.M.
80 Lowen, A.: Der Verrat am Körper. München 1967
81 Trichel-Thome, A.: Feldenkrais. München 1989

wahrgenommen, lassen sie sich auf ihren Realitätsgehalt überprüfen. Das kann bereits durch eine Veränderung der gewohnten motorischen Abläufe geschehen. Dabei kann unter günstigen Bedingungen erfahren werden, dass auch eine neue Bewegungsform befriedigend ist und eine befürchtete Folge wie z.b. ein Sturz nach dem Aufgeben der alten Gewohnheit gar nicht eintritt.

Körpererfahrungen sind häufig Grenzerfahrungen nach Art des Erforschens der Selbstbegrenzungen und beinhalten die Auseinandersetzung mit Selbstbildern und Überzeugungen. Aus dem Blickwinkel der Körpererfahrung betrachtet, können solche Prozesse besser verstanden und Anhaltspunkte gewonnen werden, um differenzierte Strategien zu entwickeln.

Der Erlebnisgruppe geht es aber nicht um die Optimierung der messbaren Leistung, um die Ertüchtigung zu persönlichen Höchstleistungen oder um Wettkämpfe, auch nicht um Sieg und Niederlage oder um soziale Konkurrenz. Allerdings werden diese Kriterien als Resultat gesellschaftlicher Strukturen und persönlicher Bedürfnisse von den Jugendlichen in die Erlebnisgruppe mit eingebracht, indem sie sich z.b. vergleichen. Das unreflektierte Bestärken solch „sportlicher" Verhaltensmuster und die Bewertung der Jugendlichen allein nach ihren „objektiven", d.h. „nützlichen" Leistungen bergen viele Gefahren. Indem die entsprechenden Denk-, Gefühls-, und Bewegungsmuster einseitig ausgebildet und verfestigt werden, können Spontaneität und Kreativität sowie die offene Auseinandersetzung mit sich selbst erschwert werden. Allerdings kann es für einzelne ganz neu, unerhört und bedeutend sein, mit anderen in soziale Konkurrenz zu treten.

In der Erlebnisgruppe ergibt sich die Konfrontation mit den persönlichen Gedanken und Gefühlen aus den Anforderungen, die die körperorientierten Medien von sich aus stellen. Rein verbale Konfrontationen und ein sprachfixiertes Denken wiederholen oft nur die eingefahrenen Schemata. Gefühle direkt durch Belehrung, Trost oder Überredung zu beeinflussen, führt nur zu kurzfristigen Veränderungen. Wenn sich jedoch körperliche Muster umgestalten, dann wandeln sich auch das Ich-Bild und die Überzeugungssysteme.

5.13.1. Ungewohnte Körpererfahrungen machen

Neue, unerwartete und unbekannte Anforderungen verlangen die Modifikation oder auch das weitgehende Aufgeben alter Bewegungsmuster. Fremdes wird dann mit gesteigerter Bewusstheit wahrgenommen, die Gewohnheiten, damit auch die Einstellungen, Denk- und Wahrnehmungsmuster werden in Frage gestellt. Manche Jugendlichen machen zum ersten Mal die Erfahrung, wie es ist, „von so großer Höhe" auf eine Landschaft hinabzuschauen, frei an einem Seil hängend und der Schwerkraft ausgesetzt und zugleich Sicherheit zu empfinden. Durch solche Erlebnisse können Verunsicherung, Verwirrung oder Angst und das Bedürfnis nach Rückzug entstehen, aber ebenso Neugierde, Lust und das Bedürfnis, die neuen Empfindungen auszukosten; eine Grenzerfahrung wird möglich. Je nachdem, ob der betreffende Teilnehmer einen eher progressiven oder regressiven Umgang mit den Gewohnheiten pflegt, werden ihn die Gruppenleiter entweder ermutigen, ein bisschen mehr zu wagen oder ihm durch körperliche Nähe zusätzliche Sicherheit vermitteln, damit er sein Unbehagen zumindest eine Zeitlang ertragen kann.

Es geht darum, bei entspannten, beweglichen Muskeln die mit ihrer Kontraktion oder Entspannung einhergehenden Körperhaltungen anders zu strukturieren als bisher. Diese Mobilität erlaubt es, alte Muster auf ihre Brauchbarkeit zu prüfen und zu verändern. Anspannung und Krafteinsatz vermindern dagegen die Bereitschaft und Fähigkeit zu muskulären Veränderungen. Die Gruppenteilnehmer brauchen oft Hilfe zu Mobilität. Die Gruppenleiter können situationsangemessen für die Verminderung der Anspannung sorgen.

Anders verhält es sich dann, wenn etwa ein Jugendlicher zum ersten Mal einen anderen mittels HMS (Halbmastwurfsicherung) am Seil freihängend festhält. Auch hier ist eine unverkrampfte Haltung geboten, es kommt jedoch ein der Gegenkraft angemessenes Zusammenpressen der Hand um das Seil dazu. Für einen Jugendlichen, der bisher auf jede mit Anstrengung verbundene Verantwortung mit Vermeidung und muskulärem Desengagement geantwortet hat, tut sich hier die Chance auf, unmittelbar zu empfinden, dass es noch andere Möglichkeiten gibt, die gar nicht so unbefriedigend sind.

5.13.2. Die Lebendigkeit des Körpers steigern

Bewegung und eine intensivere, tiefere und den wechselnden Anforderungen rhythmisch angepasste Atmung fördern die Lebendigkeit des Körpers. Bisher ungenutzte Muskelpartien werden aktiviert, durch Muskelanspannung eingeschlossene Gefühle und Gedanken werden frei: Manchmal geschieht dies unter heftigen Muskelschmerzen oder löst derart tiefe Empfindungen aus, dass der Betroffene am liebsten aufhören möchte. Dann muss einfühlsam Sicherheit vermittelt werden und keinesfalls ängstlich behütend oder fordernd angetrieben werden.

5.13.3. Das Selbstbild erweitern

Körperteile, die normalerweise nicht oder nur selten gebraucht werden, sind auch weniger bewusst, Sie sind im Körperschema nur undeutlich enthalten, auch die mit ihnen korrespondierenden Gehirnzellen und Verbindungen zwischen den Neuronen sind entsprechend schwächer ausgebildet; andere dagegen mögen einseitig hoch entwickelt sein. Daher sind auch bestimmte Gedanken und Gefühle im Selbstbild überrepräsentiert, während andere wenig verwendet, geübt und verfügbar sind.

Viele Jugendliche brauchen Unterstützung bei der Erfahrung körperdynamischer Beziehungen. Vorübergehend geht es dann nicht mehr um das Vorwärtskommen, sondern um Erforschung. Die Bewegung wird zum Spiel, führt zum diskriminativen Lernen. Dafür sind die Bewegungen, die den angestrebten Effekt erreichen, genauso nützlich wie die erfolglosen. Aus ihrem Vergleich entwickeln sich eine größere Körperbewusstheit, technisches Können und ein sensumotorisches Verständnis für die physikalischen und physiologischen Vorgänge, vor allem jedoch werden Körperschema und Selbstbild erweitert.

5.13.4. Überzeugungssysteme wahrnehmen, überprüfen und differenzieren

Das Erleben ungewohnter Körperempfindungen, die Steigerung der Beweglichkeit und Lebendigkeit und die Erweiterung des Selbstbildes durch die Bewusstwerdung des Körperschemas tragen bereits zu differenzierter Selbstwahrnehmung bei, fördern die Erfahrung, wann eine bestimmte Überzeugung stimmig ist und wann nicht. Oft ist es aber notwendig, das erlebnispädagogische Setting nicht nur von selbst wirken zu lassen, sondern einzelne Jugendliche gezielt und individuell zu unterstützen.

Überzeugungssysteme können sich auf verschiedene Weise ändern, auch rein kognitiv. Die meisten Menschen nehmen jedoch eine Information, die körperlich vermittelt wird, viel eindeutiger wahr als durch Worte. Der Körper kann nicht lügen

5.14. Werte leben: Verantwortlich unterwegs sein

Ob bewusst oder unbewusst, bilden Werte oder Ersatzwerte die allgegenwärtige Grundlage unserer Normen, alltäglichen Entscheidungen und Handlungen. Das gilt auch für die Erlebnisgruppe, die eine besondere, explizierte und praktizierte Wertehierarchie erfordert. Nur dann ist es überhaupt vertretbar, sich in der freien Natur mit einer Gruppe zu bewegen. Jugendliche müssen sich mit Werten und Normen auseinandersetzen können, sollen sie ihre Identität gewinnen. Ihre problematischen Verhaltensweisen gehen häufig mit der Verwechslung lebensnotwendiger und surrogativer Bedürfnisse einher. In der Erlebnisgruppe wird die

Ersatzbefriedigung zeitweise ausgeschaltet, um die Erfahrung originärer Bedürfnisse und ihre authentische Befriedigung zu provozieren.

Die Gruppenleiter müssen sich ihrer Wertehierarchie bewusst sein, ihre Transparenz ermöglicht eine direkte Auseinandersetzung und verhindert paradoxe Handlungsaufforderungen, die aus diffusen Normen entstehen können. Wenn sich die Leiter auf Methoden und Techniken beschränken, können sie leicht einer Machbarkeitsideologie verfallen. Schwäche, Unvollkommenheit und Leid gehören dann nicht mehr zum Leben, sondern werden bekämpft und ausgegrenzt. Es ist also zu klären, welcher Werte das erlebnispädagogische Handlungsfeld bedarf, wie sie praktikabel werden und wie die Auseinandersetzung darüber im Gruppenalltag möglich ist.

5.14.1. Aus einer erotischen Grundhaltung heraus auf die Welt zugehen

Werte müssen konkretisiert werden. Eine erotische Grundhaltung[82] erfordert einerseits einen liebevollen Umgang mit der Umwelt, andererseits die Begrenzung des Ich und seiner Ansprüche auf Selbstbehauptung. Der Mensch darf seiner Umwelt nicht nur gegenüberstehen, sondern muss sich als ein Teil eines größeren Ganzen fühlen.

Der rechte Gebrauch seiner selbst findet sein Pendant im Umgang mit der Natur; beides gehört untrennbar zusammen. Wer sich als Teil einer Landschaft empfindet, der durchwandert sie nicht nur, sondern durchlebt sie. Eine solche Haltung müsste den Interessenkonflikt zwischen Naturschützern und Naturnützern aufheben. Allerdings liegt es gesellschaftlich nahe, den Leib auszubeuten, ihn exzessiv zu benutzen, um Macht oder Lust zu maximieren. Die Erlebnisgruppe spielt sich überwiegend in der freien Natur ab, sie engagiert den einzelnen und die Gruppe und schafft Kontakte mit Menschen aus dem weiteren Umfeld. Die erotische Grundhaltung kann sich daher überall aktualisieren.

5.14.2. Achtung vor sich selbst

Selbstachtung setzt Selbstwahrnehmung voraus, die Bereitschaft, Körperempfindungen oder Gefühle ins Bewusstsein eintreten zu lassen. Achtsamkeit ist selbst ein Wert und nicht nur Mittel der Wahrnehmung; das Leben ist an sich wertvoll, nicht erst sein Nutzen für andere.

Selbstwahrnehmung bedeutet, seine Belastbarkeit zu spüren und zu merken, was tatsächlich gut tut und was schadet. Wie sorgsam macht man von seinem Körper Gebrauch? Wie kleidet man sich bei Hitze, Kälte oder

---

82 Schellenbaum, P.: Das Nein in der Liebe. Stuttgart 1984

Regen? Welche Nahrung ist zuträglich? Gibt es genug Ruhe und Schlaf? Lässt man seine Bedürfnisse nach Intimität, Zugehörigkeit und Anerkennung zu? Subjektiv zu niedrige Leistungsgrenzen zu überschreiten, ist ein erklärtes Ziel der Erlebnisgruppe, aber es stellt keinen besonderen Wert dar, möglichst ausdauernd, schnell und geschickt zu sein oder gar Spitzenleistungen zu erreichen. Vielmehr geht es darum, sich selbst zu finden. Einerseits geht es um Selbstverwirklichung, andererseits um die Tugend der Absichtslosigkeit[83], darum, etwas um seiner selbst willen ohne Hintergedanken zu tun.

Dass Leistung eigentlich wertlos oder gar überflüssig sei, wäre jedoch ein falscher Schluss, denn sie ist eine Dimension des Lebens. Schon die Tatsache der Existenz stellt die Aufgabe, die zu Bewältigung des Lebens notwendigen Leistungen zu erbringen. Leistungsfeindlichkeit gehört daher ebenso wenig zu den positiven Werten des Erlebnisgruppenkonzeptes wie ihre Verherrlichung. So werden Kletterfelsen nicht bezwungen, nicht zum Ding gemacht, mit dem der Kletterer kämpft, sondern das Klettern wird zur Interaktion zwischen Fels und Mensch.

5.14.3. Achtung vor den anderen

Selbstverantwortlich handeln impliziert, die Folgen seines Tuns zu bedenken und zu berücksichtigen, ein Verhalten, das Achtung vor den anderen voraussetzt. Die Erlebnisgruppe verlangt ein beständiges Abwägen zwischen eigenen und fremden Bedürfnissen. Für die Gruppenleiter entsteht daraus die günstige Gelegenheit, aber auch die Verpflichtung zur behutsamen Auseinandersetzung mit Werten: Solidarität oder Autonomie? Konflikthafte und verantwortungsvolle Entscheidung, Suche nach Schuldigen oder Recht der Stärkeren? Welche Werte einzelner oder der Gruppe zu Richtschnur taugen, bemisst sich daran, ob der andere geachtet wird. Kooperation gilt mehr als Konkurrenz; dem hat der Rahmen zu entsprechen.

Für Gruppenleiter, die mit immer wieder neuen Gruppen arbeiten, kann ein weiteres Problem entstehen, denn es taucht leicht der Gedanke auf, diese Gruppe sei besser oder schlechter als eine frühere. Oft wurde ich danach gefragt, ob die anderen besser oder schlechter waren. Manchmal ist es gar nicht so leicht darauf so zu antworten, dass jeder Teilnehmer und jede Gruppe ihren Eigenwert erkennt. Denn es stellt bereits einen Wert an sich dar, zusammen zu sein, Freude zu haben und die kleinen Dinge zu genießen. Konsum und Ersatzbefriedigungen bekommen ihren eigentlichen

---

83 Guardani, R.: Tugenden/Meditationen. Würzburg 1967

Stellenwert beigemessen: angenehme aber verzichtbare Zugaben zum Leben.

Achtung und Verantwortung in der Gruppe müssen der Achtung vor der Allgemeinheit entsprechen. Der gesellschaftliche Aspekt wird direkt relevant, wenn es darum geht, mit Gemeineigentum umzugehen. Die Verhaltensnormen, die die Achtung vor der Allgemeinheit erheischt, sind weniger gut zu erkennen und den Jugendlichen schwerer einsichtig, wenn sich Entscheidungen und Handlungen nicht sofort und augenfällig auf die unmittelbare Umgebung auswirken. Sollen Dosen, Einwegflaschen und Pappbehälter verwendet werden oder nicht? Wie geht die Gruppe mit dem Verpackungsmaterial um? Bleibt der Müll beim Verkäufer, werden möglichst unverpackte Produkte gekauft, Kartoffeln, Eier und Milch vielleicht beim Bauern? Wie beseitigt die Gruppe ihren Abfall? Was kann beim Bauern kompostiert, was vergraben, was im Kochfeuer verbrannt werden? Werden Autos wirklich nur zu den nötigen Wegen genutzt und energiesparend, oder fährt man schnell mal zum Lebensmittelhändler, obwohl man für die fünf Kilometer auch das Fahrrad nehmen könnte?

5.14.4. Achtung vor der Natur

Dass man sich als Teil der Natur begreift und ihr Achtung beweist, stellt besonders im Zeitalter des Massentourismus eine Bedingung der moralischen Berechtigung dar, Erlebnisgruppen überhaupt durchzuführen.

Die Natur nicht zu gebrauchen, das hieße auf das Leben zu verzichten und darum kann es nicht gehen. Es geht vielmehr darum, mit welcher Ehrfurcht man sie nutzt.

Es soll eine Einstellung veranschaulicht werden, die zu einem achtsamen Unterwegssein führt. Regeln können hilfreich sein, Schlimmes zu verhüten und dabei zu helfen, diese Einstellung aufzubauen. Sie werden aber oft nicht greifen, denn man kann schließlich nicht für alles eine Regel aufstellen, während bloße Regelerfüllung nur den Buchstaben der Gesetze erfüllt, aber nicht ihren Geist. Lieben kann man nur, was man bewusst wahrnimmt und kennt. In der Natur unterwegs zu sein, bedeutet daher nicht nur, sie zu nutzen und zu schonen, sondern auch, sich ihren ästhetischen und überraschenden, ihren interessanten oder beängstigenden Erscheinungsformen zu öffnen. Kenntnisse über Tiere und Pflanzen, Geologie und ökologische Zusammenhänge können dazu beitragen, wenn sie nicht als Lehrstoff, sondern in aktuellen Situationen anschaulich vermittelt werden, wenn die Natur nicht auf ein zu beobachtendes oder gar auszubeutendes Objekt reduziert wird.

5.15. Die Gruppengröße

5.15.1. Interaktionelle Dichte

Unterhalb einer gewissen Teilnehmerzahl kann es keine interagierende Gruppe mehr geben, weil die Varianz der möglichen Beziehungsmuster zu gering wird. Interaktion und Diskussion lassen mit sinkender Teilnehmerzahl nach, weil unter nur wenigen Leuten jedes Wort schwer wiegt. Diese untere Grenze liegt bei etwa fünf Teilnehmern; bei nur vier Jugendlichen bilden sich allzu leicht zwei selbstgenügsame Paare, und den Gruppenleitern wächst dann die undankbare Rolle zu, Bewegung in eine derart starre Konstellation zu bringen.

Die Obergrenze ergibt sich daraus, dass mit zunehmender Gruppengröße immer weniger Zeit zur Verfügung steht, individuelle Probleme zu bearbeiten. Aller Erfahrung nach sinkt mit zunehmender Größe die Bereitschaft, sich an Gruppengesprächen zu beteiligen. Oft reden dann nur noch die stärkeren und aggressiveren Jugendlichen, und die Gruppenleiter haben es schwer, den Gruppenprozess so zu beeinflussen, dass sich alle verantwortlich und aktiv engagieren können. Eine Gruppengröße von neun bis zwölf Personen, Leitungsteam inklusive ist optimal und entgeht beiden Gefahren.

5.15.2. Naturverträglichkeit

Neben gruppendynamischen oder pädagogischen Erwägungen muss der ökologische Aspekt beachtet werden. Wie viele Leute können ihre Exkremente noch im Wald vergraben, wann wird eine Chemietoilette nötig? Werden die Übernachtungsplätze täglich gewechselt oder wird eine Stelle permanent belastet? Anhand solcher und ähnlicher Erwägungen lässt sich annähernd bestimmen, wie viele Menschen einem bestimmten Ort noch zuträglich sind.

5.15.3. Teilnehmerbezogene Kriterien

Wie gruppenfähig sind die Teilnehmer, welches Repertoire an Sozialverhalten ist vorhanden und welches wird sich entwickeln können? Lassen bestimmte Verhaltensstörungen oder Behinderungen eine möglichst geringe Teilnehmerzahl geraten scheinen, oder ist es gerade die große Gruppe, die den Betreffenden notwendige Lernchancen bietet?

Einige wesentliche Fragen zur Bestimmung der Gruppengröße sind: Welches Maß an Gruppenerfahrung und -fähigkeit bringen die Mitglieder mit, mit wie viel Leuten können sie in Beziehung treten? Wie selbständig sind sie, und wie sollte demnach das zahlenmäßige Verhältnis von Leitern zu Mitgliedern sein? Für wie viel Esser können die Jugendlichen noch die Selbstversorgung meistern? Wie viel Erfahrung haben die Leiter, welche Teilnehmerzahl trauen sie sich zu? Kann ein Leitungsteam in Anbetracht der vorgesehenen Medien noch auf jeden einzelnen eingehen? Wo soll der Schwerpunkt liegen, in der Großgruppe oder in den Untergruppen?

5.15.4. Medienbezogene Kriterien

Die Frage der persönlichen Sicherheit ist das zentrale medienspezifische Kriterium. Mit wie vielen Jugendlichen kann man gefahrlos eine Bergwanderung machen oder an einem Sportkletterfelsen herumturnen? Natürlich spielt das zahlenmäßige Verhältnis der Jugendlichen zu den Leitern und ihre medienspezifische Qualifikation eine große Rolle. Beim Erklettern eines 20m hohen Felsen ergibt sich bei 4 Teilnehmern unter Umständen ein Abstand von 90 Minuten zwischen dem Einsteigen des ersten und des letzten. Diese Wartezeit regt die Jugendlichen zu mehr oder weniger gefährlichen Zeitvertreib an. Dagegen kann man mit zwölf Personen ohne weiteres topropegesichert an künstlichen Kletterwänden arbeiten oder ein Zeltlager durchführen

Ein weiteres Kriterium liegt darin, ob das Leitungsteam eher individualisieren oder den Schwerpunkt auf den Gruppenprozess legen möchte. Individualisieren bedeutet die gezielte Begleitung einzelner bei den Körper- und Grenzerfahrungen, die ein Medium provoziert. Beim Klettern etwa sichert ein Gruppenleiter, ein anderer begleitet den Jugendlichen.

5.15.5. Kontraindikation

Einige Beeinträchtigungen schließen von der Teilnahme aus. Aus Sicherheitsgründen können Jugendliche mit Anfallsleiden, akuter Suizidgefährdung oder der Tendenz zu psychotischen Reaktionen nur unter Ausnahmebedingungen teilnehmen. Auch Jugendliche, denen die Bereitschaft oder Fähigkeit, die Rahmenbedingungen einzuhalten gänzlich abgeht, gehören nicht in die Erlebnisgruppe. Ob die Teilnahme Geistig -, Sinnes- oder Körperbehinderter[84] angezeigt ist, hängt in erster Linie von der Gestaltung des Rahmens und besonders von der Auswahl der Medien und der Gruppenzusammensetzung ab.

---

84 Friedrich, G./Schwier, J.: Klettern mit sehgeschädigten Schülern. In: Motorik 9/1986, Heft 4

5.15.6. Probleme der Koedukation

Das ganze Beziehungssystem ist erfahrungsgemäß in geschlechtergemischten Gruppen wesentlich intensiver. Entsprechend treten die härteorientierten Leistungen, die Betonung der Medien, zurück. Dies könnte als Folge der stärker sozial ausgerichteten Fähigkeiten der Mädchen interpretiert werden; aber ein mindestens ebenso bedeutender Grund der entstandenen Beziehungsdichte besteht wohl darin, dass der Kontakt zwischen den Geschlechtern naturgemäß speziellere Beziehungsqualitäten herausfordert. Deshalb sind auch andere Interaktions-, Gefühls-, und Denkmuster nötig als innerhalb gleichgeschlechtlicher Beziehungen.

Einwände gegen die Koedukation laufen darauf hinaus, dass die Jungen die Mädchen dominieren, alle Aufmerksamkeit auf sich ziehen, die Maßstäbe und das Programm bestimmen. Den spezifischen Interessen der Mädchen würde kein Raum gewährt, sie hätten sich vielmehr auf Grund gesellschaftlicher Geringschätzung anzustrengen, wie die Jungen zu sein, statt sich selbst zu akzeptieren. Die Mädchen müssten als Objekte für sexistische Anmache und zur Bestätigung der männlichen Überlegenheit herhalten, sie würden als Lockvögel benutzt, um die Gruppe für Jungen attraktiver zu machen. Schließlich führten die Geschlechter in koedukativen Gruppen nur ihre komplementären Rollen auf und seine zu neuen Erfahrungen unfähig.

Diese Einwände sind auf jeden Fall ernst zu nehmen, denn es gibt genügend negative Beispiele, aber es fragt sich doch, ob das zwangsläufig so sein muss. Denn die Erlebnisgruppe will gerade durch ihr Setting die Sozialisationsprobleme des Alltags zur Darstellung bringen und angemessene Lösungen erarbeiten. Es wäre falsch, ein so wichtiges Thema wie die Geschlechterbeziehungen auszuklammern, anstatt sich den realen Problemen zu stellen und für beide Geschlechter korrigierende Erfahrungen zu ermöglichen, statt gesellschaftliche Muster zu reproduzieren.

Nach Möglichkeit sollten an koedukativen Gruppen Mädchen und Jungen je zur Hälfte beteiligt sein. Gemischte Gruppen erfordern in jedem Fall ein Leitungsteam, das beide Geschlechter repräsentiert. Die Gruppenleiter müssen sich der Probleme geschlechtsspezifischer Rollen und der mit ihnen einhergehenden Schwierigkeiten im Zusammenleben bewusst sein. Das Leitungsteam muss Modellverhalten anbieten für den gleichberechtigten Umgang zwischen Frauen und Männern, was auch bedeutet, dass die Leiter und Leiterinnen ihre gegengeschlechtlichen Anteile akzeptieren. In der Praxis zeigt es sich, ob es wirklich stimmt, das Erlebnisgruppen zur Härte erziehen wollen. Es ist in gemischten Gruppen sicher zeitweise notwendig, dass Mädchen und Jungen nach Geschlechtern getrennte Rückzugpunkte haben, was durch die Bildung von Untergruppen z.B. durch eigene Zelte erreicht werden kann. Das Prinzip der Lebensgemeinschaft auf Zeit muss konsequent verfolgt werden, die Bearbeitung von offenen und latenten Konflikten sowie collusiven Beziehungen[85] hat, unabhängig vom Geschlecht, vor der medienbezogenen Aktivität unbedingt Vorrang. Die zwischen Jungen und Mädchen oft typischen Zuschreibungen führen in der Erlebnisgruppe zu situationsimmanenten Spannungen, deren Bearbeitung dazu genutzt werden kann, Einstellungs- und Rollenstereotypien zu hinterfragen. Im Gruppenalltag können neue Einstellungen und die dazugehörigen Verhaltensweisen sodann ausprobiert, eingeübt und durch Wiederholungen gefestigt werden.

Auch im Falle der Koedukation spielt das Klettern eine herausragende Rolle, da viele Mädchen aufgrund anderer Bewegungsmuster einige Kletteranforderungen besser meistern als ein Grossteil der Jungs. Erfahrene Kletterer können gezielt solche Routen auswählen.

5.16. *Leitungsfunktionen als Bestandteil des Rahmens*

5.16.1. Die vier Leitungsfunktionen

Das Konzept der Erlebnisgruppe bedingt umfassende und vielgestaltige Handlungsfelder sowie ihren häufigen Wechsel. Entsprechend umfangreich muss das Verhaltensrepertoire der Gruppenleiter sein. Das zentrale Merkmal ist, dass die Gruppenleiter während der oft mehrtägigen Treffen ebenfalls im Setting leben und nicht bloß als Fachleute auftreten können, sondern persönlich Betroffene werden. In den meisten Situationen, in denen Jugendliche und Erwachsene sich begegnen, liegen die Verhältnisse relativ eindeutig. Doch in der Erlebnisgruppe haben Gruppenleiter und Jugendliche aufgrund ihrer vielschichtigen Funktionen situationsbedingt auch unterschiedliche Beziehungsverhältnisse zueinander, denen eine eindeutige Definition abgeht. Das lässt persönliche Verstrickungen, Verhaltensinkonsequenzen und Rollenunsicherheiten wahrscheinlich werden. Da fehlende Überschaubarkeit die Wirksamkeit der Erlebnisgruppe erheblich einschränken kann, müssen sich die Mitglieder des Leitungsteams vor Beginn darüber klar werden, wie sie sich definieren und wie sie ihr Selbstverständnis vermitteln wollen.

Denn die Gruppenleiter wenden nicht nur ein Konzept an, sie sind selbst Bestandteil des Konzepts. Mit dem Handlungsraum der Gruppenleiter wird indirekt auch der der Jugendlichen festgelegt. Die Gruppenleiterfunktionen

---

85 Willi, J.: Die Zweierbeziehung. Reinbeck bei Hamburg 1975

müssen also den Grundbedingungen des erlebnispädagogischen Handlungsfeldes entsprechen. Vier Funktionen lassen sich deutlich voneinander unterscheiden, die dennoch in die Personen der Gruppenleiter zu integrieren sind.

Organisator und Vertreter der Normen und Werte

Die Organisation betrifft die Verantwortung für die Gestaltung der Rahmenbedingungen sowie die inhaltliche und formale Vorstrukturierung der Gruppenaktivitäten, die Leitung der Vorgespräche und des Kontraktprozesses. Das Gruppenleiterteam trägt die juristische Verantwortung für die Sicherheit der Teilnehmer und muss Rechtsgeschäfte abschließen, zu denen die Jugendlichen etwa aufgrund ihrer Minderjährigkeit nicht in der Lage sind. Dies trennt ihren Handlungs- und Entscheidungsspielraum eindeutig von dem der Jugendlichen.

Aus dieser Funktion ergibt sich, dass die Gruppenleiter für die Einhaltung der gesetzlichen Bestimmungen und der vereinbarten Gruppennormen verantwortlich sind, was es unter Umständen notwendig werden lässt, mit einzelnen oder der Gesamtgruppe Konfliktgespräche zu führen, notfalls deutliche Grenzen zu setzen oder Jugendliche aus der Gruppe auszuschließen. Das gilt auch für die Auseinandersetzung um Werte, die allerdings in Wahrnehmung aller Gruppenleiterfunktionen implizit gelebt, konkret erarbeitet und aktiv vertreten werden müssen.

Erlebnisgefährte

Die Gruppenleiter bilden zusammen mit den Jugendlichen eine Lebensgemeinschaft auf Zeit, d.h. sie teilen mit ihnen Spaß und Unannehmlichkeiten, hängen am gleichen Seil. Sie werden mit den gleichen Problemen konfrontiert und arbeiten mit ihnen an der Weiterentwicklung der unfertigen Situation. Es versteht sich von selbst, dass die Gruppenleiter keine Sondervergünstigungen genießen dürfen, wollen sie glaubwürdig sein: Auch für sie gilt der Kontrakt, die gleiche Nikotin- oder Alkoholregelung, die gleiche Pflicht zur Hausarbeit usw. usf. Die Gruppenleiter sind insofern Gruppenmitglieder und vertreten ihre persönlichen Bedürfnisse, gehen individuelle Beziehungen mit den Jugendlichen und den anderen Gruppenleitern ein. Wollen sich die Gruppenleiter tatsächlich als Mitglieder der Lebensgemeinschaft verhalten können, so müssen sie selbst Freude daran empfinden, Abenteuer zu erleben und auf die kommenden Überraschungen und Herausforderungen neugierig sein, sie müssen bereit sein, Beziehungen einzugehen, ohne sich hinter ihren Leitungsfunktionen zu verstecken.

Dabei ist die besondere psychologische Beziehung zu berücksichtigen, die zwischen Jugendlichen und Erwachsenen besteht. Die Jugendlichen distanzieren sich einerseits von den Erwachsenen durch altersgemäße Ablösungskonflikte, neigen aber andererseits dazu, sich mit ihnen total oder mit einzelnen idealisierten Anteilen zu identifizieren. Es mag an der persönlichen Ausstrahlung einzelner Gruppenleiter, am jeweiligen Altersunterschied zwischen ihnen und den Jugendlichen und an deren Vorerfahrungen liegen, ob das eine oder das andere überwiegt. Als Erlebnisgefährten ist es selbstverständlich, dass Gruppenleiter nicht dagegen kämpfen, wenn Jugendliche sich durch Kleidung, Sprache oder Vorlieben bewusst von ihnen abgrenzen, dass sie vielmehr ihre Lebensformen unaufdringlich danebenstellen und sie weder verteidigen noch darauf zugunsten der Anpassung an die Jugendlichen verzichten. Identifikationen sollten zwar nicht gezielt gefördert, aber ebensowenig abgewehrt werden, sondern die Jugendlichen sollten dabei unterstützt werden, herauszufinden, welches Verhalten ihnen wirklich angemessen ist. Die Funktion der Gruppenleiter als Erlebnisgefährten hat aber ihre Grenzen. Während die Jugendlichen ihren Impulsen freien Lauf lassen und ihre persönlichen Ziele verfolgen können, endet dieses Recht für die Gruppenleiter dann, wenn die heilpädagogischen Ziele in Frage gestellt werden. Ein Gruppenleiter darf seine sportlichen Bedürfnisse nur im Rahmen des für den Gruppenverlauf Förderlichen befriedigen, alles weitere gehört in seine private Freizeit. Und gleiches gilt für alle anderen persönlichen Bedürfnisse: Gruppenleiter verhalten sich selektiv authentisch[86], d.h. sie antizipieren den Effekt einer persönliche Aussage und prüfen zuvor, inwieweit sie sich den anderen tatsächlich zumuten dürfen oder müssen.[87]

Ein Erlebnisgefährte der Jugendlichen ist, wer mit ihnen das teilt und ihnen das abfordert, was beiden Partnern und der Situation angemessen ist, ohne seine alters - oder funktionsbedingte Überlegenheit auszunutzen. Er tritt als Erwachsener auf, der zugleich seine „jugendlichen" Anteile auslebt.

Experte für erlebnispädagogische Medien

Das Leitungsteam ist bereits bei der Entwicklung des Rahmens, bei der Auswahl der Orte und der Ausrüstung fachlich gefordert; während der Gruppe hat es die Jugendlichen anzuleiten, ihre Sicherheit zu gewährleisten. Methodisch wird sie sich am Konzept des entdeckenden Lernens orientieren, den Jugendlichen dabei so viel Raum wie möglich lassen und ihre Kenntnisse nutzen. Die informatorische Anleitung, der es um den Nachvollzug vorgedachter oder vorgemachter Abläufe geht, wird die Ausnahme

---

86 Cohn, R.: Von der Psychoanalyse zur themenzentrierten Interaktion. Stuttgart 1975
87 Zur Antizipationsregel: vgl. Heigl-Evers, A./Heigl, F.: Die themenzentrierte interaktionelle Gruppenmethode (Ruth C. Cohn): Erfahrungen, Überlegungen, Modifikationen. In: Gruppenpsychotherapie und Gruppendynamik, Bd.7, H.3. Göttingen 1973

bleiben. Jede Anleitung muss die Antwort auf ein situationsimmanentes Problem darstellen. Auch notwendige Vorübungen lassen sich so gestalten, dass die situationsimmanente Problemstellung und der Ernstcharakter erhalten bleiben. Dafür benötigen die Gruppenleiter neben medienspezifischen Fertigkeiten und persönlichen Erfahrungen auch die didaktischen Kenntnisse darüber, wie diese Fertigkeiten unter den Bedingungen der Erlebnisgruppe zu vermitteln sind.

Dabei hat die Sicherheit immer Vorrang; die Verantwortung der Gruppenleiter ist mit der eines Bergführers vergleichbar. Sie werden manchmal entscheiden müssen, ob eine Tour überhaupt durchführbar ist und unter welchen besonderen Sicherheitsvorkehrungen, es fällt in ihre Kompetenz, ob einzelne zeitweilig auszuschließen sind, sei es aus Gründen ihrer körperlichen Verfassung, sei es wegen der Unzuverlässigkeit bei der Einhaltung von Sicherheitsvorschriften. In solchen und vergleichbaren Situationen müssen die Gruppenleiter klare Anweisungen geben und Gehorsam verlangen. Beim Klettern müssen die Gruppenleiter in jedem Falle Fachleute sein, denn im Gegensatz beispielsweise zum Befahren eines Zahmwasserflusses, besteht beim Klettern ein hohes Risiko bei Nichteinhaltung von Sicherheitsbedingungen.

Begleiter von Erfahrungsprozessen

Erfahrungen können auf allen Ebenen des Gruppenlebens gemacht werden, sie können motorischer, kognitiver, emotionaler oder interaktioneller Natur sein. Der Begleiter muss erstens die Fähigkeit besitzen zu erfassen, was bei einem solchen Prozess abläuft, wo es zu Krisen kommen kann und welche erlebnisgruppenspezifischen Interventionsmöglichkeiten bestehen, er muss zweitens selbst stabil genug sein, um unter allen Umständen genug Distanz zum Geschehen zu behalten. Nur dann wird er gezielte Hilfen geben können und den Jugendlichen die nötige Sicherheit vermitteln. Zum dritten sollte sich ein Gruppenleiter immer über den aktuellen Stand seiner Beziehung zur Gruppe oder zu einzelnen im Klaren sein, um abwägen zu können, welche Wirkung eine Intervention haben wird; dazu gehört insbesondere die bewusste Handhabung des Dependenzkonzeptes.

Die Gruppenleiter werden als Prozessbegleiter sowohl der Gesamtgruppe als auch einzelner aktiv, indem sie sie bei der inhaltlichen Arbeit, bei Beziehungsprozessen und insbesondere bei der Auseinandersetzung mit den Medien unterstützen. Zur Prozessbegleitung gehören auch Erstellung und Fortschreibung des Entwicklungskompasses sowie die regelmäßige Reflektion der Aktivitäten im Hinblick auf den Gruppenprozess und die individuellen Erfahrungen der einzelnen.

6. Geschichte des Kletterns – „Das Seil"

„Weltweit, überall dort, wo Schäfer oder Holzfäller zwischen Felsen ihrer Arbeit nachgehen, wird man dann und wann gezwungen gewesen sein, zu klettern. Um den Tieren nachzusteigen, eine Felsspitze zu erreichen oder einen Baumstamm umzusägen, der an exponierter Stelle stand."[88]

„Die Geschichte des Kletterns ist eng mit der des Bergsteigens und des Alpinismus verbunden"[89]. Mit der Besiedelung bergiger Regionen, war der Mensch unmittelbar gezwungen „bergzusteigen". Diesem Vordringen des Menschen in ihm bis dahin nicht bekannte Lebensräume lagen im Wesentlichen zwei Motive zugrunde. Einerseits sah der mittelalterliche Mensch das Gebirge zunächst als nutzbaren Lebensraum. So kletterten bzw. bestiegen Jäger, Hirten, Bergbauern oder Krieger unwirtliche, höher gelegene Bergregionen in Ausübung ihres Berufes und keinesfalls zum Selbstzweck.[90] Andererseits hatten Berggipfel schon seit Urzeiten eine religiöse Bedeutung für den Menschen. Er benutzte sie als Kult- und Opferstätten, um seine feierlichen Rituale zu Ehren der Götter abzuhalten, denn die Gipfel galten als Symbole der Verbindung um Himmel und zu den Göttern.[91]

„Die Entwicklung des Bergsteigens um seiner selbst willen ist historisch relativ jung"[92] und hatte zwei geistesgeschichtliche Voraussetzungen. Die erste Voraussetzung für das Bergsteigen um seiner selbst willen war die Entmythologisierung der Natur durch die Zeit der Aufklärung und die damit verbundene Ausbreitung der naturwissenschaftlichen Betrachtung der Natur. Die zweite Voraussetzung war durch die Industrialisierung hervorgerufene, von der Natur entfremdete, Lebensweise mit der sich als Reflex darauf entwickelnden bewussten Naturwahrnehmung der Romantik (1790-1840).[93]

Damit begann die eigentliche Entwicklung des Bergsteigens gegen Ende des 18. Jahrhunderts in den Alpen. Vorangetrieben wurde diese Entwicklung durch das naturwissenschaftliche Denken der Aufklärung, welches ein starkes wissenschaftliches Interesse an der Erforschung der Bergwelt initiierte. Daraufhin folgten die Erstbesteigungen der größeren Gipfel in den Alpen, zuerst der Mont Blanc (1786) und der Großglockner (1800). Hervorgerufen durch das Einsetzen der Industrialisierung brachte das romantische Naturerleben einen ganz anderen Zugang zum Bergsteigen,

---

88 Messner, 2002, S.20
89 Senn, 1995, S. 32
90 Huber, 1981, S.10
91 Zimmermann, 1990, S.7, zit. Nach Senn, 1995, S. 32
92 Goedecke, Mailänder, 2000a, S.17
93 Ebd.

welches ebenfalls für die Frühphase des Bergsteigens eine bedeutende Rolle spielte. Der ehemals wissenschaftliche Hintergrund wich jetzt der sport-lichen, ja sogar kämpferischen Einstellung der Pioniere des Bergsteigens.[94]

Das Bergsteigen in dieser Zeit hatte zunächst einen gewissen Er-oberungscharakter, der gelegentlich auch durch aufkommende nationale Konkurrenz überzogen war (z.B. Erstbesteigung des Matterhorns 1865). Um somit in die Geschichte eingehen zu können, wollte jeder der erste sein, der einen gewissen Gipfel noch vor allen anderen bestieg. Bergsteigen wurde somit zum Selbstzweck betrieben.[95][96] Da es zu dieser Zeit ohnehin wegen der mangelhaften Sicherungstechnik problematisch genug war, einen Gipfel zu erklimmen, wurde naturgemäß der einfachste Weg zum Ziel, dem Gipfel, gesucht und verfolgt.[97]

Der nächste Schritt in der Entwicklung des Bergsteigens unterlag der Erkenntnis, dass „nicht nur das Ziel, sondern auch der Weg das Wesent-liche ist"[98], aufgrund der Erfahrung, dass das Bergsteigen von schwierigen und bis dahin ‚unmöglichen' Gipfeln doch erfolgreich vollbracht wurde. Somit wurden gegen Ende des 19. Jahrhunderts, mit Hilfe verbesserter Ausrüstung (Seil, Haken, Karabiner usw.) und Seiltechnik, Bergfahrten unternommen, welche bis dahin für undenkbar gehalten wurden. Diese hatten das Aufsuchen von schwierigeren Anstiegen zum bewussten Ziel.[99] Auf diese Weise wurden dann in den dreißiger Jahren die letzten großen Herausforderungen der Alpen (z.B. die Nordwände des Matterhorns, 1931; der Grandes Jorasses, 1935, und des Eigers, 1938) gemeistert.[100]

„Es dauerte nicht lange, bis sich das Bewusstsein durchsetzte, dass nicht nur die Erstbegehung eines Kletterweges, sondern auch das Wiederholen von bereits begangenen Routen als eine individuelle ‚Eroberung' im Sinne des Kennenlernens und Sich-Bewährens einen Wert hat."[101]

Parallel zu den Geschehnissen in den Alpen wurden die gleichen Problemstellungen auch in den außeralpinen Felsgebieten in Deutschland verfolgt. Anfangs wurden noch alle freistehenden Felsnadeln und Türme, auch die besonders schwierigen und abweisenden erklettert. Auch hier wurde aus Gründen der Knappheit an geeigneten Felsen bald dazu übergegangen, noch schwierigere Routen auf die Gipfel der Türme zu suchen und zu klettern. Da die Anzahl der freistehenden Felsnadeln und

---

94 Huber, 1981, S.10
95 Senn, 1995, S.33
96 Goedecke et al., 2000a, S.17
97 Senn, 1995, S.33
98 Goedecke et al., 2000a, S. 17
99 Senn, 1995, S. 34
100 DAV, 1999a, S. 10
101 Goedecke et al., 2000a, S. 18

Türme in den deutschen Mittelgebirgen begrenzt war, wurde das Augenmerk der Kletterer bald auf Kamine und Risse in umgebenden Massivwänden gerichtet, wo später auch steilere Wandbereiche durchstiegen werden konnten.[102][103]

Aufgrund der sich aus dem alpinen Bergsteigen des 18. Jahrhunderts einsetzenden touristischen Entwicklung des Alpenraumes wurde 1857 der erste Alpin- und Bergsteigerclub, der Alpine Club London, gegründet. 1862 folgte dann der Österreichische Alpenverein (OeAV). Der erste deutsche Klub war der Deutsche Alpenverein (DAV), der seit 1869 bis heute noch besteht. Im Jahre 1890 waren dann schon Alpenvereinssektionen in vielen größeren deutschen Städten zum Leben erweckt worden. Durch diese Entwicklung stiegen die Mitgliederzahlen und somit auch die Zahl der Kletterer rasch an. Bis zu dieser Zeit war das Klettern nur das Ansinnen und Privileg einiger weniger, was sich aber von dort an änderte. Der Klettersport zog nun breitere Kreise aus vorwiegend bürgerlichen Schichten alpenferner Städte. So war z.B. auch die Frankfurter DAV-Sektion eine der Gründungssektionen des Deutschen Alpenvereins.[104]

Hierin liegt auch eine Begründung für das noch vor dem 20. Jahrhundert einsetzende Aufsuchen der stadtnahen Mittelgebirge zum Klettern – übrigens nicht nur ein deutsches Phänomen, sondern Ähnliches passierte zum Beispiel auch in Frankreich und Großbritannien. Die Gründe dafür sind vor allem in folgenden zwei Aspekten zu sehen. Zum einen war ein ganzjähriges körperliches Training eine Voraussetzung für erfolgreiches Gelingen von Bergbesteigungen und Klettereien im Hochgebirge. In Anbetracht der den damaligen Menschen zur Verfügung stehenden zeitlichen und finanziellen Möglichkeiten bot sich das Klettern an den Mittelgebirgsfelsen der näheren Umgebung an. Zum anderen brauchten die noch jungen Vereine ein Zusammengehörigkeitsgefühl, welches am besten durch regelmäßige sportliche Aktivitäten gefördert werden konnte. Erst durch diese Regelmäßigkeit konnte sich Kontinuität in den Vereinen entwickeln.[105]

„Klettern an den heimatlichen Cliffs [Klippen] war also Übung und Selbstzweck, Vergleichsspiel und Training".[106]

---

102 Goedecke et al., 2000a, S. 17
103 DAV, 1999a, S. 10
104 Goedecke et al., 2000a, S. 18: DAV, 1999b, S. 5f.
105 Goedecke et al., 2000a, S. 18; DAV, 1999b, S. 5f
106 Messner, 2002, S. 21

6.1. Die Entstehung der Freikletterbewegung in Sachsen

Noch in dieser Zeit wurde der Grundstein für das Klettern unter sportlichen Gesichtspunkten in Sachsen gelegt. Hier wurde schon ab 1874 bewusst auf technische Hilfsmittel zur Fortbewegung am Fels verzichtet. Unter dem Einfluss der Elbsandstein-Pioniere OSCAR SCHUSTER und RUDOLF FEHRMANN wurde diese Idee des freien Steigens ab 1890 aufgegriffen und weiter verbreitet.[107]

Auch heute noch bildet diese Idee, die 1913 in einem Nachtrag zu dem 1907 erschienen Kletterführer von den beiden erstmals publiziert wurde. Den Grundsatz für das sportliche Freiklettern: Geklettert wird frei ohne Zuhilfenahme von künstlichen Steighilfen zur Überwindung der Schwerkraft, des Weiteren wird die Felsoberfläche nicht verändert bis auf Sicherungsringe, und beklettert werden nur freistehende Felstürme von unten nach oben ohne vorheriges Inspizieren durch Abseilen.[108]

„Außerhalb des Elbsandsteingebirges fand die sportive Idee des Freikletterns allerdings keinen nachhaltigen Widerhall".[109]

So hielt man sich in den anderen deutschen Klettergebieten dennoch an die Auffassung, dass das Bezwingen einer Kletterroute als Ziel im Vordergrund stand, wobei die Art und Weise, in der eine Begehung zustande kam, von untergeordneter Bedeutung war; gemäß dem alpinistischen Sinne: Der Gipfel ist das Ziel und Klettern nur ein Mittel, es zu erreichen. In der Nachkriegszeit des Zweiten Weltkrieges und mit der sich aus dem einsetzenden Wirtschaftswunder hervorgehenden Ideologie, dass alles machbar ist, gipfelte das Technische Klettern im „Direttissima-Zeitalter". Direttissima bedeutet nichts anderes, als vom Startpunkt ausgehend in lotrechter Linie direkt zum Gipfel zu klettern ohne dabei etwaigen schwierigen Felspassagen auszuweichen.[110] Wir Bergsteiger sagen dazu: „Die haben sich damals hochgenagelt." Gründe dafür sind vor allem in dem stetig verbesserten Sicherungsmaterial (unter anderem Seil, Hammer, Haken, Trittleitern, Karabiner, Holzkeile, Meißel, Bohrdübel. Sitzbrett und Hängematte) zu finden:[111]

„Ein ‚Erschließer' musste die ‚Eroberung' einer Wand nur mit dem hinreichenden Material-. Zeit- und Arbeitsaufwand betreiben, um zum Erfolg zu gelangen."

---

107 DAV, 1999b, S. 6; Goedecke et al., 2000a, S. 19
108 DAV, 1999b, S. 6; Goedecke et al., 2000a, S. 19
109 DAV, 1999b, S. 6
110 DAV, 1999b, S. 6
111 Goedecke et al., 2000a, S. 19

Auf diese Weise kam es dazu, dass man auch heute noch in manchen Gebieten auf ganze „Hakengalerien" im Fels trifft[112], denn das Technische Klettern hielt natürlich auch Einzug in die als Übungs- und Trainingsstätten dienenden deutschen Mittelgebirge. Mitte der 60er Jahre machte sich schließlich die Einsicht breit, dass der Klettersport in eine Sackgasse geraten war.[113] Sogar Reinhold Messner, einer der wohl bekanntesten Bergsteiger weltweit, bezeichnete das Technische Klettern als „Mord am Unmöglichen" und setzte sich „für eine Rückbesinnung auf die fast in Vergessenheit geratenen Werte und Erlebnismöglichkeiten des Freikletterns" ein.[114]

Durch die politische Isolation war das Klettern in Sachsen „von den Tendenzen im Alpenraum abgeschottet"[115] und konnte sich somit ungestört entfalten. Die sächsischen Kletterfreunde blieben dem Freiklettergedanken treu. In den restlichen westdeutschen Klettergebieten wurde die Idee des freien Kletterns erst Mitte der siebziger Jahre sozusagen als „Re-import" aus Amerika übernommen. „Re-import" deshalb, weil die Idee des freien Kletterns ursprünglich durch FRITZ WIESNER, einem sächsischem Auswanderer, nach Amerika gelangte und dort seit 1947 immer größere Akzeptanz erfuhr.[116]

1977 durchstiegen HELMUT KIENE und REINHARD KARL zum ersten Mal die „Pumprisse" an der Fleischbank im Wilden Kaiser frei. Eine bisher noch nie (außerhalb Sachsens) frei bewältigte Schwierigkeit, die oberhalb der bislang existierenden Skala lag. Sie eröffneten den siebten Grad in der UIAA-Skala.[117] Mit dem freien Klettern, von bis dahin nur technisch zu überwinden geglaubten Schwierigkeiten, musste die bisherige Schwierigkeitsbewertung nach oben hin erweitert und wenig später sogar völlig geöffnet werden.[118]

„Das Klettern emanzipierte sich nun endgültig vom traditionellen Alpinismus, was sich in Deutschland an dem Begriff des Sportkletterns manifestierte".[119]

In den folgenden Jahren explodierte die Leistungsentwicklung im Sportklettern durch systematisches Training und den Einsatz moderner Sicherungsmittel. Schon sechs Jahre nach der Einführung des siebten Grades „beging der Engländer JERRY MOFFAT mit seiner Kreation ‚The

---

112 Senn 1995, S. 34
113 Goedecke et al., 2000a, S. 19
114 Ebd.
115 DAV, 1999b, S. 7
116 DAV, 1999b, S. 7
117 Höfler, 1989, S. 183; Goedecke et al., 2000a, S. 20
118 Güllich & Kubin, 1987, S. 19
119 DAV, 1999b, S. 7

Abbildung 10: Spielformen des Kletterns

Face' im unteren Altmühltal die erste Route im zehnten Grad".[120] 1991 hat WOLFGANG GÜLLICH mit der Begehung der Route „Action Directe" am Waldkopf im Nördlichen Frankenjura die Ära des elften Grades begonnen. Bis zum heutigen Tag ist noch kein Ende in der Leistungsentwicklung des Sportkletterns anzunehmen.[121]

„Die Bewegung des Sportkletterns blieb selbstverständlich nicht nur dort wirksam, wo sie ihren Ausgang nahm, in den Mittelgebirgs-Klettergebieten,

---

120 DAV, 1999a, S. 11; Goedecke et al., 2000a, S. 20
121 Ebd.

sondern sie zog ihre Kreise, stets mit einem Rückstand von etwa einem Schwierigkeitsgrad [UIAA], auch in den hohen und höchsten Wänden der Alpen".[122]

6.2.   Spielformen des Kletterns

„Klettern ist jede Fortbewegung, bei der es notwendig ist, die Hände zur Erhaltung des Gleichgewichts oder auch zur Kraftunterstützung einzusetzen. Allerdings kann in Sonderfällen der Übergang zwischen dem gerade noch ohne Einsatz der Hände begehbaren Gelände und tatsächlichem Klettergelände fließend sein, da die Notwendigkeit des Einsatzes der Hände auch vom Können des Kletterers abhängt".[123]

Klettern ist der Sammelbegriff für eine nicht homogene Sportart, denn klettern kann man auf unterschiedlichste Weise. So kann man zum Beispiel an vier Meter hohen Felsblöcken seine athletischen Fähigkeiten trainieren, eine Gratüberschreitung im Wettersteingebirge unternehmen oder die winterliche Eigerwand durchsteigen. Alles fällt unter den Sammelbegriff ‚Klettern'. Um nun die verschiedensten Weisen des Kletterns verständlicher erscheinen zu lassen, muss man sie in diverse Spielformen kategorisieren.[124]

„Das moderne Klettern stellt sich nicht als eine homogene Sportart dar, sondern als eine Vielzahl diverser Aktivitäten, die sich - obwohl sie miteinander in Zusammenhang stehen - doch in vielem unterscheiden".[125]

Da es in der Literatur keine übereinstimmende Meinung über die Spielformen des Kletterns gibt, sondern nur teilweise Übereinstimmungen und scheinbare Gleichsetzungen, ist es nicht von Vorteil die einzelnen Meinungen aufzuführen und damit Verwirrung zu stiften. Vielmehr besteht die Chance, aus diesen eine neue Kategorisierung der Spielformen zusammenzufassen. Die nachfolgende Betrachtung der Spielformen des Kletterns basiert auf einer Kategorisierung des Kletterns in „Klettern in natürlicher Umgebung" und „Klettern in künstlich angelegten Sportstätten" aufgrund folgender Quellen: DAV 1999a; HOFFMANN 2003; DAV, 1999b; WINTER, 2000; HOFFMMANN & POHL, 1996; GOEDEKE et al., 2000a; ELSNER & HAASE, 2000; HUBER & HUBER, 2000; GÜLLICH et al., 1987; DEINET, 2000a; DEINET, 2000c; SENN, 1995.

„Klettern in natürlicher Umgebung" kann man entweder an Felsen oder an Bäumen, „Klettern in künstlich angelegten Sportstätten" hingegen in

---

122 Güllich et al., 1987, S. 10
123 DAV, 1999b, S. 5
124 Goedecke et al., 2000a, S. 21
125 DAV, 1999a, S. 14

Kletterhallen, an Gebäuden bzw. Mauern oder in Seilgärten. Klettern an Felsen, auch Felsklettern genannt, ist wohl die ursprünglichste Form des Kletterns, welche sich auch in die beiden Hauptbereiche Technisches Klettern und Freiklettern unterteilt. Dem Technischen Klettern werden das Klassische Alpinklettern, das Klettersteigklettern, das Eisklettern, das Höhlenklettern, das Expeditionsbergsteigen und schließlich das Mixed Climbing zugeordnet. Unter dem Begriff Freiklettern versteht man das Sportklettern, das Alpine Sportklettern und das Bouldern. Klettern an Bäumen hingegen ist nichts anderes als eine Variante des Sportkletterns; auch bekannt unter dem Namen „Treeing".

„Klettern in künstlich angelegten Sportstätten" unterteilt man in die drei Bereiche: Kletterhalle, Gebäude/Mauern und Seilgarten. In Kletterhallen kann man entweder Sportklettern, auch „Hallenklettern" genannt, bzw. Bouldern. Eine besondere Form des „Hallenkletterns" bildet hier das Wettkampfklettern, welches ursprünglich an Felsen durchgeführt wurde, doch heute aus Gründen des Naturschutzes ausschließlich in Kletterhallen vollzogen wird. Dem Klettern an Gebäuden bzw. Mauern ist einerseits ein Abkömmling des Sportkletterns -„Buildering"- zugeordnet, und andererseits das Bouldern. Das Klettern in Seilgärten umfasst hohe und niedrige Seilelemente.

Felsklettern

Felsklettern umschreibt alle Spielformen des Kletterns, welche am Felsen stattfinden. Es wird unterschieden in die beiden Teilbereiche Technisches Klettern und Freiklettern. Spricht man von der Natursportart Klettern, so sind damit jegliches Felsklettern und das Sportklettern an Bäumen („Treeing") gemeint.

Technisches Klettern

„Werden zur Fortbewegung und, streng genommen, auch zum Ausruhen künstliche Hilfsmittel (Haken, Keile, Karabiner, Schlingen, Trittleitern usw.) benutzt, spricht man vom technischen Klettern".[126]
Zum Technischen Kletten zählen die Spielformen: Klassisches Alpinklettern, Klettersteigklettern, Eisklettern, Höhlenklettern, Expeditionsbergsteigen und Mixed Climbing.

Klassisches Alpinklettern

Unter Klassischem Alpinklettern versteht man das Felsklettern im alpinen Gebirge. Hier wechseln sich überwiegend frei zu bekletternde Passagen mit kurzen technisch zu bekletternden Passagen ab. Als Sicherungspunkte

---

126 Elsner et al., 2000, S. 73

dienen im Allgemeinen geschlagene Normalhaken, Klemmgeräte aller Art, Sanduhren bzw. Felsköpfe, die mit Hilfe von Schlingen abgebunden werden, usw.

Klettersteigklettern

Klettersteigklettern beschreibt das Klettern in leichtem Felsgelände, welches durch Drahtseile und eventuell durch Leitern abgesichert ist. Es ist ein Phänomen der Alpen, insbesondere in den Dolomiten, wo es als ein Relikt des Ersten Weltkrieges bis heute noch Tradition hat. Doch auch in deutschen Mittelgebirgen wurden aus Übungsgründen Klettersteige angelegt.

„Streng genommen dürfen generell alle Steiganlagen, die der Erreichbarkeit von Felsgipfeln dienen, als Klettersteige erachtet werden, also auch Treppen, Leitern und trassierte Wege, die beispielsweise zu Aussichtspunkten auf Felsen führen".[127]

Eisklettern

Das Eisklettern ist der Begriff für das Klettern an vereisten Wasserfällen, verschneiten und überfrorenen Felsformationen und anderen Eiswänden mittels Eispickel, Eisbeil, Steigeisen, Eisschrauben, Eishaken u.a. technischer Geräte. Diese werden nicht nur zur Sicherung gebraucht, sondern auch, um sich im Eis halten bzw. fortbewegen zu können.

„Diese Form der Kletterei ist notwendig, für die Vorbereitung extremer alpiner Unternehmungen, hat aber im engeren Sinne nichts mit Felsklettern zu tun".[128]

Doch auch hier hat inzwischen eine Entwicklung stattgefunden, die das Eisklettern zum Selbstzweck und nicht nur zur Vorbereitung auf größere alpine Unternehmungen beschreibt.

Höhlenklettern

Der Begriff Höhlenklettern umschreibt nichts anderes als Technisches Klettern in Höhlen.

Mixed Climbing

Mixed Climbing steht für das Klettern an Fels und Eis im Wechsel mittels der Ausrüstungsgegenstände, welche auch zum Eisklettern gebräuchlich sind.

---

127 Deinet, 2000c
128 DAV, 1999b, S. 9

Expeditionsbergsteigen

Beim Expeditionsbergsteigen ist das Ziel immer der Gipfel eines Berges im Hochgebirge. Im Grunde genommen stellt das Expeditionsbergsteigen ein Extrem an Verschmelzung jeglicher Varianten des Technischen Kletterns dar, um einen Berg zu besteigen. Dabei ist praktisch jedes „Hilfsmittel bis auf die maschinelle Beförderung von Personen und Material am Berg erlaubt".[129]

Freiklettern

„Freiklettern bedeutet Klettern nur an den natürlichen Strukturen des Felses. [Hilfsmittel wie] Seil, Haken, Klemmkeile, Schlingen, usw. werden dabei ausschließlich zur Sicherung verwendet. Freiklettern bedeutet nicht, wie in den Medien fälschlicherweise oft behauptet, Klettern ohne Sicherung".[130]

„Zur Überwindung der Schwerkraft beim Klettern werden allein die vom Fels gegebenen, natürlichen Haltepunkte, wie Griffe, Tritte, Risse etc., verwendet".[131]

„Die Auseinandersetzung mit den von der Natur gestellten Aufgaben ist [...] also nicht nur eine rein sportlich-körperliche Aufgabe. sondern ebenso auch ein intellektuelles Spiel".[132]

Das Freiklettern, auch Freie Climbing genannt, unterteilt sich im Wesentlichen in die folgenden drei Spielformen: Sportklettern. Alpines Sportklettern und Bouldern.[133]

Sportklettern

Das Sportklettern basiert auf der Idee des Freikletterns. Das bedeutet, ohne technische Unterstützung nur an den natürlichen Felsstrukturen, aber am Seil gesichert zu klettern. Dabei steht nicht das Erreichen des Gipfels. sondern das Klettern selbst im Vordergrund. Meistens wird dabei eine Höhe von einer Seillänge (ca. 30 Meter) nicht überschritten. Maximal aber spricht man vom Sportklettern bis zu einer Kletterhöhe von drei Seillängen (ca. 100 Meter) das nur in Ausnahmefällen überhaupt möglich ist, denn meist findet das Sportklettern im Mittelgebirge, in so genannten „Klettergärten" statt. Diese heimischen Mittelgebirgsfelsen dienen den Felsgehern, die alpenfern leben, als unschätzbare Vorbereitung und Sicherheitstraining für ihre geplanten Unternehmungen im Hochgebirge.

---

129 Goedecke et al., 2000a, S. 25
130 Elsner et al., 2000, S. 73
131 Güllich et al., 1987, S. 17
132 DAV; 1999b, S. 8
133 Güllich et al. 198". S. 39

Nichtsdestotrotz ist die Tendenz dahingehend, dass das Sportklettern immer häufiger zum Selbstzweck und nicht zur Vorbereitung betrieben wird. In Folge dessen ist es nicht mehr nur interessant, „was geklettert wird, sondern von mindestens gleichem Interesse ist, wie eine Route geklettert wird".[134]

„Fälschlicherweise wird der Begriff Sportklettern [...] immer wieder als das Klettern von sehr gut abgesicherten [...] Kletterrouten oder gar als Wettkampfklettern missverstanden. Ob jemand „sportlich" klettert bzw. sich als Sportkletterer versteht, hängt aber in keiner Weise von der Qualität der Absicherung, von der Art des „Kletteruntergrundes" (natürlicher Fels oder Kunstwand) oder von dem zu kletterndem Schwierigkeitsgrad ab".[135]

Varianten des Sportkletterns: Wettkampfklettern, Treeing, Buildering, Hallenklettern Wettkampfklettern

Obwohl das Wettkampfklettern mit dem Sportklettern nicht identisch ist, hat es sich mit der zunehmenden Popularität des Sportkletterns Mitte der achtziger Jahre daraus entwickelt. Der Begriff Wettkampfklettern steht für das Klettern mit leistungssportlichem Charakter. Grundsätzlich werden die zwei Disziplinen Schwierigkeitsklettern und Geschwindigkeitsklettern (Speedclimbing) unterschieden. Ursprünglich fanden die Kletterwettkämpfe an Naturfelsen statt, doch seit 1987 finden die Wettkämpfe gemäß der UIAA (Union Internationale des Associations d'Alpinisme), dem Dachverband aller Kletterwettkämpfe auf nationaler und internationaler Ebene, aus Gründen des Naturschutzes und der objektiven Vergleichbarkeit ausschließlich in der Halle statt. Auch das Wettkampfklettern erfreut sich in den letzten Jahren mit dem Herausbilden immer neuer Kletterhallen besonders auf regionaler und lokaler Ebene wachsender Beliebtheit.

„Durch klar definierte Wettkampfrouten und für alle Teilnehmer gleiche Ausgangsbedingungen (für alle sind die jeweiligen Routen unbekannt) ist ein objektiver Leistungsvergleich möglich".[136]

Treeing

„Treeing" ist nichts anderes als das Sportklettern an und auf Bäume anstatt an Felsen oder an künstlich angelegten Sportstätten.

Buildering

Die Spielform „Buildering" umschreibt das Sportklettern an Gebäuden und Mauern. Der Begriff „Buildering" ist aus dem englischen Wort „building" abgeleitet, was für Gebäude steht. Herausgebildet hat sich diese

---

134 DAV, 1999b, S. 11
135 DAV, 1999b, S. 8, 377; Deinet, 2000c
136 Elsner et al., 2000, S. 73

Variation des Sportkletterns aus dem Mangel an geeigneten Naturfelsen in der näheren Umgebung. Besonders in größeren Städten und Ballungszentren hat das „Buildering" Tradition. Doch nimmt der Stellenwert dieser Spielform mit der Zunahme von Kletterhallen stetig ab. Unterscheiden lässt sich das „Buildering" vom Hallenklettern vor allem dadurch, dass es wetterabhängig ist und nur vorgefundene Strukturen als Griff- und Trittmöglichkeit benutzt werden.

Hallenklettern

Hierbei handelt es sich (noch) nicht um eine selbständige Ausprägungsform des Sportkletterns, sondern um eine Übertragung des Sportkletterns auf eine künstliche Anlage - die Kletterhalle. „Hallenklettern" dient meist zur Vorbereitung auf das Klettern in der Natur oder zum Training für einen Wettkampf. Es wird (noch) nicht zum Selbstzweck durchgeführt. Eine Tatsache, die sich in den nächsten Jahren ändern könnte, da immer mehr Kletterhallen ihre Dienste anbieten. Zusätzlich zur Vorbereitungs- und Trainingsfunktion sind die Kletterhallen auch Kommunikationsstätten unter den Kletterern, was natürlich nicht zuletzt damit zusammenhängt, dass die wohnortnahe Lage den Zeit- und Kostenaufwand im Vergleich zum Nutzen in einem positiven Verhältnis erscheinen lässt. Folglich ist es den Kletterern möglich, sich trotz ihres bestehenden Arbeitsverhältnisses während der Woche sportlich zu betätigen, und auch ganzjähriges sowie wetterunabhängiges Klettern zu betreiben.

Alpines Sportklettern

In den letzten Jahren wurde durch viele Kletterer der Gedanke des Sportkletterns ins Gebirge übertragen. Alpines Sportklettern ist somit nichts anderes, als Sportklettern im alpinen Gelände mit all dessen zusätzlichen Gefahren (Wetter, Steinschlag, Orientierung, psychische und physische Belastung) - über mehrere bis viele Seillängen (ab ca. 100 Meter aufwärts). „Die Formen des Sportkletterns haben die Kletterei in den Alpen nachhaltig beeinflusst, allerdings dort die alpine Kletterei nicht verdrängt, da in den Alpen der Gefahrenaspekt nicht gänzlich beseitigt werden kann. Insofern dienen Klettergärten immer noch als Übungsgebiet für alpine Formen des Kletterns."[137]

Bouldern

Der Begriff Bouldern ist die eingedeutschte Form des Begriffes „Bouldering". Es steht für seilfreies Klettern bis zu einer Höhe, von der noch verletzungsfrei abgesprungen werden kann. Das Bouldern hat seinen

---

[137] DAV, 1999b, S. 12

Ursprung im englischen Wort „boulder", was soviel wie Felsblock heißt. Gebouldert wird entweder in geringer Höhe über dem Erdboden an Felsblöcken oder am Fuß höherer Wände. Die dabei kritische Absprunghöhe ist subjektiv abhängig vom Gelände und den Fähigkeiten des Kletterers. Ursprünglich hatte das Bouldern eine Trainings- und Vorbereitungsfunktion für die ansonsten im Hochgebirge oder Mittelgebirge Kletternden, doch seit seiner Entstehung in den fünfziger Jahren erfreut sich das Bouldern besonders seit den neunziger Jahren immer größerer Beliebtheit, denn seit dieser Zeit wird zum Selbstzweck gebouldert.

„Für manche Kletterer ist das Bouldern die reinste Form des Kletterns, für andere ist es die ideale Trainingsform für das Sportklettern".[138]

Bouldern kann man am Felsen selbst und an künstlichen Wänden, wie zum Beispiel in Kletterhallen in den eigens dafür vorgesehenen Boulderbereichen, an Gebäuden oder an Mauern.

6.3. Ethik und Begehungsstile des Kletterns

In den folgenden Unterabschnitten werden Ethik und Begehungsstile des Kletterns detailliert behandelt.

6.3.1. Ethik

Zu Anfang des Kletterns waren noch keine „gemeinsamen Spielregeln" vereinbart, um eine Wand zu erklimmen. 1874 kam es dann zur ersten freien Begehung unter sportlichen Gesichtspunkten im Elbsandsteingebirge. Diese Idee fand unter den Elbsandsteinpionieren SCHUSTER und FEHRMANN in den Jahren unmittelbar vor und nach der Jahrhundertwende großen Zuspruch und wurde weiterentwickelt zur Grundidee des heutigen sportlichen Freikletterns. Dabei wurde in der 1913 erstmals publizierten Idee vom ‚freien Steigen' festgeschrieben, dass auf sämtliche künstliche Steighilfen verzichtet wird.[139] Erst Jahre später wurde dieser Grundgedanke auch in anderen Klettergebieten in Deutschland aufgegriffen. Als Folge dessen wurden auch keine Griffe und Tritte mehr in den Fels geschlagen, denn die Kletterer orientierten sich jetzt an den natürlichen Strukturen des Gesteins wie Kanten, Risse, Verschneidungen, Kamine und dergleichen.[140]

In Westdeutschland wurde das freie Steigen zugunsten des Klassischen Alpinkletterns vernachlässigt. Die Fortbewegung im Fels war dort ge-

---

138 Elsner et al., 2000, S. 72
139 DAV, 1999b, S. 6
140 Ebenda, S. 10

kennzeichnet von der Benutzung von künstlichen Hilfsmitteln wie Haken, Holzkeile, Strickleitern, Rissklemmen etc. Seile wurden zu dieser Zeit nicht nur zur Sicherung sondern auch als Steighilfe mittels Seilzug in allen erdenklichen Variationen benutzt. Es war normal, alle Haken als Griff- und Trittmöglichkeiten zu benutzen. In dieser Zeit wandte man sich den heimischen Mittelgebirgsfelsen als ideales Trainings- und Vorbereitungsgebiet für die Alpen zu. Somit übertrug man das Technische Klettern in fast alle Mittelgebirge, die sozusagen als „Minialpen" gesehen wurden. Das klassische Alpinklettern fand seinen Höhepunkt um 1970 im „Ideal der Direttissima" (geradlinig zum Gipfel klettern).[141]

Erst Ende der siebziger Jahre wurde das Frei- und Sportklettern aus den USA nach Deutschland zurückimportiert, nachdem es dort durch den aus Sachsen stammenden FRITZ WIESNER populär wurde. „Seit diesem Zeitpunkt wurde im Klettergarten - später auch in den Alpen - die alpine Kletterei durch das Frei- und Sportklettern abgelöst".[142] Das Leitmotiv dieser Zeit hieß Klettern „by fair means" oder „clean climbing", was soviel heißt wie[143]:

nur natürliche Haltepunkte dienen zur Fortbewegung,

nur mobile Sicherungsmittel (Friends, Klemmkeile, Schlingen usw.) werden verwendet,

am Fels werden keine Spuren hinterlassen.

Beinahe zur gleichen Zeit wurde zunächst nur im Frankenjura ein eigenständiger Freiklettergedanke durch KURT ALBERT entwickelt - das „Rotpunkt"-Klettern. ALBERT markierte nämlich alle Routen, die er zuvor ohne technische Hilfsmittel und ohne naturschädigende Spuren zu hinterlassen frei durchstiegen hat, mit einem roten Punkt am Einstieg. Beeinflusst von immer mehr freien Begehungen von bis dato technischen Kletterrouten durch die wachsende Anzahl von Sportkletterern wurde schließlich die alte Schwierigkeitsskala der UIAA (Union Internationale des Associations d' Alpinisme) nach oben hin erweitert und letztlich völlig geöffnet.[144]

Um in noch größere Schwierigkeiten vordringen zu können, wurde seit Mitte der achtziger Jahre die Idee des „Clean Climbing" zugunsten von im Fels fest angebrachten Bohrhaken verlassen. Das Prinzip des Freikletterns blieb hierbei jedoch unangetastet, denn zur Fortbewegung dienten weiterhin nur natürliche Haltepunkte. Die Begründung für das Verwenden von fixen Bohrhaken ist denkbar einfach, da noch schwierigere Routen

---

141 DAV, 1999b, S. 10f.
142 DAV, 1999b, S. 11
143 DAV, 1999b, S. 11, 373; Elsner et al., 2000, S. 73; Deinet, 2000b
144 DAV, 1999b, S. 11

nicht zwingend der natürlichen Strukturierung des Felsens folgten, sondern vielmehr durch kompakte Wandbereiche führten.[145]

„Das Klettern nahe der persönlichen Leistungsgrenze ist mit einem hohen Sturzrisiko behaftet. Dieses wiederum ist nur bei einer angemessenen guten Absicherung verantwortbar".[146]

6.3.2. Begehungsstile

Auch ohne das Existieren eines verbindlichen Regelwerks für das Fels- und Sportklettern, haben sich international übergreifende Regeln für Begehungsstile herausgebildet. Diese dienen einerseits der objektiven Vergleichbarkeit von verschiedenen Kletterleistungen in denselben Routen, andererseits stellen sie auch die notwendigen Regeln für das Erstbegehen von Routen in einer sensiblen Natursportart dar.[147]

Der Begehungsstil beschreibt die Art und Weise, in welcher eine Begehung aus sportlicher und sicherungstechnischer Sicht durchgeführt wird. Das entscheidende Maß im Sportklettern ist, „wie" eine Begehung vorgenommen wird.[148] Für die meisten Kletterer stellt eine „On Sight" oder eine „Flash" -Begehung einer Route das höchste Ideal dar.[149] Die Begehungsstile werden nachfolgend erläutert.

Beim Sportklettern wird unterschieden zwischen dem Vorstieg und dem Nachstieg. Beim Vorstieg klettert der Vorsteiger die Route vor, wobei er von seinem Sicherungspartner von unten gesichert wird. Er trägt dabei immer auch das Risiko eines möglichen Sturzes, weil das Seil an den verschiedenen Sicherungspunkten auf dem Weg nach oben erst eingehängt werden muss.[150] Beim Nachstieg hingegen kommt das Seil schon von oben - es besteht also keinerlei Sturzgefahr für den Nachsteiger. Es kann nur nach einem vorangegangenen Vorstieg nachgestiegen werden.[151]

Die verschiedenen Begehungsstile beziehen sich alle mit Ausnahme des Toprope-Stils auf den Vorstieg. Das Toprope-Klettern ist nichts anderes als eine besondere Form des Nachstiegs und hat wie auch das Ausbouldern und das Free Solo keine sportliche Bedeutung.[152] Die nachfolgend aufgeführten Begehungsstile sind ihrer sportlichen Wertigkeit nach (von hoch- bis wenigwertig) aufgeführt in Anlehnung an folgende Quellen: GÜLLICH

---

145 DAV, 1999b, S. 11; Deinet, 2000b
146 Ebenda, S. 12
147 Hoffmann et al., 1996, S. 79
148 DAV, 1999b, S. 372; Deinet, 2000c
149 Güllich et al., 1987, S. 18
150 DAV, 1999b, S. 378; Deinet, 2000c
151 DAV, 1999b, S. 375; Deinet, 2000c
152 Elsner et al., 2000, S. 74; Hoffmann et al., 1996, S. 80

et al., 1987, S. 17f, ELSNER et al., 2000, S. 73f, HOFFMANN et al., 1996, S. 79f, HOFFMANN, 2003, S. 151-157; DEINET, 2000c; DAV, 19998, S. 372-378; HUBER et al., 2000, S. 18.

On Sight

Der „On Sight" ist das sturzfreie, freie Begehen einer dem Kletterer unbekannten Route beim ersten Versuch. Dabei ist es erlaubt, die Route vorn Boden aus zu inspizieren, wobei man aber keinen anderen Kletterer beobachten darf.

Flash

Der „Flash" ist nichts anderes als ein „On Sight", nur dass es jetzt gestattet ist, sich nähere Informationen zur Route einzuholen. Dies kann entweder durch das Beobachten eines anderen Kletterers in eben dieser Route erfolgen oder durch eine genauere Besichtigung von oben auf abseilende Art und Weise.

Rotpunkt

Wie auch beim „On Sight" und beim „Flash" bezeichnet der „Rotpunkt" das sturzfreie, freie Begehen einer Route von unten. Dabei darf die Route dem Kletterer aber schon vorher bekannt sein; sei dies durch frühere Versuche, durch Beobachten oder durch Abseilen.

Pinkpoint

„Pinkpoint" ist die Bezeichnung für eine „Rotpunkt"-Begehung mit schon vorbereiteten Zwischensicherungen, dass heißt, man muss nur noch das Seil in die schon angebrachten Expressschlingen einhängen. Manchmal findet auch die französische Bezeichnung „en libre" anstatt „Pinkpoint" Verwendung.

Rotkreis

Wenn das Seil nach einem Sturz in seiner letzten Zwischensicherung belassen wird und so ein neuer Versuch unter erleichterten Bedingungen von unten aus gelingt, nennt man diesen Begehungsstil „Rotkreis".

Die folgenden drei Begehungsstile haben keinerlei Bedeutung aus sportlicher Sicht, werden aber dennoch von Sportkletterern häufig angewendet, so dass sie an dieser Stelle auch genannt werden sollen.

Ausbouldern

„Ausbouldern" ist das passagenweise Erlernen und Einstudieren von Bewegungsabläufen als Voraussetzung für einen späteren erfolgreichen Durchstieg. Es kann im Vorstieg oder im Nachstieg geschehen. Für das

„Ausbouldern" im Vorstieg ist es auch unter den Bezeichnungen „a.f." (all free) oder „hangdogging" bekannt.

Toprope

Das „Toprope"-Klettern ist eine besondere Form des Nachstiegs bei dem der Kletternde am vom oben kommenden Seil gesichert ist. Der Partner sichert vom Boden aus, indem das Seil mittels einer Umlenkung am Ende der Route zurück nach unten gelenkt wird. Diese Methode ist besonders beliebt in Klettergärten im Mittelgebirge, da es aus trainingstaktischer und methodischer Sicht einen hohen Stellenwert besonders im Anfängerklettern besitzt.

Free Solo

Das „Free Solo" ist wohl die spektakulärste Art und Weise, eine Kletterroute zu begehen, aber auch die gefährlichste. „Free Solo" oder auch „Soloklettern" meint nichts anderes als das freie Klettern über Absprunghöhe ohne jegliche Art der Sicherung. Im Falle eines Sturzes ist mit ernsten Konsequenzen wie Verletzung oder Tod für den Kletterer zu rechnen.

6.4. Schwierigkeitsbewertung und verschiedene Bewertungssysteme

Generell gilt im internationalen Klettersport, dass die Schwierigkeitsbewertung mittels unterschiedlicher Schwierigkeitsgrade vorgenommen wird. Dabei haben sich international verschiedene Skalen in den jeweiligen Klettergebieten weitestgehend unabhängig voneinander herausgebildet, die jedoch eine Gemeinsamkeit besitzen: In jedem Meßsystem wird die Schwierigkeit einer Route durch eine empirische, nach obenhin offene Skala definiert.[153]

Die Schwierigkeitsbewertung im Klettern unterliegt also keinem objektiven Maßstab (Messen von Höhen oder Zeiten), der wiederum als Grundlage für eine gemeinsame internationale Schwierigkeitsbewertung genommen werden kann. Vielmehr sind die Schwierigkeitsgrade als ein Kommunikations- und Informationsmittel zwischen den Sportkletterern zu verstehen, um somit notwendige und hilfreiche Kriterien für eine Auswahl und Planung von Kletterrouten zur Hand zu haben.[154] Die Schwierigkeitsbewertungen sind zwar als sportliche Herausforderung für den

---

153 DAV, 19998, S. 13; Hoffmann 2003, S. 90
154 Güllich et al., 1987, S. 18, Elsner et al., 2000, S. 75

Kletterer zu verstehen, doch keineswegs aber der „Maßstab aller Dinge". Die Stilform, in deren Rahmen man einen Schwierigkeitsgrad bewältigt, ist von wesentlicherer Bedeutung. So ist zum Beispiel eine freie Begehung einer schwierigeren Route nach tagelangem Versuchen und Einstudieren zweifelsohne eine sportliche Leistung, doch eine freie Begehung einer verhältnismäßig einfacheren unbekannten Route ist trotzdem wertvoller, da sie mit ungleich mehr persönlicher Befriedigung für den Kletternden verbunden ist.[155]

„Griff- und Trittgröße, Steilheit der Wand, Kompliziertheit der Kletterbewegungen und die damit verbundene Auswahl an Haltepunkten sind einige der Kriterien, die den Schwierigkeitsgrad beeinflussen".[156]

Die Anzahl der Griffe und Tritte, die Länge bzw. Höhe der Wand sowie die Art des Kletterns (Wand, Riss, Platte, Verschneidung, Kamin etc.) sind weitere Faktoren bei der Bewertung.[157] Da es äußerst schwierig ist und viel Erfahrung bedarf, eine Route möglichst objektiv zu bewerten, werden gerne „Vergleichs"- oder „Standardrouten" als klassisches Beispiel für einen bestimmten Grad der Schwierigkeit zur vergleichenden Einstufung eines neuen Anstiegs herangezogen.[158]

Eine vergleichende Gegenüberstellung der international verschiedenen Bewertungsskalen ist keineswegs unproblematisch, da die Anforderungen an den Kletterer gebietsweise abhängig sind von den unterschiedlichen Kletterstilen und der Art des Gesteins. Eine weitere Erschwernis diesbezüglich ist die Tatsache, dass in der englischen und der sächsischen Skala Faktoren wie die psychische und physische Gesamtbeanspruchung in die Bewertung mit einfließen.[159] So ist ein Rasten an den ohnehin in der Anzahl nur spärlich vorkommenden Sicherungsringen im Elbsandsteingebirge schon mit in die Bewertung einbezogen. Die englische Skala hingegen ist als völlige Ausnahme unter den anderen zu verstehen:[160]

„Der englische Grad bezeichnet die schwerste Stelle der Seillänge. Für die physische und psychische Gesamtanforderung wird eine Zusatzbewertung angegeben, die von E1 (gut gesichert, wenig anstrengend) bis E7 (äußerst anstrengend und gefährlich) reicht."

Der Grund für diesen besonderen Modus der Schwierigkeitsbewertung in der englischen Skala liegt wahrscheinlich darin, dass in Großbritannien und Irland ausschließlich ohne jegliche vorhandene Haken, also „clean", geklettert wird. Diese Tatsache setzt eine besondere kognitive Vorbereitung

---

155 Güllich et al., 1987, S. 19J
156 Ebenda, 1987, S. 19
157 Elsner et al., 2000, S. 75
158 Güllich et al., 1987, S. 19
159 Güllich et al. 1987 S 19. Hoffmann 2003. S 91
160 Hoffmann 2003, S 91

auf das Vorhaben voraus, was die Existenz der Zusatzbewertung (E1 bis E7) erklären dürfte.

7. Erziehungswissenschaften meet Sportwissenschaften – „Der Kletterschuh"

Nachfolgend skizzierte Bereiche gilt es metaphorisch zu durchdringen und als mögliche Quelle für Transferleistungen zu nutzen.

7.1. Die Psyche als eigentlich stärksten „Muskel" erleben

Natursportarten, insbesondere das Klettern sind zielgerichtetes Handeln und intensiv in Gefühle eingebettetes Erleben, eine Welt bemerkenswerter geistiger und seelischer Anforderungen, eine Welt in der die Psyche als eigentlich stärkster „Muskel" erfahren wird.

Ein pädagogisches Ziel könnte sein, die Psyche als ein Mittel der effektiven und kritischen reflektierten Steuerung und Regelung der eigenen Handlung zu erleben. Unser Handeln kann nie ohne die dazugehörige Situation, in die es eingebettet ist, gesehen und interpretiert werden. Es ist zielgerichtet und mit Erwartungen unsererseits verknüpft. Ausgangspunkt dieser Wechselbeziehung zwischen unserer Person und unserem „Fels" bildet die Wahrnehmung eines mehr oder weniger unerwünschten Ausgangszustandes („Einstieg"), der in einen erwünschten Zielzustand („Ausstieg") überführt werden soll. Zwischen beiden liegt eine so genannte Barriere (die „Kletterschwierigkeit"), die uns den Vorgang des Überführens von unten nach oben erschwert oder unmöglich erscheinen lässt. Befinden wir uns in einer derartigen Situation, stehen wir vor einem Problem. Wir kennen zwar unseren Ausgangszustand (A) und unseren Zielzustand (B), wissen vorerst aber nicht den Weg dorthin.

Abbildung 11: Problemstellung

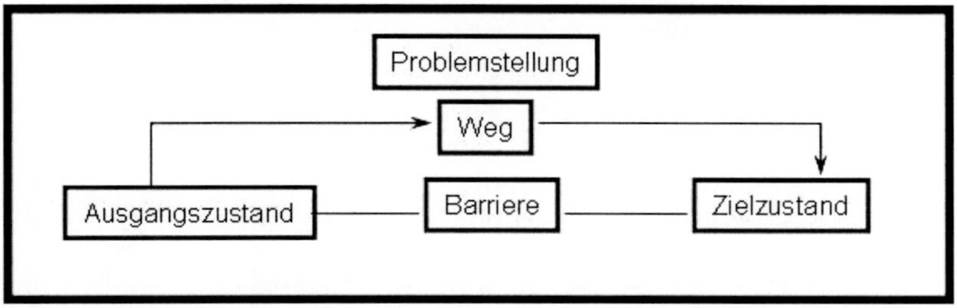

Koordinative Leistungsvoraussetzungen (z.B. Gleichgewichtsfähigkeit, Anpassungsfähigkeit an wechselnde Bedingungen) und die Umsetzung von

Bewegungskönnen sind abhängig von konditionellen Fähigkeiten (Kraft, Schnelligkeit, Ausdauer, Beweglichkeit). Persönliche Vorgaben (Gesundheit, Konstitution), Veranlagung und Persönlichkeitseigenschaften (Willensstoßkraft, Ängstlichkeit) formen ebenso unsere Leistung wie geistige Flexibilität (Einsatz unseres Bewegungskönnens, Entscheidungskompetenz) und äußere Rahmenbedingungen (Felsbeschaffenheit, Hitze, Luftfeuchte, lose Grasnarben).

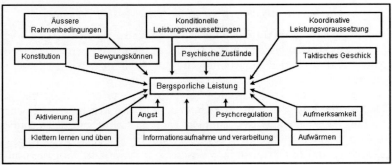

Abbildung 12: Ausgewählte Bedingungen und Dimensionen bergsportlicher Leistung

Die Kletterroute muss hinsichtlich ihrer Schwierigkeit, das Gestein nach seinen Reibungseigenschaften beurteilt werden. Wandneigung und Festigkeit sind zu begutachten. Es gilt, die erwarteten konditionellen und technischen Anforderungen möglichst objektiv mit unseren eigenen Leistungsvoraussetzungen zu vergleichen. Es bedarf der Einprägung des Routenverlaufs und Seilverlaufs sowie der Einteilung in Bewältigungsabschnitte, der Festlegung von Rastpositionen und Sicherungspunkten. Schlüsselstellen und bereits verankertes Kartenmaterial sind herauszufinden. Entscheidungen sind darüber zu fällen, wie viel und welche Bandschlingen, Expresser, und Reepschnüre benötigt werden könnten und an welchen Stellen, unter welchen Bedingungen diese zur Sicherung angebracht werden müssten. Absehbare Stürze, Fallhöhen, Aufschlaggefahr und geeignete Standplatzsicherungen zum nachholen sind ebenso mitzubedenken wie der gefahrlose Rückzug durch Abklettern oder Abseilen. Neben den angeführten, vorrangig sachlich-geistigen Vorbereitungen und Einstellungen auf das Ziel dürfen wir den uns allgegenwärtig begleitenden Bereich emotionaler Regungen ebenso nicht außer Acht lassen. Die Verarbeitung und Deutung von Gefühlsregungen unseres Körpers ergänzt unsere Informationspalette, die wir zur Beurteilung unserer Erfolgsaussichten heranziehen müssen.

7.2. Wahrnehmung

Umweltreize aber auch Informationen aus unserem Körperinneren werden über Sinnesorgane aufgenommen und an das zentrale Nervensystem weitergeleitet. Erreichen die Informationen unser Gehirn, werden sie analysiert, d.h. mit gespeichertem Wissen, Gewohnheiten und Einstellungen verglichen, unter Einbeziehung von Wertvorstellungen und Bedürfnissen gedeutet und gespeichert. Dort wird das, was von Außen kommt, mit dem, was in unseren Köpfen darüber schon bekannt ist, in Beziehung gesetzt.[161]

Damit wir Informationen, d.h. Nachrichten oder Mitteilungen, über die Lageveränderung unseres Körperschwerpunktes oder zunehmende Druckbelastungen der Fingerspitzen zur erfolgreichen Bewältigung unserer Situation nutzen können, bedürfen wir der Mithilfe so genannter Analysatoren, also körpereigene Einrichtungen, die in der Lage sind, Informationen in eine körpereigene Sprache umzuformen und an das Gehirn weiterzuleiten. Die Qualität von Sinneserlebnissen wird durch eine Vielzahl von Rezeptoren mitbestimmt. Proprriorezeptoren vermitteln uns Informationen über unseren Halte- und Bewegungsapparat. Das Sehen ermöglichen uns Telerezeptoren. Exterorezeptoren in der Haut übermitteln Tastempfindungen, Schmerz- und Temperaturempfindungen. Interorezeptoren vermitteln beispielsweise Herzklopfen oder Magendrücken.

Mehr unbemerkt donnern in jeder Sekunde etwa 1 Milliarde Informationseinheiten auf unser Gehirn ein[162]. Bei der Auswahl von Informationen müssen wir unsere Analysatoren bewusst so einsetzen und so ausrichten, dass damit eine besonders gute Diagnosefunktion erreicht wird. Die absichtsvoll herbeigeführte Ausrichtung unseres Bewusstseins auf Informationen unterschiedlicher Herkunft ermöglicht uns die gezielte und differenzierte Wahrnehmung unseres Körpers. Eine effektive Informationsauswahl entspricht hierbei mehr einem „gezielten pflücken von Blumen als dem Rasenmähen", wodurch eine Situation anhand weniger ausgewählter, aber aufschlussreicher Informationen schnell von uns entziffert werden kann.[163]

Es wäre sehr unökonomisch, alle Informationen zu verarbeiten zu lassen. Wir würden dadurch eher desorientiert als informiert klettern. Ein sehr wesentlicher Vorgang ist die Auswahl und die vergleichende Verarbeitung aller einlaufenden Informationen in der so genannten Afferenzsynthese. Dort werden Nachrichten über den augenblicklichen Zustand

---

161 Maxeiner, j.: Konzentration und Distribution im Sport. In: Sportwissenschaft 18 (1988)
162 Hensel, H.: Somato-viszerale Sensibilität. In Keidel, W. (Hrsg.): Physiologie. Stuttgart !979
163 Schubert, F.: Psychologie zwischen Start und Ziel. Berlin 1981.

unseres Körpers und der Situation in einer Art Zusammenschau aller bewegungsrelevanten Nachrichten zusammengezogen, was uns erst die zielgerichtete Vorwegnahme unserer Bewegungen erst ermöglicht.

Haben wir uns für die Ausführung einer zweckmäßigen Bewegung entschieden und führen sie aus, erhalten wir über deren Verlauf bewegungsbegleitende Rückmeldungen (Reafferenzen). Ein Vergleich informiert uns über den Grad der Übereinstimmung zwischen dem beabsichtigten und dem tatsächlich erreichten Zielzustand. Abweichungen können wir gegebenenfalls über bewegungsregulierende Eingriffe ausgleichen. Dieser Regelungsvorgang kann aber nur auf der Grundlage rückgeführter Nachrichten an das zentrale Nervensystem erfolgen.[164] Die Information darüber, ob wir richtig „liegen", ermöglicht uns das Prinzip der Rückkopplung. Alle Sinnesdaten werden an unser Gehirn zurückgemeldet und für nachfolgende Vorgänge zielgerichtet ausgewertet.[165]

Trotz vielfältiger Informationen verfügen Anfänger noch über eine unzureichende Fähigkeit der gezielten Informationsaufnahme und Interpretation körpereigener Rückmeldungen. Dieses im Anfängerstadium vorherrschende Körperbild bedarf der Korrektur und Hilfe von außen über unseren Partner. Er ersetzt anfänglich noch fehlende, differenzierte interne Informationen. Im Verlauf des Lernprozesses gewinnen wir allmählich mehr Sensibilität gegenüber uns zur Verfügung stehender Informationsquellen, wodurch wir unser Handeln selbstständiger regulieren und zielsicherer beeinflussen können.

Noch eindrucksvoller tritt der Wert informationsliefernder Rückmeldungen zutage, wenn unzureichendes Aufwärmen oder niedrige Außentemperaturen die Empfindsamkeit der Rezeptoren drastisch vermindert. Die sonst so gewohnte Güte der Rückinformation wie etwa zum Spannungsgefühl der Muskulatur oder zur Haltekraft der Finger verliert an Zuverlässigkeit und verursacht Unsicherheit.

Das Sehen nimmt im Rahmen der Aneignung von Klettertechniken und der Ausführung von Kletterbewegungen einen hohen Stellenwert ein. Erlernen wir verschiedene Klettertechniken, sind wir gezwungen, vorerst unser Augenmerk jeder Teilbewegung bewusst zuzuwenden. Alleine über unseren Sehsinn vermögen wir anfänglich, die Präzision unserer Bewegungsbemühungen zu kontrollieren. Ein Rückgriff auf andere Rückmeldungen bleibt uns noch verwehrt. Mit Zunahme des Könnens nimmt auch die leitende Rolle der Augen ab. Neu hinzugewonnene Bewegungsempfindungen anderer Analysatoren treten in den Vordergrund und lassen uns die Ausführungsgüte der Bewegungen differenzierter wahrnehmen und

---

164 Meinel,K./Schnabel, G.: Bewegungslehre - Sportmotorik. Berlin 1987.
165 Hotz, A./Weineck,J.: Optimales Bewegungslernen. Erlangen 1983.

auswerten. Wir müssen nun nicht mehr hinschauen, ob unser Bein gestreckt ist, wir spüren es.

Die Wahrnehmung sich anbahnender Ereignisse über die Augen versetzt uns in die Lage, Druck-, Spannungs- oder Schmerzempfindungen vorwegzunehmen, wodurch wir letztendlich fein abgestimmte Bewegungen und Krafteinsätze planen können.

In der Auswahl der Informationen kommt dem Auge eine führende Rolle zu, da mit der Blickrichtung auch schon die Aufmerksamkeitsrichtung festgelegt ist. Je nach Könnerblick führt die „visuelle Abtastung" einer Felsstruktur innerlich zur gedanklichen Vorwegnahme des Einsatzes von Griff und Trittkombinationen. Die erste Betrachtung einer Kletterroute lässt uns mögliche Fortbewegungspunkte erkennen, die wir innerlich und vor unserem geistigen Auge auswählen und zu einer Bewegungsvorstellung zusammenfügen. Frühere Erfahrungen leiten unsere Gedanken, wie das Kommende bewältigt werden soll. Dabei sehen und interpretieren wir die Felsoberfläche in der Weise, wie unser Wissen uns rät, den eintreffenden „optischen Eindruck" über Struktur und räumliche Anordnung möglicher Tritte und Griffe als Fortbewegungshilfen zu bewerten. Das führt aber nur dann zu einem erfolgreichen Konzept, wenn die Komplexität und die Mehrschichtigkeit der einsetzbaren Techniken und Bewegungsvarianten auch erkannt und untereinander bewertet werden kann. Unsere Erfahrungen bestimmen erheblich die Auswahl kommender Bewegungen. Unbewusst werden die Techniken favorisiert, die sich im Laufe der persönlichen Lerngeschichte als erfolgreich erwiesen haben.[166]

Der aktive Wahrnehmungssinn ist natürlichen Veränderungen unterworfen. Objektiv gleichgebliebene Informationen werden unter dem Einfluss eines erweiterten Wissens- und Könnensstandes andersartig verarbeitet. Auch wechselnde Umgebungsbedingungen greifen hier ein.[167]

Bewegungsbegleitende Geräusche liefern uns Nachrichten (z.B. Zurufe des Partners, das Klicken des Karabiners oder Geräusche beim Seillauf). Ansonsten können wir die Rolle des Hörens im Kanon der Analysatoren als „begrenzt" bezeichnen.

Der Tastsinn unterstützt das Erfühlen der Haltepunkte und das Abschätzen der Reibungseigenschaften. Besonders verschwenderisch sind Druck und Tastpunkte an den Fingerkuppen und Fußsohlen vorhanden.[168] Neben der mechanischen Reizung der Oberhaut reagiert der Tastsinn auch auf Spannungsveränderungen im tieferliegenden Gewebe. Er gibt Hinweise

---

166 Fischer, E.P.: Unser Gehirn Teil 3 - Wie das Sehen entsteht. In: Bild der Wissenschaft 3 (1985)

167 Meinel,K./Schnabel, G.: Bewegungslehre - Sportmotorik. Berlin 1987.

168 Nöcker, J.: Physiologie der Leibesübungen. Stuttgart 1976.

auf die Körperlage (z.B. durch das Tragen enger Kletterhosen erfühlen wir durch den sich verändernden Druck des Materials beim Bewegen verschiedene Winkelstellungen und Bewegungsweiten der Beine), zu Druckverhältnissen an Fußsohlen und Fingerspitzen, ermöglicht Gerätekontrollen (z.B. offener Schuh, offener Klettergurt), gibt Hinweise zur Bewegungsauslösung (z.B. „Griff erfühlt") und zu bewegungsbegleitenden (z.B. Hafteigenschaften) und bewegungsunterstützenden Rückmeldungen (z.B. „Knie am Fels", Einsatz von Seilzug).[169]

Unser Gleichgewichtsorgan liegt im Innenohr, das Labyrinth. Ein mit Flüssigkeit gefülltes, kompliziertes Schlauchsystem ermöglicht uns die Orientierung in drei Ebenen des Raumes. Unser Gleichgewichtsorgan spricht nicht direkt auf physikalische reize an, sondern registriert Art und Intensität unserer geradlinigen Fortbewegung, der Winkelbeschleunigung beim Drehen unseres Kopfes, der Rotationsbewegungen um die Körperquer- bzw. Körperlängsachse. Gleichfalls führen stabilisierende Ausgleichsbewegungen zu einer mechanischen Reizung von Sinneshärchen im Innenohr.[170] Klettern erfordert oft hohe Gleichgewichtsanforderungen bei gleichzeitig feiner Belastungsabstimmung.

Beugen wir unseren Oberarm gegen den Unterarm, nehmen wir dabei die Richtungsänderung, die Geschwindigkeit und die begleitenden Spannungsgefühle der Muskulatur wahr. Rückmeldungen des kinästhetischen Analysators lassen uns dieses Körperbild bewusst werden. Kinästhetisch bedeutet nichts anderes als bewegungsempfindend. Zum kinästhetischen Analysator gehören die Propriorezeptoren, die sich in allen Muskel, Gelenken und Sehnen wiederfinden. Rezeptoren zur Lage- und Bewegungsempfindung sind die Muskelspindeln, die Sehnenrezeptoren und Nervenendigungen in den Gelenkkapseln und Bändern.[171]

In seiner Gesamtheit betrachtet, liefert der kinästhetische Analysator Neuigkeiten über Empfindungen vor, während und nach einer Bewegung, lässt uns den Rhythmus (Wechsel von Anspannung und Entspannung in der Muskulatur) erfühlen und regelt unser Timing (räumlich - zeitliches Abstimmen).

Der kinästhetische Analysator ist herausragend im Rahmen der Bewegungsregulation. Die im Anfangsstadium noch dumpfen und undifferenziert wirkenden Eindrücke über Spannungsempfinden oder Gelenkwinkelstellungen erhalten mit fortschreitender Übung neue Qualität Durch zahlreiche Wiederholungen gewinnen wir allmählich ein recht klares Bild Bewegungsbegleitender Gefühle aus der Muskulatur, den Sehnen und

---

169 Hotz, A./Weineck,J.: Optimales Bewegungslernen. Erlangen 1983.
170 Rohen, W.J.: Funktionelle Anatomie des Nervensystems. Stuttgart, New York 1978.
171 Meinel,K./Schnabel, G.: Bewegungslehre - Sportmotorik. Berlin 1987.

Gelenken und ihrer Bedeutung. Die Feststellung von Abweichungen zwischen Sollvorstellung und Ist-Zustand kann nun ohne Blickverbindung erkannt und zielsicher beeinflusst werden.

Die Schmerzwahrnehmung findet über die Verschmelzung der Erregung verschiedener Schmerz signalisierender Nervenfasern statt, die über das Rückenmark der Hirnrinde zugeleitet werden. An der Schmerzwahrnehmung sind eigentlich alle Analysatoren beteiligt. Denn, erreicht ein Reiz eine besonders hohe Intensität, fühlen wir Schmerz.[172]

Oft spielen körpereigene chemische Substanzen als Schmerzvermittler eine rolle. Hier wäre der Schmerz bei Entzündungen einzuordnen. Im Gehirn selbst gibt es kein Schmerzzentrum. Vielmehr werden Schmerznachrichten in unterschiedlichen Gehirnbereichen komplex zum Schmerzerlebnis verarbeitet.[173]

Der Organismus verfügt über die Möglichkeit, die Intensität seiner Schmerzwahrnehmung zu dämpfen. Dabei kommt einem natürlicherweise im Organismus vorkommenden, opiatähnlichen Stoff, den Endorphinen, eine besondere Bedeutung zu. Die Ausschüttung von Endorphinen in Stresssituationen hemmt die Aktivität zahlreicher Nervenzellen im zentralen Nervensystem. Sie wirken schmerzlindernd, beruhigend und betäubend und eilen in Notfallsituationen zu Hilfe.

Sehr starke Schmerzempfindungen hemmen die willkürlichen Bewegungen und bewirken eine Ruhigstellung zum Schutz vor weiterer Verletzung. Aber im gewohnten und absichtsvoll herbeigeführten Umgang mit schmerzbringenden Anlässen lernen wir, den Schmerz zu tolerieren und neu zu interpretieren. Wir ziehen aus dem Schmerzerlebnis beispielsweise Rückschlüsse auf den Verlauf der Spannungsentwicklung oder die Beurteilung unserer Haltekraft. Gleichsam führen zur Erhöhung der Schmerztoleranz: die Bereitschaft zur willentlichen Schmerzannahme, die Hinwendung der Aufmerksamkeit auf weitere situativ bedeutungsvolle Bewegungsabfolgen und verminderte Angst.

Leichter Schmerz hingegen aktiviert uns, hält uns dazu an, die schmerzhaft erwartete Situation schnell und konzentriert zu überwinden[174].

172 Strain, F.: Angst - Grundlagen und Klinik. Berlin, Heidelberg, New York, Tokio 1983.
173 Zimmermann, M.: Schmwerz in der Sicht der Medizin. In: Schultz, H.J. (Hrsg.): Schmerz. Stuttgart 1990.
174 Brewer, B.W./Van Raalte, J.L./Linder, D.E.: Effects of pain on motor performance. In: Journal of Sport an exercise psychology 12 (1990).

7.3. Aktivierung

Aktivierung bezeichnet einen generellen Vorgang der Freisetzung energetischer Potentiale im Organismus, der uns befähigt, Aktivitäten zu beginnen und in Gang zu halten.[175] Der Vorgang der Aktivierung führt uns in einen Zustand der Aktiviertheit und meint damit, ein zentral-nervöses Aktivierungsniveau, das sich erlebnismäßig als Wachheit, Erregtheit, innere Angespanntheit oder als deren Gegenteil durch Schläfrigkeit, Schlaf, Entspanntheit ausdrückt[176][177]

Ständig wechselnde situative Einflüsse und Umgebungsbedingungen veranlassen unser Gehirn zur angemessenen Veränderung der Aktivierung. Wenn Umweltreize oder Reize unseres Körperinneren auf Rezeptoren treffen entstehen afferente Nervenimpulse. Diese Erregung wird über sensorische Nervenbahnen zu den sensorischen Abschnitten unserer Großhirnrinde weitergeleitet. Auf dem Weg dorthin durchlaufen sie eine netzartige Struktur im Gehirn (Hirnstamm und Rückenmark), das sogenannte „aufsteigende retikuläre aktivierende System", kurz ARAS. Fließen Nervenströme durch das retikuläre System, sendet dieses Nervengeflecht Impulse ungerichtet in alle motorischen und sensorischen Gebiete unseres Gehirns und versetzt diese in einen diffusen Erregungs- und Alarmzustand. Art und Ausmaß dieses Vorgangs bestimmen unseren Aktivierungszustand. Die Erregung unseres ARAS beeinflusst die Aufnahmefähigkeit der Hirnrinde für die Vielzahl uns zugeleiteter Nachrichten aus den verschiedenen Sinnesorganen, wodurch die Funktionslage etwa der Kreislaufregulierung, des Bewegungssystems oder die Qualität unserer Informationsaufnahme wesentlich beeinflusst wird.[178] Der Zustand allgemeiner Aktivierung ist nicht nur die Folge afferenter Erregungsimpulse, sondern wird auch von höheren Zentren (wie z.B. limbisches System, Großhirnrinde, Kleinhirn, Hypothalamus) kontrolliert. Die Erfahrung unsererseits, dass allein schon der Gedanke an eine Tätigkeit Puls und Atmung beschleunigt, verdeutlicht diesen Mechanismus.[179]

Im Zuge einer allgemeinen Aktivierungserhöhung kommt es zu einer gesteigerten Tätigkeit des Sympathikusnervs. Dieser Nerv des vegetativen

175 Häcker, H.: Aufmerksamkeit und Leistung. In: Janssen L.P./Hahn, E. (Hrsg.): Aktivierung, Motivation, Handlung und Coaching im Sport.

176 Bartenwerfer, H.G.: Bemerkungen zur Beziehung zwischen Aktivierung und Leistung. In: Merz, F. (hrsg.): Aktivierung und Leistung. Kongreß der Deutschen Gesellschaft für Psychologie, Münster 1966. Göttingen 1967.

177 Wiemeyer, J.: Zentralnervöse Aktivierung und sportliche Leistung. Köln 1990.

178 Zimmermann, M.: Das somatoviscerale sensorische System. In: Schmidt, R.F./Thews,G. (Hrsg.): Physiologie des Menschen. Berlin, Heidelberg, New York, London, Paris, Tokio 1987.

179 Haschke, W.: Grundzüge der Neurophysiologie. Jena 1986.

(autonomen) Nervensystems wird als Leistungsnerv bezeichnet, dessen Aktivität alle notwendigen Umstellungen für eine erhöhte Energiebereitstellung im Organismus fördert. Durch die Ausscheidung der Hormone des Nebennierenmarks (Adrenalin und Noradrenalin) versetzt er den Organismus in die Lage, mit Leistungen aufzuwarten, die über das alltägliche hinausgehen. Die Freisetzung zieht nicht nur Positives nach sich (z.b. Mobilisierung energieliefernder Substanzen wie Fett und Zucker).

In zu hoher Konzentration unterbinden die Hormone die Informationsweiterleitung an den Schaltstellen zwischen Nervenzellen, den Synapsen, wodurch es zu Denkblockaden kommen kann.[180]

Startfieber signalisiert ein extrem hohes Aktivierungsniveau. Ein optimaler Erregungsgrad bezeichnet eine Aufgaben- und situationsbezogene Aktivierungslage. Startapathie deutet auf eine extrem zu niedrige Aktivierung hin.

Erleben wir eine Situation als besonders anregend oder gar bedrohlich, kann dies in einen übermäßig ausgeprägten Vorstartzustand münden. Er führt uns in eine krisenhafte Situation und gibt sich durch Muskelzittern, Nervosität, Hast, Konzentrationsschwäche, Vergesslichkeit, Angst, Verkrampfung oder gestörte Ausführung von Bewegungen zu erkennen.

Startapathie kann Ausdruck einer psychovegetativen Kippreaktion sein. Hier gewinnt der beruhigende, der Erholung dienende Nerv unseres vegetativen Nervensystems, der Parasympathikus (Vagusnerv), die Oberhand. Im Sinne einer überstarken Schutzhemmung vor dem anstehenden Ereignis kommt es zu Müdigkeit, Schweregefühl, zum Nachlassen der Wahrnehmungs- und Denkprozesse, zu Lustlosigkeit und schlechter Stimmung.[181][182]

Der Vorstartzustand wird bestimmt von der persönlichen Leistungsfähigkeit, der aktuellen Leistungsbereitschaft, der Erfahrung, der Motivation, der psychischen Belastbarkeit und dem subjektiv empfundenen Schwierigkeitsgrad der objektiv gegebenen Situation.[183] Mit welcher Aktivierungslage wir in bestimmten Situationen reagieren ist individuell unterschiedlich.

Die Betrachtung der Aktivierungslage nur auf den Zeitraum unmittelbar vor einer „Unternehmung" genügt nicht, da sich gerade in länger dauernden Fahrten die durchlebten Situationen und Anforderungen an die optimale Aktivierung oft ändern. Je nach Bedarf passt sich unser

180 Vester,F.: Denken, Lernen, Vergessen. München 1978.
181 Schubert, F.: Psychologie zwischen Start und Ziel. Berlin 1981.
182 Zieschang, K.: Aufwärmen bei motorischem Lernen, Training und Wettkampf. In: Sportwissenschaft 8 (1978)
183 Allmer, H.: Psychologische Aspekte sportlicher Beanspruchung. In: Nitsch, J.R. (Hrsg.): Stress. Bern, Stuttgart, Wien 1980.

Organismus an. Verschiedene Situationen haben ihr je eigenes Aktivierungsniveau, das es ständig den Erfordernissen anzupassen gilt. Wenn
zuviel oder zu wenig aktiviert wurde kommt es zu Fehlleistungen.

Unterschiedliche Personen haben aufgrund differenzierter Lebenserfahrungen und Persönlichkeitseigenschaften sehr voneinander abwei-
chende Erregungszustände und Erregungsverläufe. Die individuell unterschiedliche Ausprägung des Aktivierungszustandes und Aktivierungs-
verlaufes mag auch innerhalb einer Seilschaft erhebliche Diskrepanzen
aufweisen. In der personalen Zusammenstellung und Aufgabenverteilung
sollte auf unterschiedliche Aktivierungsverläufe Rücksicht genommen
werden. Entscheidend ist dabei, wann und wodurch der einzelne sein
optimales Erregungsniveau erreicht. Ein optimales Erregungsniveau vor
dem Klettern bedeutet noch nicht zwingend eine noch bestehende optimale
Erregungslage am Einstieg, nach den ersten Klettermetern oder gar in einer
kniffligen Situation. Übererregtheit vor dem Start heißt noch nicht
Überaktivierung beim Klettern. Durch Eigenbeobachtung sollten wir unsere
individuellen Erregungsverläufe spüren lernen und diese in die Planung
und Vorbereitung mit einbeziehen.

Die Praxis zeigt, dass der Erfahrene über die Fähigkeit verfügt, bereits im
Vorfeld Überaktivierungszustände bzw. Unteraktivierungszustände so zu
regeln, dass er zum bestimmten Zeitpunkt sein optimales Aktivierungsniveau erreicht.[184] Dieses Vermögen scheint umso bedeutender, weil ein
hohes und als unangenehm erlebtes Aktivierungsniveau uns dazu verleitet,
über das „Verlassen der Situation" in eine angenehmere Gefühlslage zu
gelangen. Solch ein Vermeiden - und das wird bei Angst deutlich - verstärkt
unser Fernbleiben, wodurch die Chance einer künftigen Annäherung und
erfolgreichen Bewältigung einer wiederholt gemiedenen Situation
schwieriger wird und in extremen Fällen nahezu ausgeschlossen werden
kann. Daher ist es umso wichtiger, den richtigen Aktivierungszustand
herzustellen.

Innerhalb bestimmter Grenzen können wir Einfluss auf die Ausprägung
des Aktivierungsniveaus nehmen. Aufwärmen vermag das Startfieber zu
dämpfen oder die zu niedrige Aktivierung apathischer Vorstartzustände zu
steigern.

Zunehmende Aktivierung soll uns in einen Zustand erhöhter
Leistungsbereitschaft und -fähigkeit versetzen. Dabei folgt anfänglich aus
einer ansteigenden Aktivierung auch eine Zunahme unseres Leistungsvermögens. Ein Überschreiten der Aktivierung über ein optimales Niveau

184 Fenz, N.D./Epstein, S.: Gradients of physiological arousal in parachutist as a function of an
approaching jump. Psychosomatic Medicine 29 (1967)

hinaus, führt dann jedoch zu Leistungseinbußen (z.B. Nähmaschine). Dabei muss das Aktivierungsniveau aufgabenspezifisch angemessen sein.

Das Ansteigen der Aktivierung führt zur Einengung unseres Wahrnehmungsraumes. Der Vorgang der Einengung erleichtert uns zwar die intensivere Zuwendung zu den Informationsquellen, die relevant erscheinen führt aber unter Umständen zur Aussparung wichtiger Informationen anderer Sinne.

Zudem kommt es beim Anstieg der Aktivierung zu einer Verminderung der Informationsaufnahme. Durch einen ansteigenden Grad der Aktivierung werden zunächst aufgabenirrelevante „Reize" ausgeblendet. Die Ausfilterung erfolgt zugunsten aufgabenrelevanter Situationen und führt zu einer Steigerung der Leistung. Kommt es zu einer weiteren Zunahme der Aktivierung, erhöht sich die Wahrscheinlichkeit, dass selbst relevante Informationen davon betroffen sind.[185][186]

7.4. Aufmerksamkeit

Klettertechnische Leistungen verlangen nicht nur die Ausprägung konditioneller und koordinativer Leistungsvoraussetzungen, sondern auch die Fähigkeit, mit Aufmerksamkeit diejenigen Aspekte zu verfolgen, deren Wahrnehmung situationsangemessenes Handeln und Fortbewegen optimieren. Beschreibt Aktivierung mehr die Qualität „Energie", so kennzeichnet Aufmerksamkeit einen „Zustand des Bewusstseins mit unterschiedlichen Graden der Klarheit bei Wahrnehmungen, Vorstellungen und Denken".[187]

Aufmerksamkeit meint einen Zustand, durch den eine Ausrichtung der Wahrnehmung, des Denkens oder Vorstellens auf einen bestimmten - gegenwärtigen oder erwarteten - Erlebnisinhalt - willentlich oder unwillentlich - erfolgt.[188][189]

Aufmerksamkeit beschreibt die „Fähigkeit des Organismus ... unter den Informationen, die ihm ... verfügbar sind, willkürlich diejenigen auszuwählen, die bewusst verarbeitet werden sollen".[190]

185 Häcker, H.: Aufmerksamkeit und Leistung. In: Janssen L.P./Hahn, E. (Hrsg.): Aktivierung, Motivation, Handlung und Coaching im Sport.

186 Esaterbrock, J.A.: The effect of emotion on cue utilisation and the organization of behavior. Psychological Review 66 (1959).

187 Röthig, P.: (Hrsg.): Sportwissenschaftliches Lexikon. Schorndorf 1983.

188 Bartenwerfer, H.G.: Bemerkungen zur Beziehung zwischen Aktivierung und Leistung. In: Merz, F. (hrsg.): Aktivierung und Leistung. Kongreß der Deutschen Gesellschaft für Psychologie, Münster 1966. Göttingen 1967.

189 Schubert, F.: Psychologie zwischen Start und Ziel. Berlin 1981.

190 Völp, a.: Aufmerksamkeitstile und sportliche Leistung. In: Leistungssport 17 (1987)

Vereinfacht wollen wir unter Aufmerksamkeit das Geschick verstehen, unter der Vielzahl eingehender Informationen uns diejenigen bewusst auszuwählen, die uns helfen, unser persönliches Leistungsvermögen voll auszuschöpfen, und die angemessenes Verhalten unterstützen.

Aktivierung und Leistung überlappen einander. So kommt es im Zuge unserer Wahrnehmungsausrichtung - bspw. auf die Kletterbewegung unseres Partners - zu einer Gesamtaktivierung des Körpers, deren Folgen wir in Form von Mitfiebern und Mitdenken, innerer Unruhe, Herzklopfen, feuchten Händen oder tieferer Atmung spüren. Zunehmende Aktivierung kann die Aufmerksamkeitsleistung steigern, wodurch eine bessere Aufnahmebereitschaft ermöglicht wird.[191]

Der Begriff Aufmerksamkeit an sich weist noch keinen Weg, wie wir deren Veränderungen am eigenen Leib wahrnehmen Können oder wie wir gezielt auf diese einwirken müssten.

Vergleicht man aber die Aufmerksamkeit mit dem Lichtkegel einer Lampe so können wir je nach Ausleuchtrichtung wechseln und umschalten.[192] Ein gebündelter Lichtstrahl erlaubt uns das relativ klare und scharfe, aber begrenzte Betrachten eines hell ausgeleuchteten Objektes. Erweitern wir den Lichtkegel, vermögen wir einen größeren Raum auszuleuchten. Unser Lichtstrahl büßt dabei an Stärke ein, und die angestrahlten Gegenstände verlieren an Schärfe. Je nach Bedarf und Situation können wir ähnlich dem Lichtkegel unsere Aufmerksamkeitswünsche verändern. Wir können also zwischen der „Leuchtkraft" (Intensität der Aufmerksamkeit beschreibt den Grad der Aktivierung und Erregung unserer Denkzentrale), der „Ausleuchtbreite" (Umfang der Aufmerksamkeit wird bestimmt von der Anzahl der bedeutsamen und wahrzunehmenden Dinge, also der räumlichen Ausdehnung unseres derzeitigen Wahrnehmungsfeldes), der „Leuchtrichtung" (Das Umschalten beschreibt das Vermögen, in wechselnden Situationen schnell Richtung, Intensität und Umfang der Aufmerksamkeit situativ zu verändern und anzupassen)[193], und der „Leuchtdauer".

Aufmerksamkeitsprozesse sind energieverbrauchend, müssen als „begrenzt verfügbar" betrachtet werden und unterliegen natürlichen, unwillkürlichen, periodischen Schwankungen.[194] In Form einer Schutzhemmung vor übermäßiger Ermüdung unseres zentralen Nervensystems legt unser Organismus Zwangspausen zur Drosselung energetischer

---

191 Häcker, H.: Aufmerksamkeit und Leistung. In: Janssen L.P./Hahn, E. (Hrsg.): Aktivierung, Motivation, Handlung und Coaching im Sport.
192 Schubert, F.: Psychologie zwischen Start und Ziel. Berlin 1981.
193 Konzag, G.: Aufmerksamkeit und Sport. In: Theorie und Praxis der Körperkultur 21 1972.
194 Rohracher, H.: Einführung in die Psychologie. München, Berlin, Wien 1976.

Vorgänge in den Aufmerksamkeitsprozess.[195] Das Resultat bemerken wir als wellenförmige Aufmerksamkeitsschwankungen, Schwankungen zwischen voller Aufmerksamkeit und Erholung.

Abbildung 13: Spielformen der Aufmerksamkeit

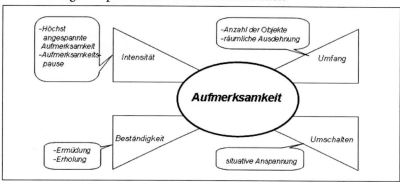

Ein Absinken der Aufmerksamkeit tritt dann ein, wenn Teile des Gehirns, die an einem Bewusstseinsvorgang beteiligt waren, nun durch deren Tätigkeit verbrauchte und funktionserhaltende Substanzen ersetzen müssen. Damit nimmt die Erregbarkeit der Zellen ab, und Hemmungsprozesse setzen als Schutz vor Überbeanspruchung ein.[196]

Unaufmerksamkeiten können fatale Folgen nach sich ziehen, insbesondere bei der Kameradensicherung. Um nicht in einer unangemessenen Situation von einer unwillkürlichen Erholung überrascht zu werden, muss gelernt werden, den Zeitpunkt der Aufmerksamkeitspause selbst zu bestimmen, z.b. in gefahrlosen Situationen zu rasten und bewusst zu entspannen.

Sich ändernde äußere und innere Bedingungen erfordern einen fortlaufenden Wechsel und eine Ständige Anpassung unserer Aufmerksamkeitshaltung, die nur dann ein effektives und erfolgreiches verhalten gewährleistet, wenn das Aufmerken mit den situativen Anforderungen an die Aufmerksamkeit übereinstimmt.[197]

Die Aufmerksamkeit bewegt sich zwischen den Bereichen „Eng (Konzentration) und weit (Distribution)" und „außen (z.B. Partner, Wetter) und Innen (z.B. Schmerz, Gedanken, Wünsche) und deren mögliche

195 Schubert, F.: Psychologie zwischen Start und Ziel. Berlin 1981.
196 Rohracher, H.: Einführung in die Psychologie. München, Berlin, Wien 1976; Nöcker, J.: Physiologie der Leibesübungen. Stuttgart 1976.
197 Völp, A.: Aufmerksamkeitsstile und sportliche Leistung. In: Leistungssport 17 (1987)

Mischformen. Die Regel „Du musst dich konzentrieren" leistet nur unvollkommene Hilfe wenn unklar ist worauf sich konzentriert werden soll. Zunehmende innere Anspannung verbessert bis zum Erreichen eines optimalen Niveaus die Aufmerksamkeitsleistung. Jenseits des Bereichs der optimalen inneren Anspannung (z.b. Handlungsdruck, Angst) neigen wir dazu, unseren individuell erlernten Aufmerksamkeitstilen anzuhängen, egal ob sie der Situation angepasst sind oder nicht.[198]

Die unangemessene Ausrichtung unserer Aufmerksamkeit führt zur Auswahl und Verarbeitung fehlleitender Informationen. Überaktivierung und Angst helfen hier mit, uns irrezuführen.

7.4.1. Aufmerksamkeitsrichtungen

Im Zuge erhöhter Aktivierung kommt es zu einem häufigen Springen in der Zuwendung zu verschiedenen relevanten und irrelevanten Informationsquellen. Das Beachten „überflüssiger" Nachrichten trägt zur Störung unseres Leistungsvermögens bei.[199]

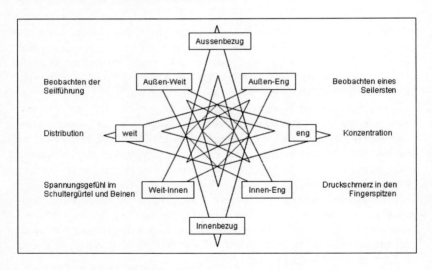

Abbildung 14: Mögliche Aufmerksamkeitsrichtungen im Überblick

198 Völp, A.: Aufmerksamkeitstile und sportliche Leistung. In: Leistungssport 17 (1987)
199 Kahnemann, D.: Attention and effort. Englewood cliffs, N.J: Prentice-Hall 1973.

Aktivitätssteigerung wirkt sich auf verschiedene Menschen unterschiedlich aus. Einige wenden sich primär inneren Geschehnissen zu, andere wiederum „bevorzugen" unbewusst eher äußere Einflüsse. Eigene Gedanken und Körperempfindungen können aber Ablenken und im schlimmsten Fall zur Unfähigkeit des angemessenen Handelns führen.[200] Hierzu zählt auch die Konkurrenz zwischen Schmerzverarbeitung und Bewegungskontrolle. Beide Bewusstseinsprozesse ringen um die begrenzte Kapazität der Aufmerksamkeit.[201]

Der überstarke Bezug „Eng - Innen" führt über Gebühr zur Beachtung eigener Gefühle und Gedanken, obwohl das Reagieren auf äußere Reize gefordert ist. Ignorieren hilft an dieser Stelle konzentrieren. „Befiehl dir selbst die Richtung, die Intensität und den Umfang der Aufmerksamkeit."

Die Übermäßige Zuwendung nach außen führt zu einer ungenügenden Zurkenntnissnahme innerer Rückmeldungen (z.B. über Gleichgewichtsempfindungen).[202] In der Ausrichtung „Weit - Außen" werden zu viele Aspekte in den Aufmerksamkeitsprozess mit einbezogen, ein zu starker „Eng - Außen" Bezug verursacht, dass nicht alle notwendigen Informationen genutzt werden.[203]

7.5.   Kierkegaard: „In der Angst findet der Mensch zu sich selbst"

Nicht selten sind emotionale Regungen das „Zünglein an der Waage" und entscheiden darüber, ob und wie gut uns etwas von der Hand geht. Gefühle als unmittelbare Erlebnisinhalte begleiten uns auf dem Weg durch verschiedene Phasen unserer Entscheidungsprozesse und liefern die Atmosphäre, in denen unsere Bewegungen stattfinden. Unter den vielfältigen und von uns differenziert erlebten Emotionen wie Freude, Liebe, Überraschung, Kummer, Trauer, Ärger, Ekel, Scham, Verachtung, Hoffnung, Enttäuschung, Lust und Schuld spielen beim Klettern Angst und Furcht eine Hauptrolle. Gerade hier muss die Auseinandersetzung mit unserer Persönlichen Angstgrenze und eine gehörige Portion Toleranz gegenüber unangenehmen Gefühlsregungen stattfinden.

---

200 Nideffer, R.M.: The inner Athlete: Mind plus muscle for winning. New York 1976.
201 Brewer, B.W./Van Raalte, J.L./Linder, D.E.: Effects of pain on motor performance. In: Journal of Sport an exercise psychology 12 (1990); Shiffrin, R.M./Schneider, W.: Controlled and automatic human information processing: II. Perceptual learning, automatic attending, and a general theory. In: Psychological Review 84 (1977).
202 Schmidt, R.A.: Motor learning and control. A behavioral emphasis. Illinois 1988.
203 Völp, A.: Aufmerksamkeitsstile und sportliche Leistung. In: Leistungssport 17 (1987)

Gefühle treten als Reaktionen auf äußere und innere Reize auf und wirken als Antriebskomponenten.[204] Die „gefühlsmäßige Stellungnahme soll sicherstellen, dass wir in Abhängigkeit unserer persönlichen Lerngeschichte lebenswichtige Ziele anvisieren (Hinwendung und Annäherung) und bedrohliche Situationen vermeiden (Abkehr, Flucht).[205]

Im Gefühl spiegelt sich beim Wahrnehmen unserer Umwelt oder eigener Körperregungen positiv oder negativ Empfundenes wieder, wodurch zum Ausdruck kommt wie wir als Wahrnehmende selbst vom Wahrgenommenen berührt werden.[206] Sie äußern sich unter physiologischen Begleitrscheinungen wie Pulsfrequenzveränderungen, Blutdruck-, Atmungs-, oder Muskeltonusveränderungen und lassen sich selbst am besten nur durch sich selbst hinreichend kennzeichnen.

Wir wollen unter Angst die Folge einer negativ getönten Erlebnisverarbeitung verstehen, die als Reaktion auf das Wahrnehmen, Beurteilen und Bewusstwerden von Gefahren oder dem erleben neuer undurchsichtiger Ereignisse entsteht und zu einer situationsbezogenen und gegenstandsbezogenen Erregungsteigerung des Menschen führt.[207]

Der Zustand der Angst kann als Folge eines geistigen Bewertungsprozesses (Gefahr für Leib und Leben), wahrgenommener Körperreaktionen (das Herz schlägt bis zum Hals, mulmiges Gefühl in der Magengegend, Gänsehaut) und übermäßiger Aktivierung (einstellende Verkrampfung, Zittern) beschrieben werden. Angst kann sich z.B. dann einstellen, wenn wir uns unfähig fühlen, die an uns herangetragenen Probleme durch angemessene Handlungen zu lösen.

Anzeichen objektiver Gefahr sind nicht immer notwendig, um in uns Angst hervorzurufen. Vorstellungen, Erinnerungen oder Phantasien ergänzen die Palette potentieller Angstauslöser.[203]

Wie gefährlich ist das zu erwartende Ereignis (Art der Bedrohung)? Was bedeutet die Situation für meine Sicherheit? Wie wahrscheinlich wird die Bedrohung eintreten? Wann wird sie auftreten? Inwieweit bin ich in der Lage, damit fertig zu werden? Fragen, die uns beschäftigen und deren Beantwortung innere Unruhe, Nervosität oder sogar Todesangst nach sich ziehen kann. Dabei spielt unsere Bereitschaft und innere Haltung, mehr oder weniger mit Angst zu reagieren eine große Rolle. Denn die Beobachtung unserer Mitmenschen lehrt uns, dass der eine ängstlich, der

204 Zieschang, K.: Zur Bedeutung der Angst bei motorischem Lernen und Handeln. In: Sportwissenschaft 3 (1979).
205 Schneider, K.: Emotionen. In: Spada, H. (Hrsg.): Allgemeine Psychologie. Bern, Stuttgart, Toronto 1990.
206 Ewert, O.: Gefühle und Stimmungen. In: Handbuch der Psychologie. Bd.2. Göttingen 1965.
207 Schubert, F.: Psychologie zwischen Start und Ziel. Berlin 1981.
208 Fröhlich, W.D.: Angst. Nördlingen 1982.

andere weniger ängstlich oder ein dritter gar ohne Angst auf die gleiche Sachlage reagiert.

Angstzustände zeigen sich in Form sprachlicher Äußerungen wie „ich bin verletzt", „ich fühle mich erschöpft", „ich fühle mich nicht fit", durch häufige Versprecher, durch Stolpern in der Stimme, in Form verdeckter körperlicher Vorgänge wie Herzklopfen, Atemnot, Schweißausbruch, Aktivierung der Blasen- und Darmtätigkeit oder im nach außen sichtbaren Verhalten wie ein starrer Blick, ein bleiches Gesicht, Lähmung der Bewegung, steife Arme, Zögern, Zittern der Hände, Verkrampfung oder Störung der Koordination. Wir erleben Angst als negativen Gefühlszustand, der uns als Signal vor einer künftigen Gefahr oder schädigenden Ereignissen warnt.

Der Vorgang des Erkennens potentieller Gefahren darf nicht als streng mechanistisch (wenn..., dann...) gesehen werden, sondern muss in Verbindung mit dem Leistungsvermögen gesehen werden. Befinden wir uns an der Leistungsgrenze, so führt uns die Beurteilung der Sicherungskette als „optimal" oder als zur „dünn" zu sehr unterschiedlichen Gefühlsqualitäten und Leistungen.

Angst ist keineswegs ein unverzichtbares Übel sonder ein natürliches Regulativ, welches Erkennen und Beurteilen lebensgefährlicher Zustände ermöglicht. Angst erfüllt eine schützende Funktion, die uns daran hindert, blindlings und ohne angemessene Vorbereitung in gefährliche Situationen hineinzugeraten (Hemmung durch Angst). Der Organismus verschafft sich Zeit, um festzustellen, ob die vorliegenden Umgebungsbedingungen eine Veränderung seines Verhaltens erforderlich machen.[209]

Gedanken der Sorge sind Ausdruck des Nachdenkens über die Situation, das uns veranlasst, über Angstkontrolle und Angstverminderung nachzusinnen.[210] Angst fördert zudem den Ansporn (z.B. durch verbessertes Training), künftig einer ähnlichen Situation weniger hilflos, unangenehm berührt oder angstbeladen gegenüberzustehen. Angst darf ebenso nicht als Beanspruchungszustand verstanden werden der Versagen ankündigt, uns verunsichert, Risiko signalisiert oder unseren Verhaltensspielraum einschränkt, sondern muss als unabdingbarer Bestandteil beim Zustandekommen einer körperlichen (psychophysischen) Mobilisation betrachtet werden, die in uns ungeahnte Kräfte freisetzt. Es gilt also, Angst nicht völlig zu vermeiden, sondern auf ein erträgliches Maß zu reduzieren, um die positiven Wirkungen aufrechtzuerhalten.[211]

---

209 Fröhlich, W.D.: Angst. Nördlingen 1982.
210 Hackfort, D.: Theorie und Analyse sportbezogener Ängstlichkeit. Schorndorf 1986.
211 Steiner, H.: Leistungsmotivation und Wettkampfanalyse Ahrensburg 1976.

Grundsätzlich wird der Zustand der Angst von physiologischen Erregungszuständen begleitet, die denen der Überaktivierung gleichen. Zwischen Emotionen im Allgemeinen und der Qualität unserer Wahrnehmungsleistungen bestehen enge Beziehungen. Stark erlebte Gefühle lassen beispielsweise Zeiträume kürzer oder länger erscheinen. Positiv getönte Emotionen bewirken in der Regel ein unterschätzen von Zeitintervallen. Die Zeit vergeht „schneller". Bei negativ erlebten Gefühlen erfolgt aufgrund einer subjektiv gebremsten inneren Uhr die Überschätzung eines Zeitintervalls. Die Zeit vergeht „langsamer". Weiterhin geschieht die Einordnung von Größenverhältnissen unangemessen und kann zu gravierenden Fehleinschätzungen und Fehlurteilen führen.[212][213]

Sicherungsabstände wirken bei negativ getönten Routen größer. Der orientierende Blick in die Tiefe kurz vor dem Sturz wirkt selbst bei geringer Fallhöhe viel respektabler als es der Sichernde selbst wahrnimmt.

Gefühlslagen zeigen einen erheblichen Einfluss auf die Fähigkeit, Informationen aufzunehmen, zu verarbeiten und zu behalten. So verfügen ängstliche Menschen über eine erhöhte Sensibilität für körpereigene Rückmeldungen über Erregungszustände und neigen zur Besorgnis darüber, ob ein erfolgreiches Abschneiden möglich erscheint oder Misserfolg eintreten wird. Das innere Sprechen mit sich selbst und die gesteigerte Eigenwahrnehmung der schwindenden Kräfte binden dabei ein hohes Maß an Aufmerksamkeit. Dem eigentlichen Problem bleibt daher nur eine geringe Bearbeitungskapazität. Desgleichen fordert das Lernen von Kletterbewegungen oder das einstudieren von Bewegungskombinationen unsere volle Zuwendung und lässt keine Kompromisse in der Aufmerksamkeit zu. Oder, wenn es geboten ist, aus einer Vielzahl unterschiedlich erfolgreicher Handlungsalternativen die situativ richtige Taktik auszuwählen, engt die Beschäftigung mit anderen ablenkenden Gedanken die Entscheidung ein. Es bedarf in unerlässlicher Weise der bewussten Auseinandersetzung mit gespeicherten Gedächtnisinhalten. Der Abruf derartiger Informationen, das interne Planen und Durchspielen verschiedener Alternativen sollte nicht mit Bewusstseinsinhalten der Besorgnis oder der Angst in Konkurrenz treten.

Daher ist es besonders für den Anfänger wichtig in einer relativ angstfreien Atmosphäre zu lernen.

Stabile Fertigkeiten und automatisierte Entscheidungsprozeduren sind gegenüber der Angst weniger anfällig Die Informationsfülle routinierter

212 Hecht, K./Poppei, M.: Chronomedizinische Aspekte der psychonervalen und psychischen Leistungsfähigkeit beim Menschen. In: Medizin und Sport 17 (1977).
213 Zieschang, K.: Zur Bedeutung der Angst bei motorischem Lernen und Handeln. In: Sportwissenschaft 3 (1979).

Bewegungsabläufe wird nämlich im Verlauf des motorischen Lernprozesses verdichtet. Fertigkeiten werden in einer Art Schlüsselbegriff gespeichert, der wesentlich weniger Bewusstseinskapazität beansprucht, als noch in der Phase des Neulernens unabdingbar zur Ausführung der Bewegung notwendig gewesen ist.[214]

Erleben wir Angst als übermäßige Bedrohung, so verlieren wir erheblich an Kreativität. Nicht mehr die Situationsbewältigung steht im Vordergrund, sondern die schnellstmögliche Reduktion des Angstzustandes leitet unser Handeln. In Momenten, in denen kreatives Zutun und eine differenzierte Analyse der Situation notwendig wäre, zeigen wir bei Angst uneffektive und nicht angemessene Verhaltensweisen. Dies kann soweit führen, dass selbst zur Gewohnheit gewordene Verhaltensweisen vollständig blockiert werden, wodurch sich der Organismus vor dem gänzlichen Zusammenbruch seiner Funktionsfähigkeit bewahren will.[215216217]

Emotionale Zustände können mit gleichzeitig erlebten Wahrnehmungsinhalten in unserem Gedächtnis assoziativ verknüpft werden. Unter Assoziationen versteht man Verbindungen zwischen Gedächtnisinhalten, die nach zeitlichem Ablauf, nach der Ähnlichkeit, nach dem Gegensatz oder nach der räumlichen und zeitlichen Nähe in einer Relation zueinander stehen.[218] Sachverhalte, Ereignisse und Emotionen werden also zusammen mit ihrem Kontext, in dem sie auftraten, eingeprägt.[219220]

So unterstützt beispielsweise das aktuell erlebte Gefühl der Freude die Erinnerung an eine frühere freudvolle Situation. Zum anderen kann ein mit Angst belegter Augenblick zur Erinnerung an ehemals bedrohlich erlebte Ereignisse führen, was uns möglicherweise dazu veranlasst, die objektiv ungefährliche Situation zu meiden. Gedächtnisinhalte, die mit sehr hoher emotionaler Anteilnahme aufgenommen wurden, behalten wir besonders

214 Tobias, S.: Anxiety research in educational Psychology. In: Journal. Educ. Psychol. 71 (1979).
215 Fröhlich, W.D.: Angst. Nördlingen 1982.
216 Kuhl, J.: Emotion, Kognition und Motivation: II. Die funktionale Bedeutung der Emotionen für das problemlösende Denken und für das konkrete Handeln. In: Sprache und Kognition 4 (1983).
217 Schmidt, L.R./Becker, P.: Psychogene Störungen. In Handbuch der Psychologie. Bd. 8, 1. Hbbd. Göttingen, Toronto, Zürich 1977.
218 Lüer, G./Spada, H.: Denken und Problemlösen. In: Spada, H. (Hrsg.): Allgemeine Psychologie. Bern, Stuttgart, Toronto 1990.
219 Kuhl, J.: Emotion, Kognition und Motivation: I. Auf dem weg zu einer systemtheoretischen Betrachtung der Emotionsgenese. In: In: Sprache und Kognition 2 (1983).
220 Kluwe, H.: Gedächtnis und Wissen. In: Spada, H. (Hrsg.): Allgemeine Psychologie. Bern, Stuttgart, Toronto 1990.

gut. Hohe Aktivierung nimmt einen fördernden Einfluss auf die Konsolidierung des Gelernten und Erlebten in unserem Gedächtnis.[221]

So sollten nach Sturzerlebnisse weitergeklettert werden um eine negative emotionale Markierung zu unterbinden.

Ähnlich verhält es sich wenn wir aus einer Situation kommen, die besonders angstbetont erlebt wurde. Hier empfiehlt es sich, solange zu warten, bis die erhöhte Erregungslage abgeklungen ist. Sonst wird die noch anhaltende nachschwingende Angst ohne ersichtlichen Grund auf die nachfolgende Situation übertragen, was uns zum meiden anhält bzw. die folgende Leistung beeinträchtigt. Selbst die Übertragung, das Mithineinnehmen einer Erregungslage aus einer Situation in eine andere, die an sich „neutral" ist, führt über eine Art vorgetäuschter Rückmeldung erhöhter Aktivität zu Unwohlsein und Fluchttendenzen.

Gefahrenhinweise werden über die gedankliche Bearbeitung unserer Wahrnehmung entschlüsselt. Denken, Planen, Handeln geschehen vor dem Hintergrund von Einschätzungen, Vorstellungen, Ahnungen und körpereigener Zustandsmeldungen. Wir vergleichen dabei die Anforderungen der Situation mit unseren körperlichen und geistigen Fähigkeiten.

Im Fluss dieses ständigen Wechsels von Aufgabenstellung und Lösung streben wir einen inneren Gleichgewichtszustand an, innere Harmonie. Anforderungen und Anpassungsvermögen entsprechen hier einander.

Abbildung 15: Angst als Folge einer erlebten Überforderung

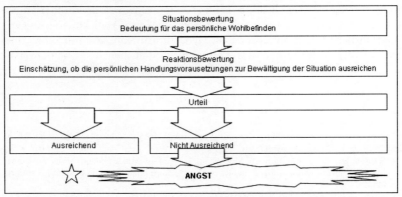

Überschreiten die gestellten Aufgaben und Probleme unsere Kompetenz, erleben wir die Störung dieser Balance zwischen Problem und Handlungsfähigkeit: Überforderungsgefühle entstehen. Unsere physische und/oder

---

221 Schneider, K.: Emotionen. In: Spada, H. (Hrsg.): Allgemeine Psychologie. Bern, Stuttgart, Toronto 1990.

psychische Belastungsgrenze scheint überschritten. Es bereitet uns nun Schwierigkeiten, ein Gleichgewicht zwischen Anforderung und Anpassung herzustellen.

Mögliche Konsequenzen in Form körperlicher Schädigung, Verlust an Selbstachtung und Undurchsichtigkeit der Situation werden nicht selten als bedrohlich wahrgenommen und beurteilt. Angst entsteht. Unser Denken leitet Schutzmaßnahmen ein. Innere Unruhe, Hektik, Unwohlsein veranlassen uns, einen brauchbaren Rückzug einzuleiten, um in den gewohnten Gleichgewichtszustand zu gelangen.

Angst als Folge einer erlebten Überlastungserscheinung kommt dadurch zustande, dass das Ergebnis eines Vergleichs zwischen objektiver Aufgabenstellung und den eigenen verfügbaren subjektiven Leistungsvoraussetzungen als gefährlich bewertet wird.[222]

Der hohe Aufforderungscharakter des Kletterns und schnelle Fortschritte verführen dazu, in Routen einzusteigen, die hinsichtlich des Anforderungsprofils unterschätzt werden. Schwierigkeiten warten auf, die zunächst konditionell und mental überfordern. An sich ist der Weg der Störung des inneren Gleichgewichtes sicher an Aufgaben und Problemen zu wachsen. Die Kunst liegt aber darin, abzuschätzen was an Grenzsituationen verkraftbar ist und was nicht.

Wird sich für eine Schwierigkeit entschieden, dessen Anforderungen unsere psychische, physische oder technisch-taktische Könnensgrenze übersteigt, begibt man sich in der Regel in einen Teufelskreis furchtverstärkender Fehlregulationen. An einer kritischen Grenze der Aktivierung angelangt kommt es zu ersten Störungen des Bewegungsentwurfs und des Bewegungsablaufes in Form von unharmonischen Bewegungen, ungeeigneten und unsicher ausgeführten Bewegungsmustern. Die unökonomische Anspannung der Muskulatur führt zur Minderversorgung der Muskulatur mit der Folge einer zunehmend schneller einsetzenden Ermüdung. Im Kopf formt sich die Vorstellung des Scheiterns. Das Schwinden der Erfolgsaussichten führt zu einer weiteren Steigerung der Aktivierung. Danach stellen sich Verkrampfungen und Denkblockaden ein. Die Rückmeldung zunehmenden Verlusts der Kontrolle trägt weiter zum Angstanstieg bei. Nun wird der Rückzug, wenn überhaupt möglich, eingeleitet. Die Situation „Klettern" wird im Gedächtnis mit dem Gefühl der Angst verknüpft und zum potentiellen Angstauslöser.[223]

---

222 Sarason, I.G.: The trait anxiety scale: Concept and research In: Spielberger, C.D./Sarason, I.G. (Hrsg.): Stress and anxiety. New York 1978.

223 Bird, A.M./Horn, M.A.: Cognitive anxiety and mental errors in sport. In: Journal of sport & Exercise Psychology 12 (1990); Fuchs, R.: Furchtregulation und Furchthemmung des Zweckhandelns. In: Thomas, A. (Hrsg.): Psychologie der Handlung und Bewegung. Meisenheim 1976.

Gefahrgerechtes Handeln sollte gelten, Angst und Können einander entsprechen. Wir müssen lernen, die von uns wahrgenommene Situation realistisch mit unseren persönlichen Bewältigungsmöglichkeiten zu vergleichen. Der Furcht vor Schmerz und das Abwenden körperlicher Schädigungen gehören zum Reigen angeborener Schutzmechanismen, die als biologisch zweckmäßige Reaktionen auf vorweggenommene Gefahren Abwehr, Schutz und Vermeidungsverhalten folgen lassen.[224] Dabei kann Vermeidungsverhalten verstärkt werden, auch wenn objektive Gefahren nicht vorhanden sein sollten. Erfolgt im Anschluss an eine Angstreaktion - also in das Gefühl hinein - ein Rückzug im Sinne des Verlassens einer Szene, findet dadurch eine Herabsetzung der Intensität des Angstgefühls statt. Das Nachlassen der unguten Gefühle verstärkt jedoch die gezeigte Vermeidungs- oder Fluchtreaktion. Zukünftig kann diese Vermeidungsreaktion auch dann eintreten, noch bevor überhaupt ein handfestes Angstgefühl Aufkommt, weil uns Vorahnungen führen und zum vermeiden auffordern. Das Bedürfnis nach nicht - Angst bekräftigt unser Vermeidungsverhalten.[225]

Der Nachteil eines erfolgreich gelernten Vermeidungsverhaltens liegt darin, dass wir z.B. mit Flucht auch dann reagierten, wenn die furchtauslösenden und schmerzauslösenden Bedingungen der Situation gar nicht mehr gegeben sind. Wir fühlen uns von irreführenden Gefahrensignalen bedroht. Erfolgreiches Vermeidungsverhalten zeigt sich sehr resistent gegen Vergessen und verhindert somit die Erfahrung seiner Unangemessenheit.[226]

Konflikte entstehen, wenn wir uns zwischen gleichstarken, sich jedoch ausschließenden Verhaltensweisen wiederfinden. In einer Situation, in der mehrere und sich gegenseitig ausschließende Verhaltensweisen bestehen, die Möglichkeit, adäquat zu handeln und zielgerichtet einzugreifen, weitgehend ausgeschlossen bleibt.[227]

Diese Handlungsblockierung führt dann zu einem Anstieg der Erregung und damit möglicherweise zu vermehrtem Angsterleben. Ein bedeutsamer Konflikt im Rahmen des Kletterns ist der Annäherungs - Vermeidungs - Konflikt. Angst kann nun dadurch entstehen, wenn die Vermeidung aufgrund einer gleichstarken Annäherung blockiert wird und z.B. nicht mit Flucht reagiert werden kann.

224 Fröhlich, W.D.: Angst. Nördlingen 1982.
225 Krohne, H.W.: Theorien zur Angst. Stuttgart, Berlin, Köln, Mainz 1981.
226 Spada, H./Ernst, A.M./Ketterer, W.: Lernen. In Spada, H. (Hrsg.): Allgemeine Psychologie. Bern, Stuttgart, Toronto 1990.
227 Dollard,J./Miller, N.E.: Personality and psychotherapy. New York 1950.

7.5.1. Angstmanagement

Handlungsanweisungen mit denen Angstreaktionen begegnet werden kann:
1. Gewöhnen durch Entspannen und Durchleben
2. Durch Belohnung zum Erfolg
3. Der Sprung ins Kalte Wasser
4. Abmildern durch Nachdenken
5. Lernen am Vorbild
6. Ablenken durch Umorientierung
7. Erziehung zum Umgang mit der Angst

1. Eine Möglichkeit, die Intensität eines erlebten Angstempfindens in einer bestimmten Situation künftig zu mindern, besteht in der Annäherung an die beängstigende Situation im Zustand körperlicher Entspannung. In der Form eines stufenweisen und geplanten Gewöhnens versuchen wir, unerwünschte Angstzustände dadurch zu verlernen, indem wir uns der angstauslösenden Situation in dem mit der Angst unvermeidbaren Zustand des Entspanntseins aussetzen.

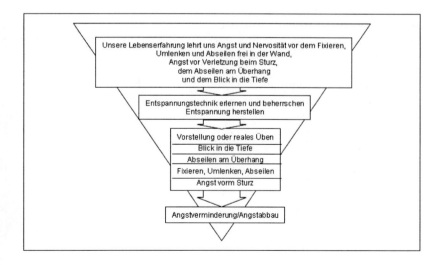

Abbildung 16: Gewöhnen durch Entspannung

Zwei Aspekte sind von zentraler Bedeutung. Einmal gilt es, eine tiefe Entspannung herzustellen. Die Entspannung soll dabei eine angenehme, furchthemmende, eine mit Angstzuständen unvermeidbare Atmosphäre erzeugen. Zum anderen erfolgt nun in dieses Entspanntsein hinein die Vorstellung einer angstauslösenden Situation oder eines solchen Ereignisses. Grundsätzlich stehen uns hier zwei Wege offen. Einmal begeben wir uns bei geschlossenen im Geiste in eine Situation und erleben sie in Gedanken. Zum anderen bringen wir uns real in die Situation, suchen diese bewusst auf. Wir verweilen nun dort und/oder stellen uns solange das angstauslösende Ereignis vor, bis das angstauslösende Ereignis vor, bis die Vorstellung oder das reale Durchleben weniger Angst auslöst.[228]

2. Das Gewöhnungstraining strebt den Abbau von Vermeidungsreaktionen über die fortschreitende Bewältigung ähnlicher, aber mit vorerst wenig oder keinem Angstgefühl verbundenen Situationen an.

Ein Situationstraining zielt auf eine schrittweise Annäherung an angstauslösende Situationen über das Durchlaufen vieler, sich der Angstsituation annähernder Erlebnisse.

Die stetige Annäherung an die als gefährlich interpretierten Lebenslagen durch Gewöhnung an das, was uns gerade noch tolerierbar erscheint, gewährleistet, dass jede erfolgreiche Annäherung oder Durchführung einer Handlung eine Verstärkung („Belohnung") erfährt, die zur Bekräftigung der Annäherung führt. Ein Vordringen in angstbesetzte Situationen über eine schrittweise Gewöhnung bringt das Erfolgserlebnis und die Erfolgsaussicht, künftig weniger emotional erregt, eine Aufgabe in Angriff zu nehmen (furchtreduzierende Rückmeldung). Weniger Erregung erlaubt freiere Entfaltung unseres Könnens und die Bewältigung zunehmend schwieriger Situationen, die einst Blockierung und Furcht vor dem Misslingen (furchtverstärkende Rückmeldung) gebracht hätten. Ein Abbau der Angst über den Weg der kleinen Schritte gibt uns das notwendige Selbstvertrauen wieder.

Abbildung 17: Angstabbau durch Reizüberflutung

228 Caspar, F.: Verhaltenstherapie der Angst. In: Strian, F. (Hrsg.): Angst. Heidelberg 1983.

Der fortgesetzte Umgang mit Gefahrenreizen führt i.d.R. zu einer immer besseren Beherrschung der Angst oder eines angstähnlichen Erregungszustandes. Zunehmende Erfahrung im Umgang mit Gefahren lässt uns bei Annäherung an eine Gefahrenquelle die Angsterregung früher hemmen und einen weniger starken Angstanstieg erleben als unerfahrene Mitstreiter.[229] Durch den Prozess der Gewöhnung werden ehemals starke Erregungsteigerungen bei wiederholter Darbietung reduziert. Wir werden vermehrt in die Lage versetzt, potentiell schädigende Komponenten adäquater und objektiver in ihrer Bedeutung zu beurteilen (Lokalisierung der Gefahr und Entwicklung alternativer Maßnahmen zur Bedrohungsbeseitigung). In ähnlicher Weise lassen sich durch Gewöhnung auch nicht auf organische Befunde zurückzuführende Schwindelgefühle (nervöser Schwindel) abbauen.[230]

3. Beim Hineinwerfen in angstauslösende Situationen wird Angst erzeugt, um Angst zu verlernen. Man wir mit Angstreizen höchster Intensität konfrontiert und dort solange belassen, bis sich über einen Gewöhnungsvorgang die Angst reduziert. In Form einer „Stressimpfung" wird der Umgang mit bedrohlichen Situationen eingeübt, um durch das Sammeln von Erfahrungen mit Angst und angstvermindernden Strategien sich selbst zu immunisieren.[231] Durch dieses Konfrontationsvorgehen sollen wir erfahren, dass der furchtauslösende Reiz seine Wirkung verliert.

Dies kann einerseits auf gedanklicher Ebene, andererseits durch das direkte Begeben in die missliche Situation und das dortige Verweilen.

Am Fels bedeutet diese „Reizüberflutung" z.B. gezieltes Sturztraining, Klettern weit über der letzten Sicherung oder die Gewöhnung an Höhen durch Abseilen in ausgesetztes Gelände. Der unheimliche Blick in die Tiefe mit seinen ungewohnten optischen Reizen gewinnt an Vertrautheit, die Orientierungsleistung wird gesteigert und das Gefühl der Unsicherheit weicht vielleicht einem Gefühl innerer Freiheit. Wichtig dabei ist, dass wir der Situation nicht ausweichen, weil sonst das Vermeidungsverhalten verstärkt wird, also das Gegenteil damit erreicht werden könnte. Dieses eher als Direktmethode zu bezeichnendes Vorgehen eignet sich insbesondere bei mittlerer bis niedriger Angst.

---

229 Epstein, S.: Versuch einer Theorie zur Angst. In: Birbaumer, N. (Hrsg.): Psychophysiologie der Angst. München, Wien, Baltimore 1977.

230 Schweisheimer, W.: Schwindel am Berg - eine unangenehme und sehr zu beachtende Störung. In: Sport Praxis 25 (1984).

231 Hackfort, D./Schwenkmezger, P.: Angst und Angstkontrolle im Sport. Köln 1980.

Der lerntheoretische Hintergrund geht davon aus, dass Angst gelöscht werden kann, wenn in einer Angstsituation das Vermeidungsverhalten einfach unterbunden wird.[232]

4. Das gemeinsame Ziel der Vorgehensweisen zur Angstverminderung über Nachdenken kann in der Veränderung von Bewertungs-, Entscheidungs-, Einordnungs- und Verarbeitungsprozessen gesehen werden. Ansatzpunkt für Veränderungen ist daher ein gezielter gedanklicher Eingriff in unsere individuellen Bewertungen und Deutungen von Ereignissen. Diese Technik berücksichtigt, dass an der Angstauslösung Wahrnehmungsleistungen, Informationsverarbeitungsprozesse und Vorstellungsleistungen beteiligt sind. Sie nehmen zum Dreh und Angelpunkt ihrer Angstverminderungsabsicht, dass die Bewertung einer Situation die Stärke unserer Angstreaktion und das Ausmaß unseres Angstniveaus wesentlich mitbestimmen.

Eine besondere Rolle spielt die Idee des Selbstinstruktionstrainings. Es konzentriert sich auf die selbsteingeimpften Gedanken, die zur Bewältigung von Angstsituationen beizutragen helfen. Der Geängstigte hält einen Dialog mit sich selbst.

Folgende Selbstinstruktionen könnten formuliert werden: „Du kannst Dich der Herausforderung stellen"; „Entspanne Dich"; „Denke über das nach, was Du zu tun hast, nicht über Deine Angst"; „Atme tief durch"; „Du hast alles unter Kontrolle"; „Es hat geklappt, gut gemacht"; „Nimm Dir Zeit, nicht hetzen".

Diese Technik geht davon aus, dass mit der Gabe von Zusatzinformationen oder selbst ausgeführten Instruktionen die angstauslösenden Quellen steuerbar sind. Es geht dabei nicht um die Veränderung der angstauslösenden Situation sondern um Betrachtung durch eine andere Brille – eine zur Hälfte gefüllte Flasche können wir als halb voll oder als halb leer betrachten; „Ich bin darauf gespannt", anstatt „Ich habe Angst"[233] Ergänzungsinformationen sollen eine Neubewertung ermöglichen, die Klarheit schafft und die Ungewissheit durch die klare Beschreibung der Aufgabenanforderung verringern hilft. Selbstaufforderungen in Form eines inneren und äußeren Sprechens helfen, das anstehende Problem gedanklich zu erfassen. Problemdefinition („Was gibt es zu tun"), Aufmerksamkeitslenkung („Was und worauf muss ich achten"), Handlungsplanung und Revision („Wie muss ich das ausführen"; „Halt, das geht so nicht") werden klar formuliert, wodurch wir die Interpretation unserer Wahrnehmung erleichtern. So wird beispielsweise die Einordnung der Bedrohlichkeit der

---

232 Caspar, F.: Verhaltenstherapie der Angst. In: Strian, F. (Hrsg.): Angst. Heidelberg 1983.
233 Hackfort, D./Schwenkmezger, P.: Angst und Angstkontrolle im Sport. Köln 1980.

Situation unterstützt vom Wissen um die Qualität unseres Sicherungs-
verhaltens, von unserer gründlichen physischen und mentalen Vobereitung,
von angemessener Ausrüstung, fundierter Klettertechnik, gesunder Selbst-
einschätzung sowie Konzentration und Sorgfalt.[234]

Die Beachtung der Angesprochenen Sicherheitsgaranten ist für die
kognitive Bewertung insofern Bedeutsam, weil furchtverstärkenden und zur
Blockade führenden Rückkopplungen ein Bereich der furchtreduzierenden
Rückmeldungen gegenüber Steht. Ein uns optimal regulierendes Gleich-
gewicht besteht aber nur solange, wie ein für uns angemessenes Niveau der
Sicherung und Selbstsicherheit aufrechterhalten werden kann.[235]

5. Jeder kennt das Gefühl, dass die Anwesenheit eines gelassen reagie-
renden Menschen eine beruhigende Wirkung ausstrahlen kann. Die Erfahrung lehrt, dass vorbildhaftes Verhalten angstlindernd wirkt.

Durch die Beobachtung eines „Modells", welches sich erfolgreich unserer Angstsituation nähert und diese bewältigt, sollen wir lernen, dass die
von uns gefürchtete Handlung durchaus ohne Angstzustand zu durchleben
ist. Erkenntnisse hierüber versprechen eine so große Reduzierung unseres
Angsterlebens, dass ein Vermeidungsverhalten ausbleibt. Als Nachahmer
erleben wir die positiven Konsequenzen unserer Überwindung, wodurch
eine erfolgreiche Annäherung und Ausführung verstärkt und bekräftigt
wird.[236]

6. Das Auslöschen eines erlernten Vermeidungsverhaltens ist sehr
schwer. Eine Reduzierung der Angstreaktion kann jedoch dadurch erreicht
werden, indem in einer angstbeladenen Situation nicht mit einer Vermeidungsreaktion reagiert wird, sondern bewusst einen mit Angst nicht
vereinbaren Gegenstand vergegenwärtigt wird. Angenehme Körperempfindungen verfügen über eine angsteindämmende, angsthemmende
und ablenkende Wirkung.

Die Betonung positiver Aspekte einer ambivalenten Sachlage bietet
neben der bewussten Einschränkung unserer Wahrnehmung weitere
Ansatzpunkte der Angstvermeidung.

Über einen Umdeutungsprozess fordern wir uns auf, nicht über
furchtauslösende Hinweise der Situation nachzudenken, sondern uns auf
die Sache zu konzentrieren. Allerdings kann eine übersteigerte Ver-
niedlichung und Ausgrenzung von Informationen auch dazu führen, dass
die Gefährlichkeit einer Situation soweit reduziert wird, dass sie un-

234 Fuchs, R.: Furchtregulation und Furchthemmung des Zweckhandelns. In: Thomas, A.
(Hrsg.): Psychologie der Handlung und Bewegung. Meisenheim 1976.
235 Fuchs, R.: Furchtregulation und Furchthemmung des Zweckhandelns. In: Thomas, A.
(Hrsg.): Psychologie der Handlung und Bewegung. Meisenheim 1976.
236 Caspar, F.: Verhaltenstherapie der Angst. In: Strian, F. (Hrsg.): Angst. Heidelberg 1983.

realistisch gesehen wird und als harmlos interpretiert. Des Weiteren erfordert Aufmerksamkeitslenkung die Beurteilung sich einstellender Gedanken und Gefühle unter dem Aspekt, inwiefern diese in einer Situation angebracht sind oder nicht. Erst diese Zuordnung erlaubt das Unangemessene zu erkennen und zu „verdrängen". Werden unangebrachte Gedanken nicht als solche erkannt, können diese auch nicht ausgeschaltet werden. Sie werden uns ablenken und für eine unterdurchschnittliche Leistung mitverantwortlich sein.

7. Erziehung zum Umgang mit der Angst ist das Lernen, angst- und konfliktträchtige Situationen zu akzeptieren und zum Anlass zu nehmen, über Lösungen nachzudenken.[237] Es gilt, Angsttoleranz bewusst aufzubauen, indem gezielt Situationen aufgesucht werden, deren Bewältigung unter großer Aktivierung noch erarbeitet werden muss. Erst im Umgang wird die Angst über die Wiederkehr recht gleichverlaufender körperlicher und geistiger Reaktionen langsam vertrauter, besser einschätzbar und früher regulierbar.

Welches Verfahren der Angstreduzierung für wen, für welchen Angstauslöser, bei welcher Stärke der Angstreaktion Erfolg verspricht ist in der Praxis auszuprobieren. Individuelle Unterschiede bedürfen unterschiedlicher Verfahren.

7.6.   Mentales Training und Aktivierungsregulation

Der Organismus ist bestrebt, sich in physischen und psychischen Gleichgewichtszustand zu halten. Einwirkende Überforderungen stören diese innere Harmonie. Unser Körper versucht, diese Gleichgewichtsstörung auszugleichen und in den stabilen physischen und psychischen Zustand zurückzufinden. Diese Anpassung ist Resultat der Fähigkeit, sich selber zu Regulieren. Es gelingt nicht immer, dieses innere Gleichgewicht wieder herzustellen. Methoden, mit denen Anpassung an psychische und physische Anforderungen unterstützt werden können, werden wir als psychoregulative Verfahren bezeichnen.

Ursachen vom Scheitern müssen nicht an konditionellen Leistungsvoraussetzungen liegen, sondern können ihre Ursache in der fehlenden Klarheit der Bewegungsabsicht oder in einem ungünstigen Aktivierungszustand haben.

Unter mentalen Prozessen können wir das zusammenfassen, was an Denken, Vorstellen oder Überlegen in unseren Köpfen vor sich geht. Unter mentalem Training soll hier das Erlernen oder verbessern eines Be-

---

237 Boisen, M.: Angst im Sport. Achenbach 1975.

wegungsablaufes durch intensives sich vorstellen verstanden werden, ohne dass die Bewegung tatsächlich sichtbar vollzogen werden muss.[238] Mentales Training strebt über die systematische und intensive gedankliche Vorstellung einer Bewegung eine Verbesserung der Bewegung an, ohne sie gleichzeitig auszuführen.[239] Es leistet eine ergänzende Hilfe zur Verbesserung unserer Bewegungsvorstellung. Hierbei handelt es sich also um eine Methode zur Verbesserung unserer gedanklichen Ordnung, die wir, auch ohne es unbedingt spüren zu müssen, im Alltag mehr oder weniger systematisch schon praktizieren und nutzen

Die Grundlage des mentalen Trainings bildet der Carpenter - Effekt, der auch als ideomotorische Reaktion bezeichnet wird. Wir wollen darunter verstehen, dass die Vorstellung einer Bewegung die Tendenz hervorruft, diese auch auszuführen.[240] Der fundamentale Unterschied zur realen Bewegung besteht darin, dass die Anregungen (Innervationen) zur Muskelkontraktion der an der Bewegung beteiligten Muskeln nur unterschwellig ablaufen und es dadurch zu keiner sichtbaren Muskelarbeit kommen kann.[241] Unser gedankliches „Probehandeln" erzeugt (nach dem Gesetz der ideomotorischen Reaktion) ein „aktives Symbol der auszuführenden Bewegung in Gestalt von Innervationen der potentiell arbeitenden Muskeln".[242]

Begleitet wird die gedankliche Vorstellung von Bewegungen von spürbaren physiologischen Veränderungen: Atemfrequenz und Blutdruck steigen, die Erregbarkeit unseres Nervensystems nimmt zu; die Durchblutung in der „gedachten" Muskulatur steigt an. Dieses Phänomen wird oft als Mitfiebern beschrieben.[243]

---

238 Vollkamer, M.: Bewegungsvorstellungen und mentales Training. In: Koch, K. (Hrsg.): Motorisches Lernen - Üben - Trainieren. Schorndorf 1976.

239 Röthig, P.: (Hrsg.): Sportwissenschaftliches Lexikon. Schorndorf 1983.

240 Drever, J./Fröhlich, W.: Wörterbuch der Psychologie. München 1968.

241 Smieskol, H.: Die Rolle des ideomotorischen Trainings beim Erlernen sportlicher Bewegungsfertigkeiten. In: Ulich, E. (Hrsg.): Beiträge zum mentalen Training. Frankfurt a.M: 1973.

242 Volpert, W.: Untersuchungen über den Einsatz des mentalen Trainings beim Erwerb einer sensumotorischen Fertigkeit. Köln 1969.

243 Puni, A.Z.: Über die Trainingswirkung der Bewegungsvorstellung. In: Theorie und Praxis der Körperkultur 12 (1958).

7.6.1. Drei Grundformen des inneren Übens:[244]

1. Das Üben durch Beobachten und Zuschauen, das observative Trainieren, besteht in der gezielten Beobachtung von Personen, welche die Bewegung gerade ausführen.
2. Das rein gedankliche Üben erhofft sich Verbesserungen durch planmäßiges Sich Vorstellen des Ablaufs der Bewegung im Geiste.
3. Das Verbale Üben bedient sich der sprachlichen Auseinandersetzung mit der Bewegung (inneres Sprechen, die Bewegung in Worte fassen, Informationen mit sich selbst durchsprechen).

Die Vorteile mentalen Trainings liegen in seiner überall und vom Ort unabhängiger Durchführbarkeit. Verletzungsgefahr und Physische Ermüdung sind ausgeschlossen. Fehlender Ernstcharakter der Situation lindert Angst, und Erfolgserlebnisse können garantiert werden.

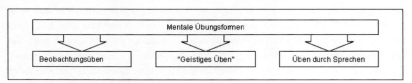

Abbildung 18: Mentale Übungsformen

7.7. Psychoregulation

Zur Optimierung der Bewegungsregulation trägt wesentlich ein angemessener Gesamterregungszustand „psycho-physiologischer" Systeme, die psychovegetative Funktionslage. Das Aktivierungsniveau beeinflusst Bewegungssteuerung und Bewegungsregulation. Eine zu hohe Aktivierung kann die Einengung der Wahrnehmung nach sich ziehen, die Informationsaufnahme und -verarbeitung durch aufgabenirrelevante Gedanken beeinträchtigen, die Aufmerksamkeit von bewegungsrelevanten Informationen abziehen oder die bewegungsbegleitende Auswertung unserer Rückmeldung irritieren.

Wir sind in der Lage, die Funktion unseres vegetativen Nervensystems über Vorstellungen zu beeinflussen. Das zeigt deutlich die Anregung unserer Speicheldrüsen bei der Vorstellung eines herzhaften Bisses in eine Zitrone.

---

244 Ulich, E.: Mentales Training. In: Sport in unserer Welt, Chancen und Probleme. Berlin, Heidelberg, New York 1973.

Der Versuch, optimale psycho-vegetative Bedingungen für bestimmte Handlungen herzustellen und aufrechtzuerhalten, wird als Psychoregulation bezeichnet."[245] Besteht das Hauptanliegen des mentalen Trainings in der Verbesserung der Bewegungsregulation, so kümmert sich die Psychoregulation um die Ausbildung bedingt reflektorischer Verbindungen zwischen Vorstellungen oder Zuständen unseres Körpers und Zentren unsres Gehirns beispielsweise mit dem Ziel abrufbarer Entspannungsmechanismen.

Psychoregulation verfolgt drei Ziele:[246]

Sie strebt nach einem Ausgleich (Kompensation) der herrschenden ungünstigen Aktivierungslage, z.b. die Verminderung von Angst, die Lösung von Verkrampfungszuständen oder die Erlangung von Zuversicht bei Resignation

Sie beabsichtigt Vorbeugung (Prävention), d.h. Schutz vor einer antizipierten ungewollten Funktionslage, z.b. Wissen um eintretendes Startfieber.

Sie strebt nach Stabilisierung der aktuellen Aktivierungslage, z.b. ein Aufrechterhalten der Konzentrationsleistung bei zunehmender Ermüdung.

An psychoregulativen Verfahren gibt es eine ganze Menge. Zu den bekanntesten zählen:[247]

das autogene Training,

die Muskelrelaxation,

Formen der Selbstinstruktion (formelhafte Vorsatzbildung),

die gedankliche Meidung (Umorientierung der Aufmerksamkeit in Richtung z.b. positiver Gedanken)

Ablenkung (Blockieren, Ausfiltern, Unterdrücken funktionsbeeinträchtigender Erlebnisse) oder

die Klärung und Umbewertung (gedankliches Durchdringen des Problems und sachorientierte Bewertung).

Beispiele:

„In Selbstgesprächen formuliert man Pläne für sein Handeln, gibt sich selbst Anweisungen, ordnet seine Gedanken oder kommentiert sein eigenes handeln."

---

245 Sonnenschein, I.: Kölner Psychoregulationstraining: Grundkonzeption und erste Erfahrungsanwendung. In: Sportwissenschaft 14 (1984).

246 Sonnenschein, I.: Das Kölner Psychoregulationstraining. Köln 1984; Nitsch, J.R./Allmer, H.: Naive psychoregulative Techniken der Selbstbeeinflussung im Sport. In: Sportwissenschaft 9 (1979).

247 Jacobson, E.: Progressive relaxation. London 1968; Lindemann, H.: Einfach entspannen - Psychohygienetraining. München 1984; Middendorf, I.: Der erfahrbare Atem. Paderborn 1984; Schultz, J.H.: Das autogene Training. Stuttgart 1976.

Unter besonders extremen und außerordentlichen Belastungen schwanken unsere Selbstgespräche zwischen Zweifel und Zuversicht. Gelingt es nun, uns über ein Selbstgespräch dahingehend zu regulieren, dass in uns sich Erfolgszuversicht und Leistungsbereitschaft entwickeln, verfügen wir über ein wirksames Mittel, um die Situation zu meistern. Vor der endgültigen Aufgabe kippt zuerst das Selbstgespräch ab.[248]

Der Einsatz des Selbstgespräches muss geübt werden. Ein gesundes Selbstbewusstsein, ein Überzeugt - Sein von der Wirksamkeit des eigenen Handelns, bestimmt wesentlich das Ergebnis unseres inneren Disputes um Hoffnung auf Erfolg und Furcht vor Misserfolg.[249]

Selbstüberzeugung will uns glaubhaft versichern, „dass die erworbenen taktischen und technischen Voraussetzungen unter allen Bedingungen realisierbar sind."[250]

Ziel des Überzeugungstrainings muss es sein, uns dahin zu führen, dass wir lernen, uns Ziele zu setzen mit der inneren Überzeugung, diese Ziele auch mit unseren eigenen Fähigkeiten erreichen zu können. Wir müssen lernen, aus der selbst erlebten Sicherheit soviel Zuversicht und Überzeugung zu schöpfen, dass wir mit unseren Fähigkeiten das Ziel erreichen.[251]

Anhand einer möglichst realistischen Einschätzung unserer Leistungsvoraussetzung muss eine Prognose erstellt werden, die anschließend an der Realität überprüft wird. Einsetzender Erfolg verstärkt, bringt Sicherheit und stabilisiert das Selbstvertrauen.

Das eigene Gut - Zureden gibt uns Selbstvertrauen, entspannt und führt damit in eine optimalere Aktivierungslage. Problematisch ist Selbstüberschätzung, die dann zum genauen Gegenteil führt.

Erfolgreiche Regulation der Aufmerksamkeit ermöglicht das schnelle Umschalten zwischen verschiedenen Formen der Aufmerksamkeit.

Scheitert beispielsweise ein Vorhaben, weil sich unser denken um Selbstzweifel rankt, hilft uns der Vorsatz „Konzentriere Dich auf das, was Du gerade ausführst!", „Tue so, als gäbe es in diesem Augenblick weder Vergangenheit noch Zukunft!", „Wende Dich ausschließlich der Bewegung zu, und meide das Nachdenken über Erfolgsaussichten!".

Die Anwendung der beschriebenen Verfahren setzt voraus, dass wir den eigenen Aktivierungsgrad und das Selbstgespräch sensibel wahrnehmen. Nur dann können wir entscheiden, ob unser Aktivierungsgrad nun zu hoch, zu niedrig oder optimal ist, ob unsere Selbstgespräche uns Führen oder ablenken. Hierzu bedarf es der eingehenden Kenntnis körpereigener

248 Eberspächer, H.: Individuelle Handlungsregulation. Schorndorf 1988.
249 Eberspächer, H.: Individuelle Handlungsregulation. Schorndorf 1988.
250 Eberspächer, H.: Mentales Fertigkeitstraining. In: Sportpsychologie 3 (1990).
251 Eberspächer, H.: Individuelle Handlungsregulation. Schorndorf 1988.

Signale, die uns über diesen Zustand Auskunft erteilen. Als Hinweise zum Aktivierungsgrad können der Herzschlag, die Atemfrequenz, die Feuchte der Hände, die „Nähmaschine", die bleierne Schwere der Arme oder Beine sowie innere Unruhe herangezogen werden.

Der Einsatz eines psychoregulativen Verfahrens kann einmal an der Ursache (z.B. Auslöser für Angst) selbst ansetzen. Umbewertung, Klärung, Veränderung der Einschätzung, Umorientierung der Aufmerksamkeit und Ablenkung gelingen aber nur, wenn wir den Stein des Anstoßes auch kennen.

Die Beruhigungsatmung bietet eine im Fels durchführbare Entspannungstechnik, deren Anwendung vorher aber trainiert werden muss.[252]

Die Beruhigungsatmung versucht über eine bestimmte Form der Atemtechnik, überhöhte Aktivierungslagen zu vermindern.

Mit geschlossenen Augen, an einem ruhigen Ort in einer entspannten Haltung, sammeln wir uns versuchen die Gedanken zu verbannen und denken an etwas Beruhigendes.

Jetzt achten wir auf unseren Atemrhytmus und konzentrieren uns auf das Gefühl wie die Einatmungsluft durch die Nase zieht. Wir denken dabei an eine Meereswelle und passen unseren Atemrhytmus dieser an. Die Dünung hebt uns beim Einatmen und senkt uns beim Ausatmen. Diesen Vorgang wiederholen wir fünf- bis achtmal. Wir atmen nun langsamer und tiefer. Wir versuchen vermehrt über die Bauchatmung Luft zu holen. Wir atmen tief aus und warten bis das Einatmen von selbst gelingt. Wir atmen ein bis das Einatmen von selbst in das Ausatmen übergeht. Wir atmen verhalten aus. Das ausatmen dauert länger als das Einatmen. Wir achten auf einen fließenden Übergang zwischen Einatmen und Ausatmen. Wir halten die Luft am Umkehrpunkt zwischen Ein- und Ausatmen nicht an. Am Ende des Ausatmens bleibt ein Kleiner Atemstillstand. Wir lassen diesen gewähren, bis die Einatmung von selbst einsetzt. Wir spüren, wie unser Herzschlag zurückgeht und sich innere Ruhe und tiefe Entspannung einstellt.

In stressigen Situationen kann versucht werden den erlernten Entspannungsreflex über die Beruhigungsatmung auszulösen, um damit in einen entspannteren und damit ansprechbareren Entscheidungszustand zu gelangen.

---

252 Edlinger, P./Ferrand, A./Lemoine, J.-F.: Grimper. Paris 1985.

7.8.   Das Klettern lernen/lehren

Nach einer Situationsanalyse werden Handlungsmöglichkeiten aus-
gewählt. Daraus folgt der Entwurf eines Bewegungsprogramms. Der
Ausführung folgt Rückmeldung und Korrektur. Zurück am Boden werden
die Handlungsschritte rekapituliert und im Gedächtnis gespeichert. Das
vielfache Durchlaufen dieses Kreislaufs lässt uns Klettern lernen. Klettern
lernen und verbessern heißt sich zielgerichtet und planmäßig längerfristig
verfügbare Bewegungstechniken anzueignen, die möglichst zweckmäßige
und kraftsparende Bewegungslösungen garantieren.[253]

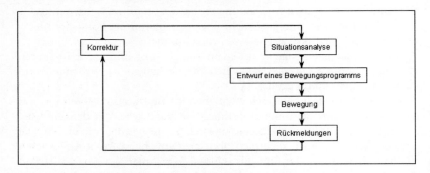

Abbildung 19: Vom Bewegungsentwurf zur Kletterbewegung

Der Antizipation „Da will ich rauf" folgt auch die Antizipation der
Umsetzung („Wie komme ich da hoch"). Die Handlungsschritte werden in
einem motorischen Programm festgelegt.

Unter einem motorischen Programm verstehen wir die zeitliche Ordnung motorischer Befehle. Wir können sie als zentral gespeicherte und
abrufbare Bewegungspläne bezeichnen, die den Vollzug von Bewegungen
kontrollieren und sich aus erlernten und angeborenen Bewegungsmustern
zusammenfügen.[254]

Für den Anfänger bedarf es zunächst der gedanklichen Erfassung der
Kletterbewegung.

---

253 Güllich, W./Kubin, A.: Sportklettern heute. München, Wien, Zürich 1987.
254 Hayes, K.C./Marteniuk, R.G.: Dimensions of motor task complexity. In: Stelmach, G.E.
   (Ed.): Motor control: Issues and trends. New York 1976; Henry, F.M./Rogers, D.E.:
   Increased response latency for complicated movements and a „memory-drum" theory of
   neuromotor reaction. In: American Association for Health, Physical Education and
   Recreation.: Research Quarterly 31 (1960); Roth. K.: Strukturanalyse koordinativer
   Fähigkeiten. Bad Homburg 1982.

Durch Zuschauen bei anderen, Lesen einschlägiger Bewegungs-
beschreibungen oder durch Reden über die Bewegung entsteht anfänglich
eine recht grobe Vorstellung der Bewegung. Die allmählich entstehende
Bewegungsvorstellung dient als Orientierungsgrundlage, die es uns
ermöglicht, immer wieder Soll- und Istzustand miteinander zu vergleichen.
Ihr Aufbau wird unterstützt, wenn wir bewusst die Bewegungen üben und
auswerten, wenn wir uns klare und realistische Bewegungsziele setzen.

Nach dem Aufbau der Bewegungsvorstellung muss es unser Grund-
anliegen sein, solange die Klettertechnik zu üben, bis wir deren Grob-
koordination beherrschen. Wir müssen solange üben, bis wir die Bewegungen unter günstigen Bedingungen ausführen können.

Hierbei ist zu beachten, dass wir im aufnahmebereiten Zustand lernen,
d.h. wir sollten beim Üben frisch und aufnahmebereit sein. Ein aus-
reichendes Aufwärmprogramm unterstützt uns. Es gilt ruhig und konzentriert zu üben und eine angstfreie Lernatmosphäre herzustellen. Korrek-
turen dürfen uns nur dann mitgeteilt werden, wenn wir auch entsprechend
aufnahmebereit sind. Nach anstrengenden Passagen ist es daher ratsam,
sich erst einmal zu beruhigen und zu sammeln. Weiterhin bedarf es der
Korrekturgabe in einem Zeitraum, in dem wir uns noch an die Bewegungen
erinnern. Denn unsere Bewegungsempfindungen verblassen in unserem
Gedächtnis schon nach 30 Sekunden. Bewegungskorrekturen sollten
deshalb nicht später als eine Minute nach Übungsende gegeben werden.
Weiterhin ist unser Korrekturgeber aufgefordert, darauf zu achten, dass er
uns nicht zu viele Korrekturinformationen mit auf den Weg gibt. Ein
treffender Korrekturhinweis reicht hier völlig aus.[255]

Beherrschen wir eine Technik in ihrer Grobform, dann können wir
daran gehen, eine andere Technik zu versuchen. Die eigentliche Schwierigkeit beim Klettern liegt im angemessenen Abspielen vielfältiger Bewegungs-
programme, was Üben und unterstützendes Kraft- und Beweglichkeits-
training verlangt.

Das Klettern in dieser ersten Phase des Neulernens kann als Klettern mit
häufigen Technikwechsel bezeichnet werden, wobei erst dann zur nächsten
Klettertechnik übergegangen werden darf, wenn die zuvor geübte auch
verstanden wird und in groben Zügen ausgeführt werden kann.

In der Routenwahl sollten wir darauf achten, dass diese untereinander
schwerpunktmäßig und spürbar uns jeweils eine andere Technik ab-
verlangen. Wir führen also einen geordneten, regelhaft und bewusst ausgeführten Wechsel zwischen noch nicht gefestigten Klettertechniken
durch.[256] Dieser Technikkreisel, der von uns Kontrastlernen verlangt,

---

255 Meinel,K./Schnabel, G.: Bewegungslehre - Sportmotorik. Berlin 1987.
256 Roth, K.: Motorisches Lernen und Übungsvariabilität. In: Sportpsychologie 4 (1990).

fordert, dass wir ihn mehrmals durchlaufen, um die Bewegungstechniken auch fest in unseren Köpfen zu verankern.

Vorlieben für bestimmte Klettertechniken sollten verhindert werden. Im Rahmen eines Variationstrainings sollte folgendes geübt werden:

Klettern unbekannter Routen,

Klettern unter erschwerten Bedingungen (widrige Umweltbedingungen, kein Magnesia)

Klettern mit Tempovariationen

Ausführung von Techniken bei veränderten Ausgangs- und Endstellung der Körperglieder

Variationen von Entfernungen/Abständen

Veränderung der Bewegungsrichtung (bewusster Wechsel von Auf- und Abklettern und Queren)

spiegelbildliches Üben

rhythmisches Üben

Klettern unter Zeitdruck

Ausführung zusätzlicher Aufgaben während des Kletterns (Gedichte rezitieren)

gezielte Veränderung der Unterstützungsflächen an Händen und Füßen, d.h. bewusst große Haltepunkte kleiner verwenden

Klettern mit geschlossenen Augen, verschlossenen Ohren

Bewegungsausführungen übertreiben

Klettern mit Handschuhen

Klettern mit Bergschuhen oder barfuss

Klettern mit Zusatzgewichten

Klettern mit Unterstützung durch Seilzug

Klettern ohne Einsatz der Hände

Klettern derselben Route nur mit anderen Griffen und Tritten

Klettern in einer anderen Felsart und Felsstruktur.[257]

Insbesondere müssen wir unsere Wahrnehmungsleistungen des kinästhetischen und taktilen Analysators verbessern. Ergänzend haben wir uns darum zu bemühen, Überlegungspausen bewusst zu verkürzen (kleiner halten als 3 Sekunden), womit wir lernen, Entscheidungen schnell zu treffen.[258] Das hartnäckige, vielfache Üben sichert die umfassende Kenntnis der Klettertechnik, der auftretenden kinästhetischen Empfindungen und

257 Radlinger, L./Iser, W./Zitterman, H.: Bergsporttraining. München 1983; Rockmann-Rüger, U.: „laufen lernt man nur durch laufen". In. Sportpsychologie 1 (1991); Salomon, J.C./ Vigier, C.: Practique de l'escalade. Paris 1989; Rieder, H./Lehnertz, K.: Bewegungslernen und Techniktraining. Schorndorf 1991.
258 Salomon, J.C./Vigier, C.: Practique de l'escalade. Paris 1989.

der einzubringenden Willensqualitäten zur optimalen Ausführung unter guten und schlechten Bedingungen.[259]

Ein zielstrebiges Fortführen unseres variablen Übens führt uns allmählich in ein Stadium, indem die Klettertechnik nun auch unter ungewohnten und schwierigsten Bedingungen gelingt. Jetzt ist die Klettertechnik soweit automatisiert, dass die Aufmerksamkeit mehr und mehr der Klettertaktik, also dem bewussten Einsatz unserer Fähigkeiten und Fertigkeiten, zuwenden können, weil der Großteil der Bewegungsregulation ohne direkte bewusste Zuwendung erfolgen kann.

Überforderungen können durch das Nichtbeherrschen der Technik aber auch durch nicht situatives einbringen der Kletterfertigkeiten entstehen.

Die Klettertechnik ist noch nicht verfügbar.

Die Kletterbewegung muss noch gelernt werden.

Das Kletterprogramm ist zu komplex

Das zeitliche Nacheinander der einzelnen Kletterbewegungen kann nicht gemerkt werden. Das Bewegungsprogramm muss in kleinere, in sich geschlossene und behaltbare Abschnitte aufgeteilt werden, die voneinander getrennt dann nacheinander geübt werden, um sie später miteinander zu verbinden.

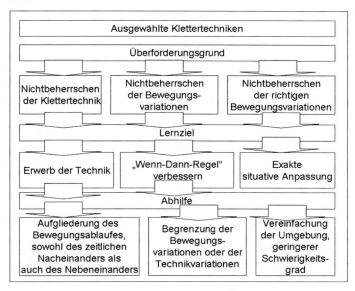

Abbildung 20: Vereinfachung zum Verbessern der Klettertechnik

---

259 Martin, D.: Probleme des Techniktrainings im Sport. In: Leistungssport 1 (1989).

Der „Knoten platzt nicht"
Fehlt uns zur Ausführung der letzte Durchblick in der Bewegungsvorstellung kann der Partner in Form einer Kletterprogrammabspielhilfe
korrigierend eingreifen. Er soll durch Führung unseres Körpers falsche und
unökonomische Bewegungen auf den richtigen Weg bringen oder über
sprachliche Hinweise und Demonstration die Bewegung lenken.
Die Kletterbewegung kostet zuviel Kraft
Andere Kletterroute aufsuchen unter der die Bewegung unter gerin-
gerem Krafteinsatz durchführbar ist.
Die Variationsanforderungen an eine Klettertechnik sind zu hoch

Gelingt es uns nicht, Klettertechniken zu variieren, liegt die Ursache in
einer noch unzureichenden Ausprägung unserer „Wenn - Dann - Regeln"
zwischen der Ausgangssituation, der Festlegung von Kraft und Ge-
schwindigkeit und dem angezielten Ergebnis. Erst eine Verringerung von
Krafteinsatz und Geschwindigkeit mit einer folgenden Zunahme ist der
Weitere Lernweg
Ein zu früher und zu häufiger Wechsel zwischen Klettertechniken kann
den Anfänger vor schwer lösbare Probleme stellen. Routen mit weniger
Technikwechsel aufsuchen oder in ein Gelände ausweichen in dem der
Wechsel der Klettertechnik ohne Risiko ausgeführt werden kann.[260]
Beim Nicht-Beherrschen des situativ richtigen Einsatz von Bewegungs-
variationen oder verschiedenen Techniken, man kann ihn erkennen, dass
entweder zuviel Kraft, zuwenig Kraft, zu schnell oder zu langsam oder aus
falscher Position heraus geklettert wird oder mit überhaupt keiner Lösung
aufgewartet wird, muss eine Vereinfachung des Schwierigkeitsgrads
erfolgen.
Jede Überforderung kann, gleichgültig in welchem Könnensniveau sie
auftritt, über eine oder mehrere Gegenmaßnahmen gezielt behoben
werden. Grundsätzlich bedarf es zuerst der Identifikation der Schwachstelle.

7.9.   Das Aufwärmen

Unbedingt will ich diesen Abschnitt der Arbeit hinzufügen. Ich finde das
Aufwärmen so wichtig, und habe es in den meisten Kletterfreizeiten erlebt,
dass es gar kein Thema ist; wie ich im Folgenden nachweisen werde, sehr zu
unrecht.
Unser Organismus ist Hort vielfältiger, ineinander greifender Teilsysteme, die aufeinander abgestimmt die fehlerfreie Funktion in den

---

260 Martin, D.: Probleme des Techniktrainings im Sport. In: Leistungssport 1 (1989).

verschiedensten Lebenssituationen gewährleisten. Biologische Teilsysteme reagieren bei wechselnden Umgebungsbedingungen und Situationsanforderungen nicht unmittelbar, sondern zeichnen sich durch Trägheit aus. Die Adaptionsprobleme eines plötzlich der Helligkeit ausgesetzten Auges können uns diese Tatsache nachvollziehen helfen. Die biologischen Teilsysteme, die unsere Leistungsfähigkeit mitbestimmen, benötigen Zeit, um sich optimal auf die geforderte Situation einzustimmen.

Im Allgemeinen wird das Aufwärmen als notwendiges Übel akzeptiert, seine leistungsfördernde Wirkung bestätigt und als Maßnahme zur Verletzungsprophylaxe gerne angenommen.

„Unter Aufwärmen werden alle Maßnahmen verstanden, die vor einer sportlichen Belastung der Herstellung eines optimalen psychophysischen und koordinativ - kinästhetischen Vorbereitungszustandes sowie der Verletzungsprophylaxe dienen."[261]

Der allgemeine Zweck des Aufwärmens liegt in der Förderung besserer Ausgangsbedingungen hinsichtlich organischer, geistiger und koordinativer Leistungsbereitschaft. Man unterscheidet allgemeines vom speziellen Aufwärmen.

„Unter allgemeinem Aufwärmen werden Übungen verstanden, welche nicht sportartspezifische Beanspruchungen enthalten."[262] Es kommen große Muskelgruppen zum Einsatz, wodurch die Ansprechbarkeit unseres Organismus auf Belastung allgemein erhöht wird.

„Spezielles Aufwärmen betrifft hingegen die Absolvierung der sportartspezifischen Bewegungen."[263] Übungen, die hinsichtlich ihrer dynamischen und räumlich - zeitlichen Struktur der Zielfertigkeit ähnlich sind. Auf diese Weise werden günstige Ausgangsbedingungen für das Zusammenspiel innerhalb eines Muskels (intramuskulär) und für das Zusammenwirken zwischen Muskel (intermuskulär) geschaffen

Allgemeines und spezielles Aufwärmen können wiederum aktiv, passiv, mental oder kombiniert durchgeführt werden

Beim aktiven werden wir direkt tätig.

Unter der Bezeichnung passives Aufwärmen werden heißes Duschen, Wannenbad, Massage oder Einreiben mit durchblutungsfördernden Mitteln zusammengefasst.

Mentales Aufwärmen beschränkt sich auf die rein gedankliche Ausführung der Bewegung vor dem geistigen Auge

261 Weineck, J.: Sportbiologie. Erlangen 1986.
262 Hollmann, W./Hettinger, T.: Sportmedizin - Arbeits- und Trainingsgrundlagen. Stuttgart, New York 1976.
263 Hollmann, W./Hettinger, T.: Sportmedizin - Arbeits- und Trainingsgrundlagen. Stuttgart, New York 1976.

Das Aufwärmen begünstigt eine ganze Reihe körperinterner Prozesse, aber grundlegend in der Erhöhung der Temperatur im arbeitenden Gewebe. Eine Temperaturerhöhung führt zur Steigerung der Geschwindigkeit biochemischer Reaktionen.[264]

Als Folge erhöht das Aufwärmen die Kontraktionsgeschwindigkeit unserer Muskulatur (Beschleunigung der neuromuskulären Übertragung), die Leitungsgeschwindigkeit unserer Nerven und sensibilisiert unsere Körpersinne.[265]

An den Fingern variiert die Durchblutung bei kalter bzw. warmer Umgebung um ein Vielfaches.[266] Nur ein spezielles erwärmen der Finger führt zu einer situativ optimalen Durchblutung als Basis guter feinmotorischer Bewegungen. Informationen über Spannungsveränderungen in der Muskulatur oder über das An- und Abschwellen von Druckempfindungen an unseren Fingerspitzen tragen wesentlich zur Stabilisierung unseres Körpers und damit zum Gelingen der Bewegung bei.

Gleichgerichtet steigert Aufwärmen die Aktivität des Herz-Kreislauf-Systems, der Atmung, der hormonellen Regulation, fördert die Durchblutung des Gewebes durch Vasodilatation der Kapillare und führt zu einer Verschiebung des zirkulierenden Blutes in der Haut und der inneren Organe hin zur arbeitenden Muskulatur. Muskulatur, Sehnen und Bänder werden elastischer, dehnfähiger, und die Gelenksbeweglichkeit wird erhöht. Die Gefahr von Muskel-, Sehnen-, und Bänderrissen wird vermindert. Aufwärmen unterstützt die Entspannungsfähigkeit der Muskulatur, verbessert die Versorgung mit Sauerstoff und Nährstoffen und begünstigt den Abtransport von „Abfallprodukten" aus Stoffwechselprozessen.

Weiterhin wird durch die Bewegung der Gelenkknorpel mit Flüssigkeit angereichert und somit können die Gelenke extrem belastende Situationen besser absorbieren und einer Schädigung des Gelenkes kann vorgebeugt werden.

Das Ausführen kletterspezifischer Bewegungen im Rahmen einer Aufwärmtätigkeit unterstützt die Qualität der Steuerung und Regelung unsrer Bewegungen, aktiviert koordinative Schaltmuster und fördert das Einspielen künftig benötigter Impulsmuster als Grundlage koordinierter Bewegungen. Koordinative Schwierigkeiten können im nicht aufgewärmten Zustand dadurch entstehen, dass in unseren Muskeln und Muskelgruppen nur

---

264 Israel, S.: Das Erwärmen als Startvorbereitung. In: Medizin und Sport 17 (1977).

265 Hollmann, W./Hettinger, T.: Sportmedizin - Arbeits- und Trainingsgrundlagen. Stuttgart, New York 1976; Irving, L.: Adaptation to cold. In: Science 214 (1966); Stuart, D.G./Eldred, E./Hemingway, A./Kawamura, Y.: Neural regulation of the rhythm of shivering. In Hardy, J.D. (Hrsg.): Temperature. New York 1963.

266 Hensel, H.: Temperaturregulation. In: Keidel, W. (Hrsg.): Kurzgefaßtes Lehrbuch der Physiologie Stuttgart 1973.

eine ungenügende Betriebstemperatur herrscht, was zwangsläufig eine geringere Empfindlichkeit der Rezeptoren nach sich zieht. Wertvolle Rückmeldungen über den Verlauf, den Erfolg oder das Misslingen unserer Bewegungen werden uns im nicht - aufgewärmten Zustand nur ungenügend zugeleitet.[267]

Im psychischen Bereich fördert Aufwärmen die Aktivierung zentralnervöser Strukturen, wodurch der Organismus in einen Zustand erhöhter Wachheit (Vigilanz) gerät, der die Aufmerksamkeitsleistung steigert und sich durch eine verbesserte optische Wahrnehmung und Erhöhung der Reaktionsfähigkeit äußert.[268]

Aufwärmen trägt zur Optimierung des Aktivierungsniveaus bei, indem Übererregungszustände (Vorstartzustand, Startfieber) gemildert und Hemmungszustände (Startapathie, psychovegetative Kippreaktion) unterbunden werden können.

Die positive Einstellung, der Glaube an den Erfolg der Aufwärmarbeit hat eine entscheidende Bedeutung für die Wirksamkeit des Aufwärmens. Der Glaube an die Notwendigkeit und die positive Wirkung unterstützen die Effekte des Aufwärmens und erzeugen Selbstvertrauen und emotionale Stabilität.[269]

Abbildung 21: Einige ausgewählte Wirkungen des Aufwärmens im Überblick

Unter mentalem Aufwärmen wird ein sich intensives Vorstellen des Bewegungsablaufs mit der Absicht, eine höhere Leistung zu erzielen.[270] Bereits die Vorstellung einer Tätigkeit erzeugt bereits unterschwellig ähnliche nervale Entladungsmuster der späteren Bewegungen, hebt die Durchblutung der beteiligten Muskulatur an, beschleunigt Atmung und Puls,

267 Israel, S.: Das Erwärmen als Startvorbereitung. In: Medizin und Sport 17 (1977).

268 Weineck, J.: Sportbiologie. Erlangen 1986.

269 Smith, J.L./Bozymowski, M.F.: Effect of attitude toward warm-ups on motor performance. In: Research Quarterly 36 (1965)

270 Kuhn, W.: Eine vergleichende Untersuchung zum physischen und mentalen Aufwärmen. In: Leistungssport § (1973)

erhöht die Empfindlichkeit des peripheren Sehens und die Erregbarkeit des Nervensystems.[271]

---

271 Puni, A.Z.: Über die Trainingswirkung der Bewegungsvorstellung. In: Theorie und Praxis der Körperkultur 12 (1958); Schlicht, W.: Mentales Training: Lern und Leistungsgewinne durch Imagination? In: Sportpsychologie 6 (1992).

8.   Zusammenfassung und Ausblick

Klettern bringt Menschen in existentiell bedeutsame Situationen. Hier können menschliche Grunderfahrungen gemacht werden. Hunger, Durst, Erschöpfung, Ängste (Verletzung, Tod) können in ihrer ganzen Intensität ohne die Möglichkeit einer kurzfristigen Abwendbarkeit erfahren werden. Pädagogisch verantwortlich können nur solche Gestalten inszeniert werden, die bewältigbar sind. Klettern und Abseilen beinhalten als ein Element die Herausforderung.

Die Bewältigung von Herausforderungssituationen fördert die Annahme, das eigene Handeln und dessen Konsequenzen selbst in der Hand zu haben und damit die Personkompetenzen internale Kontrollerwartung, Selbstwirksamkeitserwartung. Klettern und Abseilen verlangen Sicherheitsvorkehrungen. Damit fördern sie – neben den konkreten technomotorischen Kompetenzen – die Annahme, durch Sicherheitshandeln Gefahren eingehen und doch kontrollieren zu können. Damit kann möglicherweise die Haltung Gelernt werden, Gefahren weder mit Waghalsigkeit zu begegnen noch sie durch „aus dem Felde gehen" zu vermeiden, sondern ihnen ins Auge zu sehen und zu überlegen, was getan werden kann (Antizipation; Umgang mit Annäherungs-Vermeidungs-Konflikten). Diese Gestalten beinhalten zudem Leistungsaspekte; sie können Leistungsorientierung fördern – vor allem dann, wenn die Leistungsziele nicht fremdbestimmt und willkürlich gesetzt, sondern naturgegeben sind (die Route in der Wand) oder sich sachbezogen ergeben (die Gehzeit zur Hütte), zudem erlaube sie die Demonstration von Persönlichkeitseigenschaften (Ausdauer, Härte, Reaktionssicherheit, Mut, Selbstdisziplin).

Sichtbare Gefahren können Ängste auslösen. Selbstkontrolle ist nötig, um nicht von Angst überschwemmt zu werden. Diese Gestalten sind auch ein Stressimmunisierungstraining und sie unterstützen damit die „Coping"-Mechanismen Emotionskontrolle und zielgerichtetes Handeln. Sachlichkeit als geförderte Grundhaltung ist die Konsequenz.

Klettern verbindet Offenheit mit Ritualisierung und Irreversibilität. Zudem kommt ein wesentliches Element hinzu, das es auch bei Problemlöseaufgaben gibt: Die Abhängigkeit von der Person, die sichert. Offen ist, welche Paare sich zu welchen Routen als Sicherungs-Kletter-Paar zusammenschließen, wie sie sich auflösen, neu bilden etc. Ritualisiert ist die Kommunikation: „Bin oben!" „O.K., ich lass Dich ab" – und der Prozess des Ablassens z.B. ist eine Phase der Irreversibilität: Einmal begonnen, kann es nur schwer rückgängig gemacht werden. Die Kommunikation läuft nicht nur verbal ab: Der Zug am Seil, den die kletternde Person spürt, signalisiert ihr die Sorgsamkeit der sichernden Person. Die Kommunikation wird von der kletternden Person mit der Kardinalfrage interpretiert: Kann ich vertrauen?

Gemäß GOEDEKE (1990, S. 3) machen „...die kognitiven als auch die motorischen ...[und] die emotionalen Fähigkeiten ... das Klettern damit zu einer der vielfältigsten, variabelsten und komplexesten von allen menschlichen Tätigkeiten, um nicht zu sagen zu einer Kunst." Klettern ist also ganzheitlich. Die Sinnesorgane werden über Beobachtungen am Fels selbst und der unmittelbaren Umgebung angesprochen. Des Weiteren werden fast sämtliche Muskelgruppen aktiviert. Psychische Faktoren wie Konzentration, Ausdauer, Teamgeist, Selbstbehauptung und Rücksichtnahme spielen eine große Rolle beim Klettergeschehen.[272]

Die Vernachlässigung menschlicher Leiblichkeit macht sich bei Kletteranfängern bemerkbar. In der Reflektion wird übersehen, dass der menschliche Körper bereits ein Ergebnis geschichtlicher und kultureller Vorgänge bzw. Handlungen ist. Dort zu intervenieren ist ein lohnendes Ziel.

Das Aufbauen von Selbstvertrauen, der Umgang mit der Verantwortung für sich, Gefühle von Angst bis Lust sind wichtige Motive beim Kletterns.[273] KRONBICHLER & FUNKE-WIENEKE (1993, S. 16) erweitern dieses Feld um das soziale Lernen, die Verantwortung für sich und andere, gegenseitiges Vertrauen, das Erleben von Grenzerfahrungen und den Umgang mit diesen. SENN (1995, S. 65) nennt zu den erwähnten noch weitere Motive wie einerseits das Streben nach Sicherheit, Vertrautheit und Geborgenheit und andererseits aber auch das Streben nach Abenteuer, Spannung und Risiko, die stets in einer wechselseitigen Beziehung zueinander stehen. Weiterhin ist die Förderung von geistiger und körperlicher Gesundheit ein motivationaler Faktor beim Klettern, der durch körperliche und sinnliche Entfaltungsmöglichkeiten während des Klettervorgangs gegeben ist.[274]

Hinzu kommt das Erlebnis Gruppe und das Freiluftleben in nahezu intakter Natur. Ich habe an mir selbst und an anderen erlebt, wie die Berge und die Auseinandersetzung mit ihnen veränderten. Das Erlebnis der Transzendenz ist typisch für das Klettern. Viele Teilnehmer an erlebnispädagogischen Kletterfahrten berichten davon. Wenn das passiert, lässt das Klettern nicht mehr los.

---

272 Senn, 1995, S. 63
273 Hillebrand & Schneider, 1993, S. 58
274 Senn, 1995, S. 65

9. Literaturliste

ALLMER, H.: Psychologische Aspekte sportlicher Beanspruchung. In: Nitsch, J.R. (Hrsg.): Stress. Bern, Stuttgart, Wien 1980.

AUFMUTH,U., (1988). Zur Psychologie des Bergsteigens. Frankfurt am Main: Fischer.

BARTENWERFER, H.G.: Bemerkungen zur Beziehung zwischen Aktivierung und Leistung. In: Merz, F. (Hrsg.): Aktivierung und Leistung. Kongress der Deutschen Gesellschaft für Psychologie, Münster 1966. Göttingen 1967.

BAUER, H.G.: Erlebnis- und Abenteuerpädagogik. München 1987

BIRD, A.M./HORN, M.A.: Cognitive anxiety and mental errors in sport. In: Journal of Sport & Exercise Psychology 12 (1990).

BÖHME, Hartmut, Höhe und Tiefe: herausfordernde Raumachse. Die Gebirge und die Kultur. IN: Neue Züricher Zeitung vom 5./6. November 1994 Nr. 259, 65-66

BOISEN, M.: Angst im Sport. Achenbach, 1975.

BREWER, B.W./Van Raalte, J.L./Linder, D.E.: Effects of pain on motor performance. In: Journal of Sport an Exercise psychology 12 (1990).

BUCK, Rückwege aus der Entfremdung. 1984

BÜHLER: Das Problem des Transfers. In: Deutsche Jugend 2/86, München/Weinheim 1986

CASPAR, F.: Verhaltenstherapie der Angst. In: Strian, F. (Hrsg.): Angst. Heidelberg 1983.

COHN, R.: Von der Psychoanalyse zur themenzentrierten Interaktion. Stuttgart 1975

CSZIKSZENTMIHALYI, Mihaly: „Flow - the psychology of optimal experience". New York, USA 1990.

DAV (Deutscher Alpenverein e.V.) (Hrsg.) (1999a). Leitbild Klettern für die außeralpinen Felsgebiete in Deutschland. München.

DAV (Deutscher Alpenverein e.V.) (Hrsg.) (1999b). Landeskletterkonzeption Hessen. Wetzlar: Wetzlardruck.

DEINET, C.(2000a). Klettern und Naturschutz in Hessen-Homepage. Anforderungen an die Felsstandorte aus klettersportlicher Sicht. http://www.rz.uni-frankfurt.de/~fn0422/texte/anforderungen.html (geladen am 14.08.2003).

DEINET, C.(2000d). Klettern und Naturschutz in Hessen-Homepage. Spielformen des Kletterns. http://www.rz.uni-frankfurt.de/~fn0422/texte/spielformen.html (geladen am 14.08.2003).

DEINET, C.(2000b). Klettern und Naturschutz in Hessen-Homepage. Ethik des Kletterns. http://www.rz.uni-frankfurt.de/~fn0422/texte/ethik.html (geladen am 14.08.2003).

DEINET, C.(2000c). Klettern und Naturschutz in Hessen-Homepage. Lexikon von Fachbegriffen rund ums Klettern. http://www.rz.uni-frankfurt.de/~fn0422/texte/glossar.html (geladen am 14.08.2003).

DOLLARD, J. /Miller, N.E.: Personality and psychotherapy. New York 1950.

DREVER, J./Fröhlich, W.: Wörterbuch der Psychologie. München 1968.

EBERSPÄCHER, H.: Individuelle Handlungsregulation. Schorndorf 1988.

EBERSPÄCHER, H.: Mentales Fertigkeitstraining. In: Sportpsychologie 3 (1990).

EDLINGER, P./FERRAND, A./LEMOINE, J.-F.: Grimper. Paris 1985.

ELSNER, D., HAASE, J. (2000). Bergsport-Handbuch. Reinbeck bei Hamburg: Rowohlt Taschenbuch Verlag

EPSTEIN, S.: Versuch einer Theorie zur Angst. In: Birbaumer, N. (Hrsg.): Psychophysiologie der Angst. München, Wien, Baltimore 1977.

ERIKSON, E.H.: Identität und Lebenszyklus. Frankfurt a. M.. 1966.

ESATERBROCK, J.A.: The effect of emotion on cue utilisation and the organization of behavior. Psychological Review 66 (1959).

EWERT, O.: Gefühle und Stimmungen. In: Handbuch der Psychologie. Bd.2. Göttingen 1965.

FELDENKREIS, M.: Die Entdeckung des Selbstverständlichen. Frankfurt a.M.

FENZ, N.D./Epstein, S.: Gradients of physiological arousal in parachutist as a function of an approaching jump. Psychosomatic Medicine 29 (1967)

FISCHER, E.P. : Unser Gehirn Teil 3 - Wie das Sehen entsteht. In: Bild der Wissenschaft 3 (1985)

FRIEDRICH, G./Schwier, J.: Klettern mit sehgeschädigten Schülern. In: Motorik 9/1986, Heft 4

FRÖHLICH, W.D.: Angst. Nördlingen 1982.

FUCHS, R.: Furchtregulation und Furchthemmung des Zweckhandelns. In: Thomas, A. (Hrsg.): Psychologie der Handlung und Bewegung. Meisenheim 1976.

FUERST, Walter: Die Erlebnisgruppe - Ein heilpädagogisches Konzept für soziales Lernen. Lambertus, Freiburg i. Br., 1992

GASS, Michael A., übersetzt von Rehm, Michael: „Erlebnistherapie - Grundlagen, Zusammenhänge und Wirkungen". In: Flueckiger Schuepp, Monika: „Die Wildnis in mir - Mit Drogenabhängigen in den Wäldern Kanadas". Alling 1998.

GILLIS, Lee: „Wie man den Teufelskreis der Abhängigkeit durchbricht". In: Fontane-Klinik Motzen (Hrsg.): „Erlebnistherapie - Ein innovativer

Weg in der psychotherapeutischen Arbeit / Beiträge zur 2. Fachtagung Erlebnistherapie in der Fontane-Klinik 1998". Motzen 1998.

GOEDEKE,R.; MAILÄNDER, N.(2000a). Das Klettern in Deutschland - Eine Natursportart im Überblick. In DAV (Hrsg.), Konzeption für das Klettern in den außeralpinen Felsgebieten in Deutschland - Einleitungsteil (S.15-30). München

GUARDANI, R.: Tugenden/Meditationen. Würzburg 1967

GÜLLICH, W., KUBIN, A. (1987). Sportklettern heute. 2. Auflage. München: Bruckmann.

HÄCKER, H.: Aufmerksamkeit und Leistung. In: Janssen L.P./Hahn, E. (Hrsg.): Aktivierung, Motivation, Handlung und Coaching im Sport.

HACKFORT, D./Schwenkmezger, P.: Angst und Angstkontrolle im Sport. Köln 1980.

HACKFORT, D.: Theorie und Analyse sportbezogener Ängstlichkeit. Schorndorf 1986.

HASCHKE, W.: Grundzüge der Neurophysiologie. Jena 1986.

HAYES, K.C./Marteniuk, R.G.: Dimensions of motor task complexity. In: Stelmach, G.E. (Ed.): Motor control: Issues and trends. New York 1976.

HECHT, K./Poppei, M.: Chronomedizinische Aspekte der psychonervalen und psychischen Leistungsfähigkeit beim Menschen. In: Medizin und Sport 17 (1977).

HECKMAIR, Bernd; Michl, Werner: Einstieg in die Erlebnispädagogik. - 4., überarbeitete Auflage - Neuwied; Kriftel: 2002

HEIGL-EVERS, A./Heigl, F.: Die themenzentrierte interaktionelle Gruppenmethode (Ruth C. Cohn): Erfahrungen, Überlegungen, Modifikationen. In: Gruppenpsychotherapie und Gruppendynamik, Bd.7, H.3. Göttingen 1973

HELVÉTICUS, „Vom Menschen, seinen geistigen Fähigkeiten und seiner Erziehung" (1773), zit. In Peskoller „Bergdenken"

HENRY, F.M./ROGERS, D.E.: Increased response latency for complicated movements and a „memory-drum" theory of neuromotor reaction. In: American Association for Health, Physical Education and Recreation.: Research Quarterly 31 (1960).

HENSEL, H.: Somato-viszerale Sensibilität. In Keidel, W. (Hrsg.): Physiologie. Stuttgart !979

HENSEL, H.: Temperaturregulation. In: Keidel, W. (Hrsg.): Kurz-gefasstes Lehrbuch der Physiologie Stuttgart 1973.

HERRMANN, Ulrich, Vervollkommnung des Unverbesserlichen? Über ein Paradox in der Anthropologie des 18. Jahrhunderts. In: „Anthropologie nach dem Tode des Menschen" 1994

HILLEBRAND, R., SCHNEIDER, R. (1993). Erfahrungsoffenes Lernen beim Felsklettern. In SPORTPÄDAGOGIK, Zeitschrift für Sport, Spiel und Bewegungserziehung, 17(4)

HILLMANN J. (1995). Kinds of Power. New York: Doubleday.

HOFFMANN, M. (2003). Sportklettern: Technik-Taktik-Sicherung. Köngen: Panico Alpinverlag.

HOFFMANN, M., POHL, W.(1996). Alpin-Lehrplan 2: Felsklettern, Sportklettern. 4. Auflage. München, Wien Zürich: BLV.

HÖFLER, H. (1989). Sehnsucht Berg. München, Wien, Zürich: BLV.

HOFSTÄTTER, P.R.: Gruppendynamik. Hamburg 1972

HOLLMANN, W./HETTINGER, T.: Sportmedizin - Arbeits- und Trainingsgrundlagen. Stuttgart, New York 1976.

HOTZ, A./WEINECK,J.: Optimales Bewegungslernen. Erlangen 1983.

HUBER, A., HUBER, T. (2000). The Wall: Die neue Dimension des Kletterns. Hrsg. Reinhold Messner. München, Wien, Zürich: BLV.

HUBER, H. (1981). Bergsteigen heute. München: Bruckmann

IRVING, L.: Adaptation to cold. In: Science 214 (1966).

ISRAEL, S.: Das Erwärmen als Startvorbereitung. In: Medizin und Sport 17 (1977).

JACOBSON, E.: Progressive relaxation. London 1968.

JOST, H.M. & HUFENUS, H.-P. (1994). Life Training. Dokumentation. Eigenverlag; Bestelladresse: Wildnisschule.

KAHNEMANN, D.: Attention and effort. Englewood cliffs, N.J: Prentice-Hall 1973.

KAMPER, Dietmar (a) Der eingebildete Mensch. IN: „Anthropologie nach dem Tode des Menschen" 1994, 273-278

Kamper, Dietmar/Wulf, Christof (Hg.), Das Schwinden der Sinne. Edition Suhrkamp: Frankfurt a. Main 1984

KANT „Idee zu einer allgemeinen Geschichte", zit. in Peskoller, „Bergdenken"

KARL, Reinhard, Erlebnis Berg. Zeit zum Atmen. Mit 175 Abbildungen. Knaur TB: München/Zürich o.J. (Erstdruck Limpert Verlag: Bad Homburg 1980)

KLAWE, Willy; Bräuer, Wolfgang: Erlebnispädagogik zwischen Alltag und Alaska - Praxis und Perspektiven der Erlebnispädagogik in den Hilfen zur Erziehung. - 2. Auflage - Weinheim und München 2001

KLUWE, H.: Gedächtnis und Wissen. In: Spada, H. (Hrsg.): Allgemeine Psychologie. Bern, Stuttgart, Toronto 1990.

KONZAG, G.: Aufmerksamkeit und Sport. In: Theorie und Praxis der Körperkultur 21 1972.

KRAUS, Lydia, Die Sprache der Berge: Handbuch der alpinen Erlebnispädagogik/Lydia Kraus & Martin Schwiersch. – Alling: Sandmann, 1996

KROHNE, H.W.: Theorien zur Angst. Stuttgart, Berlin, Köln, Mainz 1981.

KRONBICHLER, E., FUNKE-WIENECKE, J. (1993). Klettern in bewegungspädagogischer Sicht. In SPORTPÄDAGOGIK, Zeitschrift für Sport, Spiel- und Bewegungserziehung, 17(3).

KUHL, J.: Emotion, Kognition und Motivation: I. Auf dem weg zu einer systemtheoretischen Betrachtung der Emotionsgenese. In: In: Sprache und Kognition 2 (1983).

KUHL, J.: Emotion, Kognition und Motivation: II. Die funktionale Bedeutung der Emotionen für das problemlösende Denken und für das konkrete Handeln. In: Sprache und Kognition 4 (1983).

KUHN, W.: Eine vergleichende Untersuchung zum physischen und mentalen Aufwärmen. In: Leistungssport 3 (1973)

KURTZ, R.: Körperzentrierte Psychotherapie. Essen 1985

LINDEMANN, H.: Einfach entspannen - Psychohygienetraining. München 1984.

LOWEN, A.: Der Verrat am Körper. München 1967

LÜER, G./SPADA, H.: Denken und Problemlösen. In: Spada, H. (Hrsg.): Allgemeine Psychologie. Bern, Stuttgart, Toronto 1990.

MARTIN, D.: Probleme des Techniktrainings im Sport. In: Leistungssport 1 (1989).

MAXEINER, J.: Konzentration und Distribution im Sport. In: Sportwissenschaft 18 (1988)

MEINEL,K./SCHNABEL, G.: Bewegungslehre - Sportmotorik. Berlin 1987.

MESSNER, Reinhold. (2002).Vertical. 100 Jahre Kletterkunst. München: BLV.

MESSNER, Reinhold, Überlebt: Alle 14 Achttausender - 5. Aufl. München; Wien; Zürich: BLV Verlagsgesellschaft, 1991

MESSNER, Reinhold.- Alleingang auf den Nanga Parbat, 1. Aufl.- München.- BLV Verlagsgesellschaft, 1979

MIDDENDORF, I.: Der erfahrbare Atem. Paderborn 1984.

MORENO, J.L.: Gruppenpsychotherapie und Psychodrama. Stuttgart 1959

NIDEFFER, R.M.: The inner Athlete: Mind plus muscle for winning. New York 1976.

NITSCH, J.R./ALLMER, H.: Naive psychoregulative Techniken der Selbstbeeinflussung im Sport. In: Sportwissenschaft 9 (1979).

NÖCKER, J.: Physiologie der Leibesübungen. Stuttgart 1976.

OELKERS, Jürgen, TENORTH, H.-Elmar, Pädagogisches Wissen als Orientierung und als Problem, IN: Zeitschrift für Pädagogik 27. Beiheft. Beltz Verlag: Weinheim/Basel 1991

OELKERS, Jürgen, Topoi der Sorge. Beobachtung zur öffentlichen Verwendung pädagogischen Wissens. In: Zeitschrift für Pädagogik 27. Beiheft. Beltz Verlag: Weinheim/Basel 1991

PESKOLLER, Helga, Bergdenken – Wien: Werner Eichbauer Verlag, 1997, 2. Auflage 1998

PRIEST, Simon: „A New Model for Risk Taking". In: Journal of Experiental Education, V.16 (1993)

PUNI, A.Z.: Über die Trainingswirkung der Bewegungsvorstellung. In: Theorie und Praxis der Körperkultur 12 (1958).

RADLINGER, L./ISER, W./ZITTERMAN, H.: Bergsporttraining. München 1983.

REHM, Michael: „Didaktische Analyse zu Spielen und erlebnispädagogischen Aktionen". In: e&l, Zeitschrift für handlungsorientierte Pädagogik, V.5 (1997), Nr. ¾.

REHM, Michael: „Exploring the Boundaries". In: e&l, Zeitschrift für handlungsorientierte Pädagogik, V.6 (1998) Nr. 1.

REINERS, Annette:

RIEDER, H./Lehnertz, K.: Bewegungslernen und Techniktraining. Schorndorf 1991.

ROCKMANN-RÜGER, U.: „laufen lernt man nur durch laufen". In. Sportpsychologie 1 (1991)

ROHEN, W.J.: Funktionelle Anatomie des Nervensystems. Stuttgart, New York 1978.

ROHRACHER, H.: Einführung in die Psychologie. München, Berlin, Wien 1976.

ROTH, K.: Motorisches Lernen und Übungsvariabilität. In: Sportpsychologie 4 (1990).

ROTH. K.: Strukturanalyse koordinativer Fähigkeiten. Bad Homburg 1982.

RÖTHIG, P.: (Hrsg.): Sportwissenschaftliches Lexikon. Schorndorf 1983.

SALOMON, J.C./VIGIER, C.: Practique de l'escalade. Paris 1989.

SARASON, I.G.: The trait anxiety scale: Concept and research In: Spielberger, C.D./Sarason, I.G. (Hrsg.): Stress and anxiety. New York 1978.

SCHELLENBAUM, P.: Das Nein in der Liebe. Stuttgart 1984

SCHEMEL, H.-J., ERBGUTH, W. (2000). Handbuch Sport und Umwelt. 3. Auflage. Aachen: Meyer & Meyer.

SCHENK K. (1991). Sozialtherapeutisches Segeln mit dissozialen Jugendlichen: Abenteuerpädagogik oder Innitiationsritual? In: G.Klosinski (Hrsg.), Pubertätskrisen, Bern: Huber.

SCHILLERS sechster Brief „Ästhetische Briefe", zit. In Herrmann 1994

SCHINDLER, R.: Das Verhältnis von Soziometrie und Rangordnungsdynamik. In: Heigl-Evers, A. (Hrsg.): Gruppendynamik: Göttingen 1973

SCHLICHT, W.: Mentales Training: Lern und Leistungsgewinne durch Imagination? In: Sportpsychologie 6 (1992).

SCHMIDT, L.R./Becker, P.: Psychogene Störungen. In Handbuch der Psychologie. Bd. 8, 1. Hbbd. Göttingen, Toronto, Zürich 1977.

SCHMIDT, R.A.: Motor learning and control. A behavioral emphasis. Illinois 1988.

SCHNEIDER, K.: Emotionen. In: Spada, H. (Hrsg.): Allgemeine Psychologie. Bern, Stuttgart, Toronto 1990.

SCHUBERT, F.: Psychologie zwischen Start und Ziel. Berlin 1981.

SCHULTZ, J.H.: Das autogene Training. Stuttgart 1976.

SCHWEISHEIMER, W.: Schwindel am Berg - eine unangenehme und sehr zu beachtende Störung. In: Sport Praxis 25 (1984).

SENN, G.-T.(1995). Klettern und Naturschutz. Rüsselsheim: Natursport-Verlag Rolf Strojec.

SHIFFRIN, R.M./SCHNEIDER, W.: Controlled and automatic human information processing: II. Perceptual learning, automatic attending, and a general theory. In: Psychological Review 84 (1977).

SIMON, F.B.: Mein Fahrrad, meine Psychose und Ich. Heidelberg 1990.

SMIESKOL, H.: Die Rolle des ideomotorischen Trainings beim Erlernen sportlicher Bewegungsfertigkeiten. In: Ulich, E. (Hrsg.): Beiträge zum mentalen Training. Frankfurt a.M: 1973.

SMITH, J.L./BOZYMOWSKI, M.F.: Effect of attitude toward warm-ups on motor performance. In: Research Quarterly 36 (1965)

SONNENSCHEIN, I.: Kölner Psychoregulationstraining: Grundkonzeption und erste Erfahrungsanwendung. In: Sportwissenschaft 14 (1984).

SPADA, H./ERNST, A.M./KETTERER, W.: Lernen. In Spada, H. (Hrsg.): Allgemeine Psychologie. Bern, Stuttgart, Toronto 1990.

STEINER, H.: Leistungsmotivation und Wettkampfanalyse Ahrensburg 1976.

STRAIN, F.: Angst - Grundlagen und Klinik. Berlin, Heidelberg, New York, Tokio 1983.

STUART, D.G.:/Eldred, E./Hemingway, A./Kawamura, Y.: Neural regulation of the rhythm of shivering. In Hardy, J.D. (Hrsg.): Temperature. New York 1963.

TOBIAS, S.: Anxiety research in educational Psychology. In: Journal. Educ. Psychol. 71 (1979).

TRENKER, L./DUMMLER: Die höchsten Berge der Welt: Erlebnisse der Erstbesteiger; München: Bruckmann 1991

TRICHEL-THOME, A.: Feldenkrais. München 1989

ULICH, E.: Mentales Training. In: Sport in unserer Welt, Chancen und Probleme. Berlin, Heidelberg, New York 1973.

VESTER,F.: Denken, Lernen, Vergessen. München 1978.

VOLLKAMER, M.: Bewegungsvorstellungen und mentales Training. In: Koch, K. (Hrsg.): Motorisches Lernen - Üben - Trainieren. Schorndorf 1976.

VÖLP, A.: Aufmerksamkeitsstile und sportliche Leistung. In: Leistungssport 17 (1987)

VOLPERT, W.: Untersuchungen über den Einsatz des mentalen Trainings beim Erwerb einer sensumotorischen Fertigkeit. Köln 1969.

WALTER, H.-J.: Gestaltheorie und Psychotherapie. Opladen 1985

WEINECK, J.: Sportbiologie. Erlangen 1986.

WEIZSÄCKER, Victor von, Pathosophie, Vandenhoek & Ruprecht: Göttingen 1956

WIEMEYER, J.: Zentralnervöse Aktivierung und sportliche Leistung. Köln 1990.

Wilhelm v. HUMBOLDT, „Über den Geist der Menschheit", zit. In Peskoller „Bergdenken"

WILLI, J.: Die Zweierbeziehung. Reinbeck bei Hamburg 1975

WINTER, S. (2000). Sportklettern mit Kindern und Jugendlichen. München: BLV

WOZNIAKOWSKI, Jacek, Die Wildnis. Zur Deutungsgeschichte des Berges in der europäischen Neuzeit. Wissenschaftliche Sonderausgabe. Suhrkamp Verlag: Frankfurt am Main 1987

ZIESCHANG, K.: Aufwärmen bei motorischem Lernen, Training und Wettkampf. In: Sportwissenschaft 8 (1978)

ZIESCHANG, K.: Zur Bedeutung der Angst bei motorischem Lernen und Handeln. In: Sportwissenschaft 3 (1979).

ZIMMERMAN, M.: Schmerz in der Sicht der Medizin. In: Schultz, H.J. (Hrsg.): Schmerz. Stuttgart 1990.

ZIMMERMANN, M.: Das somatoviscerale sensorische System. In: Schmidt, R.F./Thews,G. (Hrsg.): Physiologie des Menschen. Berlin, Heidelberg, New York, London, Paris, Tokio 1987.